大学生
人文与科学素质教育读本（高职高专版）

主　编：邹　渝　刘明华

副主编：黄大宏　幸大学　孙卫平　王官成
任　波　李志丽　李国渝　吴海峰
苟建明

復旦大學出版社

目　　录

第一单元　励志修身

第二单元　求知明理

第三单元 心理健康

第四单元 情感天地

第五单元 审美世界

第六单元　人与自然

第七单元　科学精神

第八单元 人与社会

第九单元 社交礼仪

第十单元 敬业创业

第十一单元 奋斗人生

序

《国家中长期教育改革和发展规划纲要(2010—2020年)》明确指出:"坚持以人为本、全面实施素质教育,是教育改革和发展的战略主题。"坚持以人为本,在教育工作中的重要着眼点就是全面提高国民素质。作为以培养高素质技能型人才为主的高职高专教育,应坚定不移地将素质教育贯穿于人才培养工作的始终,不仅要致力于培养学生的专业技能,也要致力于提高学生的科学素养和人文素质。

近几年来,中国高职教育发展取得了令人瞩目的成就,培养了数以千万计的高素质技能型人才,为我国经济和社会发展作出了重要贡献。但高职教育在蓬勃发展过程中,也还存在一些不容忽视的问题,如有些学校在强调技能培养的同时,忽视了高职教育在人文和科学素质培养等方面的重要职责。人非机器,高职教育应当培养"社会人",而不仅仅是"职业人"。培养符合时代要求、满足社会需要的高素质技能型人才,是现代职业技术教育的基本任务,也理应成为高职教育教学改革的重要目标。

为了适应社会对高技能人才培养的新要求,重庆市高职教育研究会组织西南大学和重庆市部分高职高专院校的专家学者、一线教师和辅导员,精心编写了这本《大学生人文与科学素质教育读本(高职高专版)》。该书作为一本人文与科学素质修养读物,既有思想性又有可读性,既有指导性又有互动性,既有普适性又有针对性,贴近高职高专院校教学和学生的思想实际,既便于教学,也适合学生自学,有利于提高高职高专学生的人文素质和科学精神,磨砺学生的道德情操、理想信念和职业态度,帮助学生树立健全的人格,成长为高素质的技能人才。

教育贵在潜移默化,贵在入脑入心。积极探索符合教育规律、符合人的成长规律的有效途径和方法,是摆在广大教育工作者面前的一项重要任务。高职高专学生人文与科学素质教材编写工作,无疑是一个极有意义的尝试。我们相信,这个尝试的价值,必将在读本作用的发挥中得以充分体现。

中共重庆市委教育工委书记
重庆市教育委员会主任 彭智勇

二〇一〇年十一月十三日

第一单元　励 志 修 身

第一部分　主题解读

我们每个人都有巨大而又无穷的潜能，现在的我们之所以还不够强大，是因为我们还没有把自己那巨大而又无穷的潜能充分发掘出来，利用起来。怎样发掘和利用我们身上的无穷潜能呢？磨砺我们的意志，修炼我们的品格，应该是我们的选择。

修身就是陶冶身心，培养我们的品格，这品格包括一些高尚的品格，如助人为乐、奉献社会等；同时，也包含有促使我们进步的基本素质，如坚韧、包容、合作等。志向，是我们人生的指南针，没有它，我们很可能迷失方向，而无法登陆美丽的理想彼岸，志向也是我们生命的灵魂和力量的源泉。所以励志自强，对我们发掘和利用自己的天赋和潜能有着极其重要的作用。所以我们要刚健有为，不断追求，不懈拼搏，以积极、主动、顽强的精神投身于生活、工作。只有这样，我们才能有所作为，为国家和社会奉献自己的聪明才智。

翻开人类的历史，凡是有所作为的人，无不胸怀远大的理想，无不注重修养的提高和意志的磨砺。有理想才会有目标，有目标才会有动力；坚韧的意志，是走向成功必不可少的前提；坚持自我修养，才能不断提高思想道德素质和科学文化素质。因此，作为当代高职学生，应该主动加强励志修身教育，点燃理想的明灯，迈着坚实的步伐前进！

一、励志修身的含义

“励”是激励、鼓励、勉励的意思；“志”就是志气、志向、意志，是追逐理想的决心和勇气，是为达到某种目的而应有的心理状态。因此，“励志”就是振作精神，始终保持昂扬向上的精神状态，以追求远大的理想和实现宏伟的目标。“修身”则是用社会伦理道德规范进行自我改造,就像加工玉器一样去打磨自己,努力成为一个真正的人。

在儒家看来,无论是圣人还是普通人,其先天本性都是相近的,是善的,但这种善的本性会因为后天的习染和环境的影响而有所改变。因此,孟子指出人应加强后天的修养,以使先天的善性得以扩充和发挥,最终成为一个为社会所需要的人。因此,所谓“励志修身”,就是通过修身进德,励志图强,成为一个善的人,一个有所作为的人。

二、励志修身的意义

传统的修身思想在古代人民的生活中发挥了重要作用,使中华民族成为举世闻名的礼仪之邦。近代以来,无数仁人志士以注重自我修养为改造社会、改造国家的基础,他们扬弃了传统的腐朽保守成分,对其注入新的时代内容,使修身传统得以传承并发扬光大。

墨子说:“志不强者智不达。”励志修身对我们个人的成长具有重要意义,可以激励我们战胜自己的怯懦,战胜在学习和生活中的坎坎坷坷。同时,又利于我们组成一个富有活力和战斗力的团队。对我们的民族而言,没有振奋的精神和高尚的品格,就不会有强烈的进取精神,就不可能立于世界民族之林。一个人,没有振奋的精神和高尚的品格,就不会有顽强的学习精神,也就不可能成就一番事业。古今中外有无数取得巨大成功的先贤,他们是我们学习的榜样,是我们激励自我的楷模。从他们的经验里,我们不仅要培养对专业知识的热爱,也要学会修正自己的行为,善于和他人相处,并适应社会的需要;还要学会正确对待自己的优缺点,有成绩时不骄傲,遇挫折时不气馁,积极调整心态,乐观地面对人生。事实上,励志修身贯穿于我们的日常生活和学习过程之中,坚持真善美,摒弃假恶丑,就是确立良好的道德品质和行为素质,这是成为一个有所作为的人的基本途径。

三、励志修身的态度和途径

(一) 励志修身的态度

励志修身的目的是要激发内在潜能,唤醒自主意识和成就动机,培养自我规划和自我管理能力。为了达到这样的目的,应当有正确的态度。

1. 立志为先

所谓励志，当以立志为先，否则一切都无从谈起。其实，今天的学习是为了以后的工作打基础，而无论干什么工作，都要以利人在先，利己在后，通过利人，达到为国家、为社会作贡献的远期目标。那么，我们现在应当怎么做呢？那就是刻苦学习，掌握知识和技能，使自己成为一个社会需要的有能力的人。

2. 自强不息

"天行健，君子以自强不息"。成功的道路没有捷径可走，而且充满了艰难和风险，如果没有坚强的意志和顽强的精神，就很难坚持到最后，成功也必将与你遗憾地擦肩而过。孟子说："故天将降大任于斯人也，必先苦其心志，劳其筋骨，饿其体肤。"这是对自强不息的内涵的诠释，也是实实在在的人生经历。荀子也说："锲而不舍，金石可镂。"要相信，只要我们有奋发上进、永不懈怠的进取精神，有面对困难不退缩、不放弃的精神，就没有达不到的目标、做不成功的事。

（二）励志修身的途径

学习和实践，是励志修身的基本途径。要在激烈竞争的社会中立足，不仅需要突出的竞争能力和高效率的行动能力，还需要具备公平正义、团结合作、敬业奉献、道德良知等精神品质。今天的时代不仅对人的能力提出了要求，也对人的思想道德提出了要求。要达到这些要求，不仅要向前人、向身边的人学习，还要通过亲身实践去体会和巩固，直到成为自觉的要求。

1. 修身慎独　强化自律

清雍正年间，有一位名叫叶存仁的官员即将离任，下属们却一直等到深夜才来给他送行。原来叶存仁平时从不收礼物，下属们为了表达心意，特意选择在深夜送行，以避人耳目，向他送上临别馈赠。而叶存仁看到此番情景，却即兴写下一首诗说："月白风清夜半时，扁舟相送故迟迟。感君情重还君赠，不畏人知畏己知。"其实，叶存仁的意思，司马光就曾说过，所谓"天知，地知，我知，子知，何谓无知者！"这就是修身所应达到的"慎独"境界。

所谓"慎独"，就是在别人看不见的地方也要严格要求自己，在大家听不到的地方也要小心谨慎，自觉按照道德标准规范言行，达到"独行不愧影，独眠不愧衾"的境界。"慎独"也是一个人有清晰的自律意识的表现，而自律又是自我管理的结果，我们现阶段的学习和生活都与中学时代明显不同，没有父母常在耳边叮咛，远离了我们所熟悉的家庭，而是融入到学校，融入到社会。在这种情况下，我们就应该加强对我们自己的管理，让父母、老师放心。

同时,修身应当是对心灵的自我净化和自我提升,而不是因为外在压力才要去做的事。在任何情况下都不能为私利而放弃做人的原则,是个人修养的真实流露,更是人格魅力的外在体现,这是取得成功最基本的条件。

2. 注重节操 保持品格

从大处说,节操就是为了捍卫真理不惜牺牲生命的精神。孔子曰:“志士仁人,无求生以害仁,有杀身以成仁。”也就是孟子所讲的“富贵不能淫,贫贱不能移,威武不能屈”。看起来似乎与我们普通人无关,事实上,要做到不受金钱的诱惑,不为改变贫穷低贱的状况放弃做人的原则,不在强权面前弯腰,不仅是非常困难的事,而且是会不断遇到的现实考验。小到贪图小利,大到犯罪害人,无不是丧失节操的结果,最终会使自己陷入各种困境。能不能始终坚持做正确的事,做有益于他人的事,就是是否具有节操和品格的具体体现,而这正是我们应当具备的重要素质。做一个有节操、有品格的人,需要我们不断坚持,时刻提醒自己,最终成为行为的习惯,它会成为你成功的保障。

3. 磨砺意志 迎难而上

意志,指的是实现理想的自制力和顽强性。要做一个有意志力的人,必须培养坚强的自制力,也就是善于控制自我欲望的能力。为什么要有自制力呢? 因为意志不仅体现在我们应当做的事情上面,还体现在我们不应当做的事情上面。人的时间和精力是有限的,不可能什么都做,而且有很多的事不能做,这就需要自制力来控制。通俗地说,就是要学会“舍得”,要“舍”去不重要的、不应该的,才能“得”到最珍贵的、最有价值的。在现实生活中,我们必须排除内心世界的各种干扰和杂念,控制情绪,抵御各种与目标不相容的诱惑,约束和节制行为,保持冷静的头脑和进取的态度,督促自己去实现目标。此外还要有顽强性,如果不能克服学习和生活中的种种困难,而是被困难所压倒,理想就无异于空想。

在自制力和顽强性之上,还有一个自觉性,就是要清楚地知道自己想做一个什么样的人,从而应该如何去成为这样的人。有了自觉性,就能不断调节自己的行为,而不是事事依赖他人的督促和命令。有了自觉性,就不会轻易受到外界的干扰,不管处在顺境还是逆境,都不会轻易改变初衷,就会把握住自己,向既定的目标坚定地迈进。

事实上,要做一个有意志力的人绝非易事。因为意志不会凭空获得,而要经过艰苦的磨砺才能培养出来。每一次意志的进步,都是与自我搏斗的结果。每一次战胜自己,就获得了每一次的进步。每一次进步都是我们迎难而上的结果，我们越是磨炼意志，就越坚强，就更有能力战胜我们所面对的复杂局势。俗话说“困难像弹簧，你弱它就强”，我们只要在现实的学习生活中不断磨炼意志，不惧困难，迎难而上，我们就可以成为时代的骄子。

四、励志修身与健康人格的培养

励志修身与健康人格的培养是不可分割的，只有志向高远、品德高尚的人才能取得非凡的成就。

(一) 健康人格的含义及其重要作用

“人格”一词语，来自拉丁文“Persona”，指面具、脸谱，本意是指古希腊、罗马时期戏剧演员在扮演角色时所戴的面具，面具随着人物角色的不同而变换，体现了角色的特点和人物的性格，类似于中国戏剧中的脸谱。一般认为，“健康人格”是在人格研究中逐渐产生并形成的一个概念。美国著名心理学家奥尔波特则认为，具有健康人格的人是成熟的人。成熟的人有七条标准：1. 专注于某些活动，在这些活动中是一个真正的参与者；2. 对父母、朋友等具有显示爱的能力；3. 有安全感；4. 能够客观地看待世界；5. 能够胜任自己所承担的工作；6. 客观地认识自己；7. 有坚定的价值观和道德心。中国传统文化则强调道德上的完善，追求内在道德与外在要求的和谐统一，是儒家的健康人格的境界。此外，儒家还推崇“天人合一”的完善境界，推崇积极进取的精神等，这种理想人格在中国古代社会中一直占主导地位。

综上所述，健康人格是个体在适应现实环境和展示自我积极存在过程中形成的，具有独立、自由、开放、和谐特点的人格模式，是一种具有和谐的内部心理机制和高效率的行为能力的人格状态。

(二) 励志修身与健康人格的培养的关系

励志修身与健康人格是相辅相成的，不可分割的。没有远大的志向、坚韧的意志和良好的修养的人不是具有健康人格的人，是很难成就事业的。而健康人格可以通过励志修身来培养。一般认为，健康人格应包括以下要素：1. 自强不息的人格态度；2. 积极进取的奋斗精神；3. 忠诚踏实的生活和工作作风；4. 勇于挑战的创新意识；5. 富有弹性的适应能力；6. 百折不挠的抗挫精神；7. 强弱适度的情绪反应；8. 自我调控的理智行为；9. 热情饱满而又稳重坚定的行为品格。这些要素的获得，多多少少都与励志修身有着密切的关系。

1. 励志与健康人格的关系

励志的目的,是要在昂扬向上的精神状态下实现远大的理想。而树立远大的理想对我们的成长有不可忽视的作用,志向远大的人心胸必定开阔,这是形成一个健康人格所必备的条件。对我们来说,一定要培养自己克服困难的信心和勇气,在困难、挫折面前不退缩;要积极地参与学校、社会活动,在活动中逐步养成自制、坚持、刚毅、果断的意志品质,矫正盲目、固执、犹豫不决等不良性格,不断提高自己的意志水平,最终形成健康的人格。

2. 修身与健康人格的关系

修身的目的是提高我们的品德修养,以赢得他人的尊重、赞赏和拥护,以保证理想的实现。要注意的是,修身是从内在的方面培养我们的健康人格,而不是仅仅依靠外在的约束。儒家讲"修身,齐家,治国,平天下",把个人、家庭、社会与国家的利益统一起来,并在这一完整的历史、文化、政治、经济等活动中培养健康人格。

修身主要是对我们的自觉要求,是自律而非他律的行为。"君子求诸己,小人求诸人",当在学习和生活中出现问题时,首先不应归咎于别人或外在环境,而应自我反省。作为道德自律的"修身",是相对于外在的礼法规则约束而言的,它强调的是个体对仁、义、礼、智、信等"德行"的主动、积极的内在认同,而不是外在被动的接受。孔子强调,对"仁"的认知与仁义的行为应当从人的内心自然而然地生发出来,一个人做出仁义的行为应当出于自觉自愿,否则都不是真正的"仁"。孔子在重视修身的过程中养成了良好的性格,成为几千年的中华民族的精神支柱。作为祖国的崭新一代,我们应当继承先贤们的光辉传统,励志修身,养成健康人格,为社会、国家作出我们应有的贡献。

第二部分 扩展阅读

论 快 乐

钱锺书

在旧书铺里买回来维尼(Vigny)的《诗人日记》(Journald'unpo te),信手翻开,就看见有趣的一条。他说,在法语里,喜乐(bonheur)一个名词是

“好”和“钟点”两字拼成，可见好事多磨，只是个把钟头的玩意儿。我们联想到我们本国话的说法，也同样的意味深永，譬如快活或快乐的快字，就把人生一切乐事的飘瞥难留，极清楚地指示出来。所以我们又慨叹说：“欢娱嫌夜短!”因为人在高兴的时候，活得太快，一到困苦无聊，愈觉得日脚像跛了似的，走得特别慢。德语的沉闷(langweile)一词，据字面上直译，就是“长时间”的意思。《西游记》里小猴子对孙行者说：“天上一日，下界一年。”这种神话，确反映着人类的心理。天上比人间舒服欢乐，所以神仙活得快，人间一年在天上只当一日过。从此类推，地狱里比人间更痛苦，日子一定愈加难度；段成式《酉阳杂俎》就说：“鬼言三年，人间三日。”嫌人生短促的人，真是最快活的人；反过来说，真快活的人，不管活到多少岁死，只能算是短命夭折。所以，做神仙也并不值得，在凡间已经三十年做了一世的人，在天上还是个未满月的小孩。但是这种“天算”，也有占便宜的地方：譬如戴君孚《广异记》载崔参军捉狐妖，“以桃枝决五下”，长孙无忌说罚得太轻，崔答：“五下是人间五百下，殊非小刑。”可见卖老祝寿等等，在地上最为相宜，而刑罚呢，应该到天上去受。

“永远快乐”这句话，不但渺茫得不能实现，并且荒谬得不能成立。快乐的决不会永久；我们说永远快乐，正好像说四方的圆形，静止的动作同样地自相矛盾。在高兴的时候，我们空对瞬息即逝的时间喊着说：“逗留一会儿罢！你太美了!”那有什么用？你要永久，你该向痛苦里去找。不讲别的，只要一个失眠的晚上，或者有约不来的下午，或者一课沉闷的听讲——这许多，比一切宗教信仰更有效力，能使你尝到什么叫做“永生”的滋味。人生的刺，就在这里，留恋着不肯快走的，偏是你所不留恋的东西。

快乐在人生里，好比引诱小孩子吃药的方糖，更像跑狗场里引诱狗赛跑的电兔子。几分钟或者几天的快乐赚我们活了一世，忍受着许多痛苦。我们希望它来，希望它留，希望它再来——这三句话概括了整个人类努力的历史。在我们追求和等候的时候，生命又不知不觉地偷度过去。也许我们只是时间消费的筹码，活了一世不过是为那一世的岁月充当殉葬品，根本不会想到快乐。但是我们到死也不明白是上了当，我们还理想死后有个天堂，在那里——谢上帝，也有这一天！我们终于享受到永远的快乐。你看，快乐的引诱，不仅像电兔子和方糖，使我们忍受了人生，而且仿佛钓钩上的鱼饵，竟使我们甘心去死。这样说来，人生虽痛苦，却不悲观，因为它终抱着快乐的希望；现在的账，我们预支了将来去付。为了快活，我们甚至于愿意慢死。穆勒曾把“痛苦的苏格拉底”和“快乐的猪”比较。假使猪真知道快活，那么猪和苏格拉底也相去无几了。猪是否能快乐得像人,我们不知道;但是人会容易满足得像猪,我们是常看见的。把快乐分肉体的和精神的两种,这是最糊涂的分析。一切快乐的享受都属于精神的,尽管快乐的原因是肉体上的物质刺激。小孩子初生了下来,吃饱了奶就乖乖地睡,并不知道什么是快活,虽然它身体感觉舒服。缘故是小孩子时的精神和肉体还没有分化,只是混沌的星云状态。洗一个澡,看一朵花,吃一顿饭,假使你觉得快活,并非全因为澡洗得干净,花开得好,或者菜合你口味,主要因为你心上没有挂碍,轻松的灵魂可以专注肉体的感觉,来欣赏,来审定。要是你精神不痛快,像将离别时的宴席,随它怎样烹调得好,吃来只是土气息,泥滋味。那时刻的灵魂,仿佛害病的眼怕见阳光,撕去皮的伤口怕接触空气,虽然空气和阳光都是好东西。快乐时的你一定心无愧怍。假如你犯罪而真觉快乐,你那时候一定和有道德、有修养的人同样心安理得。有最洁白的良心,跟全没有良心或有最漆黑的良心,效果是相等的。

发现了快乐由精神来决定,人类文化又进一步。发现这个道理,和发现是非善恶取决于公理而不取决于暴力,一样重要。公理发现以后,从此世界上没有可被武力完全屈服的人。发现了精神是一切快乐的根据,从此痛苦失掉它们的可怕,肉体减少了专制。精神的炼金术能使肉体痛苦都变成快乐的资料。于是,烧了房子,有庆贺的人;一箪食,一瓢饮,有不改其乐的人;千灾百毒,有谈笑自若的人。对于这种人,人生还有什么威胁?这种快乐,把忍受变为享受,是精神对于物质的最大胜利。灵魂可以自主——同时也许是自欺。能一贯抱这种态度的人,当然是大哲学家,但是谁知道他不也是个大傻子?

是的,这有点矛盾。矛盾是智慧的代价。这是人生对于人生观开的玩笑。

(选自钱锺书《写在人生边上》,生活·读书·新知三联书店,2002年10月)

人生的意义及人生的境界

冯友兰

何谓“意义”?意义发生于自觉及了解;任何事物,如果我们对它能够了解,便有意义,否则便无意义;了解越多,越有意义,了解得少,便没有多大的意义。何谓“自觉”？我们知道自己在做一种事情，便是自觉。人类与禽兽所不同的地方，就是人类能够了解，能够自觉，而禽兽则否。譬如喝水吧，我们晓得自己在喝水，并且知道喝水是怎么一回事；可是兽类喝水的时候，它却不晓得它在喝水，而且不明白喝水是一回什么事，兽类的喝水，常常是出于一种冲动。

对于任何事物，每个人了解的程度不一定相同，然而兽类对于事物，却谈不到什么了解；例如我们在礼堂演讲，忽然跑进了一条狗，狗只看见一堆东西，坐在那里，它不了解这就是演讲，因为它不了解演讲，所以我们的演讲，对于它便毫无意义。又如逃警报的时候，街上的狗每每跟着人们乱跑，它们对于逃警报，根本就不懂得是一回什么事，不过跟着人们跑跑而已。可是逃警报的人却各有各的了解，有的懂得为什么会有警报，有的懂得为什么敌人会打我们，有的却不能完全了解这些道理。

同样的，假如我们能够了解人生，人生便有意义，倘使我们不能了解人生，人生便无意义。各个人对于人生的了解多不相同，因此，人生的境界，便有分别。境界的不同，是由于认识的互异；这，有如旅行游山一样，地质学家与诗人虽同往游山，可是地质学家的观感和诗人的观感，却大不相同。

人生的境界，大体上可分为四类：(一)自然境界——最低级的，了解的程度最少，这一类人，大半是“顺才”或“顺习”。(二)功利境界——较高级的，需要进一层的了解。(三)道德境界——更高级的，需要更高深的理解。(四)天地境界——最高的境界，需要最彻底的了解。在自然境界中的人，不论干什么事情，不是依照社会习惯，便是依照其本性去做，他们从来未曾了解做某种事情的意义。往好处说，这就是“天真烂漫”，往差处说便是“糊里糊涂”。他们既不懂得为什么要这样做，又不明白做某种事情有什么意义，所以他们可说没有自觉。有时他们纵然是整天笑嘻嘻，可是却不自觉快乐。这，有如天真的婴孩，他虽然笑逐颜开，可是却一点都不觉得自己快乐，两种情况，完全相同。这一类人，对于“生”“死”皆不了解，而且亦没有“我”的观念。功利境界中的人，对于人生的了解，比较进了一步，他们有“我”的观念，不论做什么事，都是为着功利，为着自己的利益打算。这一批人，大抵贪生怕死。有时他们亦会为社会服务，为国家做点事，可是他们做事的动机，是想换取更高的代价，表面上，他们虽在服务，但其最后的目的还是为着小我。在道德境界中的人，不论所做何事，皆以服务社会为目的。这一类人既不贪生，又不怕死；他们晓得除“我”以外，后面还有一个社会，一个全体。他们了解个人是社会的一部分，个人与社会是部分与全体的关系。就普通常识来说,部分的存在似乎先于全体,可是从哲学来说,应该先有全体,然后始有个体。例如房子中的支“柱”,是有了房子以后,始有所谓“柱”,假使没有房子,则柱不成为柱,它只是一件大木料而已。同样,人类在有了人伦的关系以后,始有所谓“人”,如没有人伦关系,则人便不成为人,只是一团血肉。不错,在没有社会组织以前,每个人确已先具有一团肉,可是我们之成为人,却因为是有了社会组织的缘故。道德境界中的人,很清楚地了解这一点。天地境界中的人,一切皆以服务宇宙为目的。他们对生死的见解,既无所谓生,复无所谓死;他们认为在社会之上,尚有一个更高的全体——宇宙。科学家的所谓宇宙,系指天体,太阳系及天河等,哲学家的所谓宇宙,系指一切,所以宇宙之外,不会有其他的东西,个人绝对不能离开宇宙而存在。天地境界的人能够彻底了解这些道理,所以他们所做的事,便是为宇宙服务。

中国的所谓“圣贤”,应该有一个分别,“贤”是指道德境界的人,“圣”是指天地境界的人。至于一般的芸芸众生,不是属于自然境界,便是属于功利境界。要达到自然境界或功利境界非常容易,要想进入道德境界或天地境界却需要努力,只有努力,才能了解。究竟要怎样做,才算是为宇宙服务呢?为宇宙服务所做的事,绝对不是什么离奇特别的事,与为社会服务而做的事,并无二致。不过所做的事虽然一样,了解的程度不同,其境界就不同了。我曾经看见一个文字学的教授,在指责一个粗识文字的老百姓,说他写了一个别字。那一个别字,本来可以当做古字的假借,所以当时我便代那写字的人辩护。结果,那位文字学教授这样的回答我:“这一个字如果是我写的,就是假借,出自一个粗识文字的人的手笔,便是别字。”这一段话很值得寻味,这就是说,做同样的事情,因为了解程度互异,可以有不同的境界。再举一例:同样是大学教授,因为了解不同,亦有几种不同的境界:属于自然境界的,他们留学回来以后,有人请他教课,他便莫名其妙地当起教授来,什么叫做教育,他毫不理会;有些教授则属于功利境界,他们所以跑去当教授,是为着提高声望,以便将来做官,可以获得较高的职位;另外有些教授则属于道德境界,因为他们具有“得天下英才而教育之”的怀抱;有些教授则系天地境界,他们执教的目的,是为欲“得宇宙大才而教育之”。在客观上,这四种教授所做的事情是一样的,可是因为了解的程度不同,其境界自有差别。

《中庸》有两句话:“圣人可以赞天地之化育,可以与天地参矣。”所谓“赞天地之化育”并不是帮助天地刮风或下雨,“化育”是什么?能够在天地间生长的都是化育,能够了解这一点,则我们的生活行动,都可以说是“赞天地之化育”。如果不明白这一点,那么我们的生活行动,只能说是“为天地所化育”。所谓圣人，他能够了解天地的化育，所以始能顶天立地，与天地参。草木无知不懂化育的原理，所以草木只能为天地所化育。

由此看来做圣人可以说是很容易亦可以说很难。圣人固然可以干出特别的事来，但并不是干出特别的事，始能成为圣人。所谓“迷则为凡，悟则为圣”，就是指做圣人容易，人人可为圣贤，其原因亦在于此。

总而为之，所谓人生的意义，全凭我们对于人生的了解。

（选自《冯友兰学术文化随笔》，中国青年出版社，1996 年）

上帝那里没有银行

让我们先来看两种截然不同的人生状态。

第一种：是关于一个贫穷而吝啬的美国老头的。他，今年 80 岁，有一位妻子，租住在一套一居室的房子里；他，戴 15 美元的手表，从来不穿名牌衣服，从地摊上淘来的便宜衣裳总是破了又补补了又破；他，不爱美食，最喜欢的是价格低廉的烤奶酪和西红柿三明治；他，没有自己的汽车，外出通常都坐公交车，乘飞机时只买经济舱的票；他，用的公文包是个布袋……另外，如果你和他一起在小酒馆坐坐，他一定会仔细核对账单；如果你住在他家里，睡觉前他一定会提醒你把灯关了……

第二种：同样是一个美国老头，但是他富有且慷慨。他，是拥有亿万美元资产的超级富豪，常常一掷千金。他，曾为康奈尔大学捐了 5 亿美元，为加州大学捐了 1.25 亿美元，为斯坦福大学捐了 6000 万美元；他，曾投入 10 亿美元改造或新建了爱尔兰的 7 所大学和北爱尔兰的 2 所大学；他，曾设立“微笑行动”慈善基金，为发展中国家的腭裂儿童做手术提供医疗费用；他，曾为控制非洲的瘟疫和疾病投入巨额资金……迄今为止，他已经捐出了 40 亿美元，剩余的 40 亿美元他决定在有生之年全部捐出。

这两个“他”，其实是一个人，他的名字叫查克·费尼。

查克·费尼的善举被披露出来后，大量记者涌向他的居住地，当时，大家心中都有一个疑问：查克·费尼在亿万资产面前是如何做到如此淡然的？

面对大家的疑惑，查克·费尼微笑着给大家讲了个故事，他说：“一只狐狸看到葡萄园里结满了果实，想到园中美餐一顿，可是它太胖了，钻不进栅栏。于是它三天三夜不饮不食，使身体瘦下去，终于钻进去了！饱餐一顿，心满意足，可是，当它要离开的时候，又钻不出来了。无奈，它只好故伎重演,三天三夜不饮不食。结果,它出来的时候,肚子还是跟进去时一样。”

讲完这个故事,查克·费尼说:“上帝那里没有银行,每个人都是赤裸裸地诞生,最后又孑然而去,没有人能带走自己一生苦苦经营的财富与盛名!”

(选自《燕赵都市报》2010 年 6 月 21 日)

第一个 20 年最好

有人把 20 年光阴比作一把尺子,用它来度量人生。

如果按时间速度来衡量,人生第一个 20 年,经历了蹒跚学步、咿呀学语到寒窗苦读的爬坡过程,时光缓慢而难忍;人生第二个 20 年经历了非常忙碌、异常艰辛、勇于担当的过程,时光匆匆而短暂;人生第三个 20 年,经历了逐步释放、渐渐放松、不断成熟的过程,时光舒缓而平淡;人生第四个 20 年,经历了大功告成、大智若愚、大写惬意的过程,时光流泻而辉煌。

如果按记忆深浅来衡量,人生第一个 20 年,经历艰难的成长过程,读书、升学、考试,无一不在脑海里留下深刻的印象,到了晚年,做梦梦到的也多是儿时的人和事;人生第二个 20 年,是最忙碌的 20 年,接触的人多、经历的事多、体验的甘苦多,但奇怪的是,在晚年回味的记忆长河里却没有留下太多的东西;人生第三个 20 年,是从人生顶峰走向成熟,再到回归起点的过程,这一阶段过得比较坦然,因而也有时间记忆,这一阶段也算是人生中比较清晰的阶段;人生第四个 20 年,一般来说是记忆力比较差的最后阶段,是只管输出、不管输入的阶段,生死荣辱一切都置之度外。

如果按责任担当来衡量,第一个 20 年,处于依附和成长阶段,有责任也是间接责任,责任权重不到 30%;第二个 20 年,是人生的真正起步,也是责任担当的全面开始,责任权重要超过 80%;第三个 20 年,无论在家还是在单位都是顶梁柱,责任权重达到 100%;第四个 20 年,是人生的最后休闲,责任权重几乎为零。

如果按幸福指数来衡量,头尾的两个 20 年,幸福感较强。第一个 20 年往往最容易满足,一块糖、一块花手帕,甚至父母的一个拥抱,老师、同学的一个夸奖,都能让我们热泪盈眶、温暖全身;第四个 20 年的倍感幸福,人活八十开外,儿孙绕膝,云里雾里,半醒半睡;中间的两个 20 年,则是忙碌有加,毫无快乐可言,幸福指数最低。

第一个 20 岁,单纯、滋润、多梦、不累,只管汲取,多好!最好的 20 岁,此刻正好像一个鲜桃，握在您手中。

（选自《知识窗》2010年第6期）

人人皆可为国王

梁 衡

说到权力和享受，国王可算是一国之最。普天之下莫非王土，一国之财任其索用，一国之人任其役使。所以古往今来王位就成了一些人追求的目标，国王生活的样子也成为了一般人追求的最高标准。

但是不要忘了一名俗话：尺有所短，寸有所长。虽然大有大的好处，但它却不可能占尽全部的风光。就比如，同是长度单位，以“里”去量路程可以，去量房屋之大小则不成；以“尺”去量房间大小可以，去量一本书甚至一张纸的厚薄则难为了它。同是观察工具，望远镜可以观数里、数十里之外，看微生物则不行，这时挥洒自如的是显微镜。所以，就是镜中之最——天文望远镜也决不敢说有了它就不必再有显微镜，而显微镜也不必自卑自弃。以人而论，权大位显，如王如皇者亦有他的局限，比如他就不能享村夫之乐、平民之趣。就如望远镜永远不可能知道微生物王国是什么样子。《红楼梦》里凤姐说得好，“大有大的难处”。而《西游记》里孙悟空就懂得小有小的好处，钻到铁扇公主肚子里去成大事。就是在君主制度的社会里，王位也并不是所有人的选择。明代仁宗皇帝的第六世孙朱载堉，就曾七次上疏，终于辞掉了自己的爵位。他一生潜心研究音乐和数学，他发现的十二平均律传到西方后，对欧洲音乐产生了巨大影响。对量子理论做出贡献的法国人德布罗意也是出身公爵世家，但他不要锦衣美食，终于在科学史上占有一席之地。据说现在的荷兰女王也很为继承人发愁，因为她的三个子女对王位都不感兴趣。

在现代社会里，特别是在市场经济的运行规则下，人们的利益取向、价值取向和实现途径都大大多元化了。每一个成功者都可以享受三呼万岁式的崇敬，享受鲜花和红地毯。社会有许许多多的“国王”在各自不同的王国里尽享着自己臣民的膜拜。你看歌星、球星是追星族的国王；作家、画家是他的读者的国王；学者、教授是他学术领域内的国王。幼儿园的阿姨、小学校的教师整天享受着孩子们的拥戴，也俨然如王——孩子王。就是牧羊人，在蓝天白云下长鞭一甩，引吭高歌，也有天地间唯我独尊的王感。

事物总是有两方面，有所不为才能有所为；失之东隅，收之桑榆；塞翁失马，焉知非福。每个人只要努力，都能得到一种王者的回报。当一个人壮志难酬或怀才不遇时，这大约是人生最低潮最无奈的吧。但就是在这种状态下，他仍然会有追随者，仍然可以反败为王。北宋时的柳永，宋仁宗不喜欢他，几次考试不第，连个做臣子的资格也拿不到，他只好去当“民”，而且是个落魄之民。但是在歌馆妓楼、勾栏瓦肆这个王国里他是国王，是个词王。歌妓和市民这些歌者、听者就是他的臣民，诚心诚意地拥戴他。他在艺术王国里与金銮殿上的皇帝分庭抗礼，互不相干。“凡有井水处都有柳词”，你看他这个王国有多大。林则徐因主张禁烟被清政府贬到新疆伊犁。但就是这样一个“钦犯”，沿途官民却拜迎宾馆，泪洒长亭，赠衣赠食，送马送车，纷纷争睹尊容。到住地后人们又去慰问，去求字。以至于待写的宣纸堆积如山。他比皇帝登朝上殿还忙。在人格王国里林则徐被推举为王。以他们这样身处逆境，生存空间已经很小的人都可为王，正常生活中更是人人可以为王。只是我们不必介意这王国的大小，王位的长久。我看过一场演唱会，那歌手也没有什么名，现在人们也早忘了他，但当时着实有王者风光，台下的女孩子毫不羞涩地高喊“我爱你”，演唱结束，有简短采访谈话，歌迷就冲到台上要签名，要拥抱，他迅即在工作人员护送下退场，那些不得一吻吾王的女孩子就去吻他刚坐过的椅子。我就想，这哪里是“王”，简直是个教皇了。一次爬香山，在山脚下草地旁，一位年轻人用草编成蚂蚱、小鹿之类的小动物，插满一担，惹得小孩子和家长围成几层厚厚的圆圈，倒有拥兵自重的威风。等到登上半山时，又见许多人挤在一起围观什么，分开人群一看，一个老者在玩三节棍，他两手各持一节细棍，将那第三节不停地上下翻挑，做出各种花样，人们越是喝彩他越是得意，这时连头上山坡处也满是看热闹的人，他于紧张操作之余还肯分出眼睛的余光留心周围的反应，尽情享受投向他惊奇的目光，甚是得意。在这个山坡上临时组建的三节棍小王国里，他就是国王。

国王的精神享受有三，一是有成就感；二是有自由度；三是有追随者。只要做到这三点，不管你是白金汉宫里的英国女王，还是拉着小提琴的街头艺术家，在精神上都已得到了一样的满足。做到这一点并不难，只要诚实、勤奋就行。因为你虽没有王业之成，大小总有事业之成；虽没有权的自由，但有身心的自由；虽没有臣民追随，但一定有朋友，有人缘，也可能还有崇拜者，“天下谁人不识君”。所以人人皆可为国王，谁也不用自卑，谁也不要骄傲。

(选自《人人皆可为国王——梁衡散文精读》，复旦大学出版社，2009年)

没有别人在场

每个人都是社会大舞台上的一个小演员。扮演多种角色,他的言行要符合身份,否则就是出格了,让别人不高兴。人不是活在自己的世界里,而是活在他人的眼光中。

有别人在场的时候,人是压抑并表演着的,要在乎别人的看法和印象,别人是你跟前长了嘴巴的镜子。你想给人好印象,就必须揣摩对方的心思。你是做给别人看的,无法完全遵照自己的意愿。

有多少时间是单独的呢？此时,你卸了盔甲,洗去妆容,感觉一身轻松。完全自由,无所顾忌,那你会怎么想怎么做呢？没有别人在场,你会展开真实的自我吗？

生命需要一间暗室,这私密空间是一个缓冲地带,无所谓对错好坏。舒展心灵,梳理思绪,安抚情感,回忆往昔。不被打搅的时光缓慢而从容地流淌。朱自清在那个夜晚观荷塘月色,大约就是这种心境吧。什么都可以想,什么也可以不想,便觉得是一个自由的人。什么都可以想,思维不再禁锢,飞翔起来了。什么也可以不想,别人逼着你做的违心事、说的违心话都可以放下,这不是很美妙愉快吗？

现代人活得太不容易了,“被自愿”的时兴,让人无可奈何。没有房,没有家,没有工作和老婆,但是还得看别人的脸色。如果再没有属于自己的心灵空间,去哪里疗伤呢？

很多年以前,卢梭从社会交往中走出来,来到瓦尔登湖畔,他在树林中与大自然为伍。自由自在,没有尔虞我诈,不会钩心斗角,内心一片坦然。那么他的行走和沉思,就达到别人所不及的范围与境界了。耳朵听到的是鸟鸣,眼睛看到的是树木、湖水、蓝天和白云……卢梭受迫害之后,逃到了乡下,作为孤独的散步者,他的遐想就更加无拘无束……

不善独处的人,他没有宁静,只有寂寞,所以他会不停地挤往人多的地方,似乎在嘈杂之地,就不用面对自己。他根本不知道,心灵在独处的时候,才会出来与自己对话,没有别人在场,心如莲花,一瓣瓣展开。勇敢地打开自己的包袱,慢慢地欣赏。

群居的人类最开始是互相搀扶、关怀、温暖的。后来,科技发展了,人们在“流水线”上奔跑,高度紧张。小憩只有片刻,不久就会有闯入者。亲近的或者陌生的人,影响着你的生活。人一生有多少独处的时光呢?算起来并不多,经常都是有别人在场。

(选自《广州日报》2010 年 6 月 12 日)

人生的幸福问题

傅佩荣

教了三十年哲学,已经知道如何教学生思考人生的难题。

学生如果问:"人生最重要的是什么?"这时我就必须花一点时间,介绍人生的三层架构,即"身、心、灵"。首先,"身"代表身体以及随之而来的各种需求,譬如:有工作与薪水,有身份与亲友,以及其他可以让一个人活下去的物质条件。

其次,"心"代表心智运作的三个方向,即"知、情、意"。包括:上学念书,懂得生活常识与某些专业知识,不断接触新的信息等;亲情、友情、爱情,借娱乐以调节情绪等;在自己选择的作为上,日益提升自主性,并且愿意为言行的后果负责任等。

然后,"灵"是指一个人的灵性,是他的终极关怀所在,他可以由此界定人生意义,亦即肯定自己活着是"为了什么",死后又是怎么回事。谈到灵性,宗教徒会将它理解为"灵魂",即使只是接受"祖先崇拜",也无异于默认祖先的灵魂以某种方式存在着。非宗教徒则将它理解为"精神",像古人所推崇的三不朽:立德、立功、立言。无论灵魂或精神,都将在人的身心活动结束之后,继续发生某种作用。如果否定灵性层次,则"人死如灯灭",一切都是偶然的巧合,也就不必奢谈任何"人生意义"的问题了。

再回到前面的问题,"人生最重要的是什么?"有三句话可以参考,即:一,身体健康(包括让人活下去的物质条件,尤其是金钱)是"必要的";二,心智成长(在知、情、意三方面不断发展)是"需要的";三,灵性修养是"重要的"。于是,答案很清楚:人生的目的指向重要的层次。但是,强调灵性的重要性,并不表示可以忽略必要之物与需要之物。因此,亚里士多德认为,幸福包括:拥有健康与金钱,朋友多而敌人少,然后专务于理性沉思,享受智慧所带来的喜悦。由于"必要、需要与重要"这三方面涵盖了一个人的全部需求,未必可以全盘兼顾,人生也才有了抉择取舍上的困惑、迷惘与苦恼。因此,为了避免错过人生的重要目标,一个人需要"学习"分辨。

以儒家来说,孔子最赞许的是颜渊,而他的理由是:颜渊的生活极其穷困(一箪食、一瓢饮、在陋巷),他的"必要之物"少之又少;但是在这种"人不堪其忧"的情况下,"回也不改其乐",这是因为他有"灵性修养"的目标,以孔子所教诲的"道"为乐,亦即表现出"安贫乐道"的生活态度。换句话说,是贫是富并不重要,重要的是他明白灵性是怎么回事,因而觉悟了人生的意义。

一个人若想获得幸福与快乐,不妨参考儒家与道家的学说。但是,对许多不熟悉这些古老哲学的人来说,也许美国心理学家马斯洛的"需求理论"比较容易了解。马斯洛提出五种由下而上的需求,包括:生理需求、安全需求、爱与归属的需求、自尊与受人尊重的需求以及自我实现的需求。若想获得幸福,就须在拥有较低的条件之后,继续往上寻求更高的条件。这一套需求理论言之成理,但仍有两点要补充:一是"自我实现"有些模糊,因为它也可能变成自我中心主义;二是马斯洛自己也察觉了这个问题,于是在他离世的前一年(1969)发表一篇论文,强调在自我实现之上,还有一个"自我超越"的境界。而所谓自我超越,显然与灵性修养密切相关。

结论很清楚:人在世间取得必要之物,发展需要之物,而目标必须置于重要之物上。如果抹杀灵性修养的重要,则人生找不到真正的归宿,也谈不上真正的幸福感了。

(选自《广州日报》2010年5月28日)

快乐工作才能快乐生活

骆 驼

在美国佛罗里达州桑福德市一个安静的小镇上,有一名厨师叫马克·鲍勃,他的烹饪水平一直不错,在一家叫好望角的餐厅做了两年的厨师。当厨师之余,他还热爱博彩,虽然他一直没有中过大奖。

2009年2月,幸运之神眷顾了他,他居然中了数百万美元的大奖。在经济危机的情况下,他成了小镇最幸运的人。中奖的那个晚上,他在自己工作的餐厅请客。他亲自下厨,和大家一起庆祝自己的一夜暴富。

那个狂欢的晚上,所有人都尽心玩闹,只有饭店老板约翰有些难过,因为他得开始计划重新招聘一名厨师了,他想鲍勃肯定不会继续干这份工作了。

第二天,就在约翰拟好招聘广告之后,一个熟悉的身影出现了。鲍勃居然回来了。鲍勃不但回来了,而且风趣地说:"我是厨师,你们休想把我丢进那些豪华会所。"

于是,鲍勃又吹着口哨开始了他的工作。很快,饭店里的食客渐多,当人们发现鲍勃依然在这里工作时,都很惊讶地向他挥手致意。

后来,他的做法引来了好事的记者。记者举着"大炮"闯进厨房问他:"鲍勃先生,你完全不必继续在这里工作了,为什么还要继续呢?"

他一手端着盘子,一手拿着勺子对记者说:"我从小就学习做菜,并在父母亲的反对之下坚持成为一名厨师,你大概知道我有多喜欢干这个了吧?而且,我在这里有像亲人一样的老板和同事,我们相处得非常快乐,他们让我人生的大部分时间都很快乐。我为什么要因为一笔意外之财而丢弃我热爱的事情呢?是的,我不能因为钱耽搁了我的快乐。"

记者很惊讶,良久无语,仍然很执著地问:"你这么有钱,干吗不把这家餐厅买下来,然后自己做老板,这样不是很好吗?"

鲍勃笑了,隔着玻璃门指着外面的老板约翰说:"像购买这家餐厅成为老板这种事情,我是不会干的,因为这是约翰最喜欢干的事情,我如果买下这家餐厅,那不意味着约翰要失业并失去快乐了吗?既不能给我带来快乐,又有可能夺走别人快乐的事情,我为什么要干呢?"

记者再次惊呆,然后对鲍勃竖起了大拇指。

2007年10月,在英国,一位叫卡尔·普兰斯的火车司机幸运地中了690万英镑的大奖。他中大奖后花了6.4万英镑买了一辆房车开始了他的环球旅行,并尽情地享受着金钱带给他的乐趣。但是就在几个月后,普兰斯居然提出申请要回到铁路部门,由于他的听力受损,公司拒绝了他的申请。后来在他的万般恳求之下,他终于重回自己心爱的岗位。当人们问他是不是疯了的时候,他发自内心地说:"我不能把自己的余生花在无聊的度假上,我要与我亲爱的同事及心爱的火车一起快乐地工作下去。"于是,他继续着自己充实而特别的生活,工作时间他继续与火车、同事为伴,下班后他开着自己的豪华轿车回家。人们都相信,他是快乐的,因为他热爱着自己有工作的生活。

很多时候,我们都把工作的目的等同于赚钱,于是工作便成为一种庸俗的劳累。如果你试着把工作和钱分开,和快乐挂上钩,也许会发现工作将成为一件愉快的事情。细细想来,我们大多数人都没有中头彩的命,可能要将人生大部分的时间献给工作,如果不把工作当成快乐的事情,不去从工作中寻找快乐,那我们长长的一生不是注定要悲哀地度过吗?

(选自《读者》2009年第21期)

✻ 名言荟萃

1. 天行健,君子以自强不息。(《周易》)
2. 石可破也,而不可夺坚;丹可磨也,而不可夺赤。(《吕氏春秋》)
3. 从善如登,从恶如崩。(《国语》)
4. 人而不学,其犹正墙面而立。(《尚书》)
5. 士不可以不弘毅,任重而道远。(《论语》)
6. 好学近乎知,力行近乎仁,知耻近乎勇。(《中庸》)
7. 知而好问,然后能才。(《荀子》)
8. 天将降大任于斯人也,必先苦其心志,劳其筋骨,空乏其身,行弗乱其所为,所以动心忍性,增益其所不能。(《孟子》)
9. 志不强者智不达。(《墨子》)
10. 路曼曼其修远兮,吾将上下而求索。(屈原)
11. 君子之行,静以修身,俭以养德。非淡泊无以明志,非宁静无以致远。(诸葛亮)
12. 学之广在于不倦,不倦在于固志。(葛洪)
13. 盛年不重来,一日难再晨。(陶渊明)
14. 勿以恶小而为之,勿以善小而不为。惟贤惟德,能服于人。(刘备)
15. 燕雀戏藩柴,安识鸿鹄游。(曹植)
16. 有志者事竟成。(范晔)
17. 穷且益坚,不坠青云之志。(王勃)
18. 命为志存。(朱熹)
19. 由俭入奢易,由奢入俭难。(司马光)
20. 学而不知,与不学同;知而不能行,与不知同。(黄晞)
21. 博观而约取,厚积而薄发。(苏轼)

22. 知不足者好学,耻下问者自满。(林逋)

23. 什么是路?就是从没路的地方践踏出来的,从只有荆棘的地方开辟出来的。(鲁迅)

24. 生活不是悲剧,它是一场"搏斗"。(巴金)

25. 每个人都应当用帆用桨,努力推进他的小船。(〔意〕但丁)

26. 智慧、勤劳和天才,高于显贵和富有。(〔德〕路德维希·凡·贝多芬)

27. 朝着一定目标走去是"志",一鼓作气中途绝不停止是"气",两者合起来就是"志气"。一切事业的成败都取决于此。(〔美〕卡耐基)

28. 一个人在科学探索的道路上,走过弯路,犯过错误,并不是坏事,更不是什么耻辱,要在实践中勇于承认和改正错误。(〔美〕爱因斯坦)

29. 一个有坚强心志的人,财产可以被人掠夺,勇气却不会被人剥夺的。(〔法〕雨果)

30. 乐观是一首激昂优美的进行曲,时刻鼓舞着你向事业的大路勇猛前进。(〔法〕大仲马)

31. 人的一生,总是难免有浮沉。不会永远如旭日东升,也不会永远痛苦潦倒。反复地一浮一沉,对于一个人来说,正是磨炼。因此,浮在上面的,不必骄傲;沉在底下的,更用不着悲观。必须以率直、谦虚的态度,乐观进取、向前迈进。(〔日本〕松下幸之助)

第三部分　实践体验

1. 高职学生励志修身的方法途径有哪些?
2. "修齐治平"的传统修身途径还有无现实意义?
3. 你最喜欢的励志格言是什么,说出来与大家分享,并告诉大家你为什么喜欢它?
4. 观看影片《阿甘正传》、《贫民窟里的百万富翁》,与同学交流心得体会。

5. 下面这些图片是心理学家一起合作的成果，并且经过历时几年的全球性测试。并根据被试的回应，再小心地调校各个图片的颜色及形状，然后再次进行测试，直至得到这些非常成功的图片，这些图片代表了九种不同的性格。请选出你最喜爱的一张（同时考虑形状和颜色）。然后根据编号查看你对应的类型。

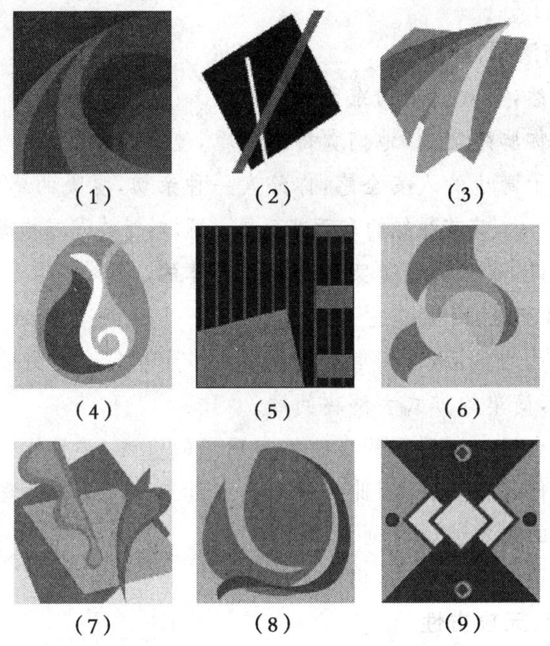

测试结果：

(1) 时常自我反省，敏感的思想家

你对于自己及四周的环境能够比一般人控制得更好、更彻底。

你讨厌表面化及肤浅的东西。

你宁愿独自一人也不愿跟别人闲谈，但你跟朋友的关系却非常深入，这令你的心境保持和谐安逸。

你不介意长时间独自一人，而且绝少会觉得沉闷。

(2) 独立，前卫，不受拘束

你追求自由及不受拘束，自我的生活。

你的工作及消闲活动都与艺术有关。

你对于自由的渴求，有时候会使你做出令人出人意表的事。

你的生活方式极具个人色彩；你永远不会盲目追逐潮流。

相反地，你会根据自己的意思和信念去生活，就算是逆流而上也在所不惜。

(3) 精力充沛,好动,外向

你不介意冒险,特别喜欢有趣的,多元化的工作。

相比之下,例行公事及惯例会令你没精打采。

你最兴奋的是可以积极参与任何比赛活动,因为这样你就可以在众人面前大显身手了。

(4) 务实,头脑清醒,和谐

你作风自然,喜欢简单的东西。

人们欣赏你脚踏实地,他们觉得你稳重,值得信赖。

你能够给予身边的人安全感,你给人一种亲切,温暖的感觉。

你对于俗气的、花花绿绿的东西都不屑一顾,对时装潮流抱着怀疑的态度。

对于你来说,衣服必须是实用及大方得体的。

(5) 专业,实事求是,自信

你掌管自己的生活,你相信自己的能力多于相信命运的安排。

你以实际,简单的方式去解决问题。

你对日常生活中所遇到的事物抱有现实的看法,并且能够应付自如。

人们知道你可担重任,因此都放心把大量工作交给你处理。

你那坚强的意志使你时刻都充满信心。

未达到自己的目标之前,你绝不罢休。

(6) 温和,谨慎,无攻击性

你生性随和,但处事谨慎。

你很容易认识朋友,但同时享受你的私人时间及独立生活。

有时候,你会从人群中抽身而出,一个人静静地思考生活的意义,并自娱一番。

你需要个人的空间,因此有时会隐匿于美梦当中,但你并不是一个爱孤独的人。

你跟自己及这个世界都能够和睦共处,而你对现状亦非常满意。

(7) 无忧无虑,顽皮,愉快

你喜欢自由自在,无拘无束的生活。

你的座右铭是:生命只能活一次,因此你尽量享受每一刻。

你好奇心旺盛,对新事物抱有开放的态度;你向往改变,讨厌束缚。

你觉得身边的环境都不断在变,而且经常为你带来惊喜。

(8) 浪漫,爱幻想,情绪化

你是一个感性的人。你拒绝只从一个严肃,理智的角度去理解事物。

你的感觉亦十分重要。事实上,你觉得人生必须要有梦想才叫活得充实。

你不接受那些轻视浪漫主义及被理智牵着鼻子走的人,而且不会让任何事物影响到你那丰富的感情及情绪。

(9) 具分析力,可靠,自信

你对事物的灵敏度令你可以发现到旁人忽略了的东西。

这些就是你的宝石,你喜欢发掘这些美好的东西。

你的教养对于你的生活有很特别的影响。你有自己高雅独特的一套,无视任何时装潮流。

你的理想生活是优雅而愉快的,而你亦希望跟你接触的人们都是高雅而有教养的。

6. 请班委会组织“大声喊出自己的梦想”的活动。

第二单元　求 知 明 理

第一部分　主题解读

当我们孤独寂寞时，阅读可以消遣。当我们高谈阔论时，知识可供装饰。当我们处世行事时，知识意味着力量。明理有助于理解，看透世事，在纷繁复杂的社会生活中游刃有余。正所谓“读史使人明智，读诗使人聪慧，演算使人精密，哲理使人深刻，伦理学使人有修养，逻辑修辞使人善辩”。总之，拥有知识和明晓事理能改变我们的命运。

一、求知明理的含义

求知明理，就是探求知识，明察事理。探求知识的目的是为我们所用，以改变个人命运，改变社会现状。

人的天性犹如野生的花草，求知明理好比修剪移栽，让花草成长得更加茁壮美丽。狡诈者轻鄙学问，愚鲁者羡慕学问，唯聪明者善于运用学问。知识本身没有告诉人怎样运用它，运用的方法乃在书本之外，不经实践就不能学到。不可专为挑剔辩驳去读书，也不可轻易相信书本。求知的目的不是为了吹嘘炫耀，而是为了寻找真知，启迪智慧，明晓道理。

经过长期的学习，我们应该知道有的知识只需浅尝，有的知识只要粗知，只有少数专门知识需要深入钻研，仔细揣摩。所以有的书只要读其中一部分，有的书只需知梗概即可，对于少数好书则要精读，细读，反复地读，甚至要做笔记摘要。读书使人头脑充实，讨论使人明辨是非，做笔记则能使知识精确。因此，如果一个人不愿做笔记，他的记忆力就必须强而可靠。如果一个人只愿孤独探索，他的头脑就必须格外敏锐。如果一个人不读书又想冒充博学，他就必定很狡黠，才能掩饰他的无知。

不仅如此，精神上的各种缺陷，都可以通过求知来改善——正如身体上的缺陷,可以通过运动改善一样。一个思维不集中的人可以研习数学,因为数学稍不仔细就可能出错。缺乏分析判断力的人可以研习哲学,因为哲学最讲究繁琐辩证。不善于推理的人可以研习法律学,如此等等。种种头脑上的缺陷,都可以通过求知来疗治。

(一)求知明理与人生的关系

有人说:“有道德没有能力的是一个庸品,两者都没有的是废品,有道德有能力的是优等品,而有能力没道德的则是危险品,因为这种人有可能用知识危害整个社会。”应该稍作修正的是,只有道德的人也值得肯定,因为他做事的出发点是好的,对社会是有利的。综合起来说,要做事,先做人,就是这个道理。我们是知识的精英与社会的脊梁,肩负着国家的兴衰存亡,提高我们的道德修养水平既是自身发展的需要,也是国家和民族的需要!

为什么要读大学?就是要在求知和做人方面发生质变,成为一个德才兼备的人,为实现自我价值和社会价值创造基础。穷则独善其身,达则兼济天下,追求的就是两者的统一。在求知的道路上,我们要抓住做人这个根本,人生才有意义和有价值。唐代文学家韩愈说:“读书勤乃有,不勤腹空虚。”通过勤奋苦读,积累丰富的知识,有助于提高我们对人生的认识,明白做人的道理,从这一点来说,读书明理是成才的基础。宋代词人辛弃疾写道:“城中桃李愁风雨,春在溪头荠菜花。”满园桃李虽好,却经不起风吹雨打;野外溪边的荠菜花不怕风雨,在恶劣的情况下依然灿烂。所以,我们还要经得起风雨,受得住烈火,做到“千磨万击还坚韧,任尔东西南北风”。

知识匮乏的心灵如同黑夜没有光明,求知明理则给黑暗的心灵点燃光明的圣火。虽然亲身实践是求知明理的重要途径,但是我们的精力是有限的,通过读书可以弥补缺乏实践的不足。苏霍姆林斯基说:“一个真正的人应当在灵魂深处有一份精神的宝藏,这就是他通宵达旦地读过一二百本书。”我们可以从读书探寻人生的价值,寻觅做人的道理,感知人间的真情,体会众生百态。读书不仅是一种快乐,更是对社会与历史的一种感受、思考与责任。

比较古人的读书之风与现实社会对求知明理的态度,古人的言行至少有三点值得认真思考:其一,通过刻苦自励、勤学苦读,以改变人生命运的精神,仍然值得努力效法。北宋的范仲淹自幼为孤儿,由母亲抚养长大后,他独居一室,刻苦攻读,“其起居饮食,人所不堪,而公自益刻苦”,终成一代名臣。其二,古人把读书作为人生的精神享受,是对照我们读书态度的一面镜子。读书与名利自然不能完全分开,但除此之外是否应有更高的人生追求?

宋代理学家朱熹认为,读书是为了“贪道义而不是贪利禄”,是要“做好人而不是做贵人”,这样才不会为利禄所累。其三,古人的许多读书方法仍有借鉴的价值。欧阳修提倡“枕上、厕上、马上”的“三上读书法”;苏轼总结的各个击破的“八面受敌法”;朱熹主张的“口到、眼到、心到”的“三到读书法”等,各有其重要的价值。欧阳修所以能成为一代散文大家,苏轼的作品所以能流传千古,朱熹所以能成为学界的领袖,与行之有效的读书方法是紧密相关的。所以说,完美的人生、成功的人生是与我们求知明理的努力分不开的。汉代学者刘向说:“少而好学,如日出之阳;壮而好学,如日中之光;老而好学,如秉烛之明。”所以我们应该把握年轻的时光,刻苦读书,做一个对自己、对社会都有价值的人。让我们的求知明理就从现在开始吧!

(二)高职学生的求知明理

高等职业教育是一种全新的教育类型,是我国高等教育发展的趋势之一,培养高素质技能人才,是发展社会主义市场经济的必然要求。

一般地说,求知与明理是辩证统一的关系。求知就是学习专业知识,掌握好本专业的理论和技能,这是衡量我们高职学生是否合格的主要标准,却不是唯一的标准。明理就是学做人,要做一个道德修养较高的人,也是衡量我们高职学生合格的重要因素。高职学院培养的是有理想、有道德、有文化、有纪律的社会主义事业的建设者和接班人,仅仅满足于“两耳不闻窗外事,一心只读圣贤书”,只顾埋头学习专业知识,而不注重或放松道德修养,就不能成为社会主义新时期合格的接班人。求知和明理的关系是什么呢?就是使求知有一个正确的动机和目的,学会做好的人,学会做正确的事,成为一个德才兼备、有益于家庭、国家和社会的合格的高职学生。

现阶段的高等职业教育的培养目标以服务为宗旨,以就业为导向,坚持走产学研结合发展的道路。因此,针对我们高职学生的求知明理教育应注意以下几点。

首先,寓德育于实践活动之中,既符合我们学生活泼开朗、喜爱活动的生理心理特点,而且涉及面广,参加人数较多,能够形成热烈的气氛,从而将道德理念转化为自觉的道德行动。如开展爱心捐助活动,为孤寡老人服务,举办法制教育讲座等,使学生感悟其中的精神理念,养成高尚的道德情操,促进道德行为习惯的养成。

其次,可以在教学中引入道德评价机制,注重对我们高职学生道德素质的考核。比如在期末成绩的构成中包括一定比例的道德表现分,由辅导员根据学生的日常行为表现来评定,以激励学生注重日常行为举止,达到提高个人道德素养的目的。这种方式将求知与明理结合到一起，促进我们做到专业学习与道德修养的结合。

总之，我们高职学生道德修养的提升是一个渐进的过程，教育者应该有耐心、有信心、有决心，本着对我们学生负责的精神，播撒爱和希望的种子，达到育人的目的。

二、求知明理的方法和途径

求知与明理没有绝对的方法和途径。根据许多成功者的经验，科学的求知明理方法一般包括“问、记、积、用”四个方面。

1. 问。古人称知识为“学问”，学的后面紧跟着问。问是求知明理的钥匙，是思考的起点，是通往知识天地的重要途径。“问”有两层含义：一是向自己提出疑问，要敢于思考疑难问题；二是向别人求教，甚至要“不耻下问”。宋人朱熹说过：“读书无疑者须教有疑，有疑者却要无疑，到这里方是长进。”明人陈献章也说：“小疑则小进，大疑则大进。”就是说，求知者应当善于发现问题，解决问题，才有学识上的提高。在科学上有建树的人都是善于提出问题、解决疑难的专家。爱因斯坦曾对一位物理界的同行说过：“空间、时间是什么，别人在很小的时候，就已经搞清楚了，我智力发育迟，长大了也没弄清楚，于是一直在揣摩这个问题，结果就比别人钻研得深一些。”由于他对人们司空见惯的时空问题提出了疑问，经过钻研，所以建立了相对论，把牛顿的经典力学大大地向前推进了一步。马克思对人们每天接触的商品交换进行认真思考，从这个最简单的现象中揭示了资本主义的剥削实质，创立了剩余价值学说，从而推动了无产阶级革命事业。求知还要有“不耻下问”的勇气和精神。孔子拜 7 岁的项橐为师早已成为佳话。郭沫若则拜演员张瑞芳为“一字师”，凡此不胜枚举。学者以无知为耻，以向别人请教为荣。韩愈说“闻道有先后，术业有专攻”，“道之所存，师之所存也”，可谓精辟之见。正是不懈的追求，我们才会使知识更加渊博，理解事理更加透彻。

2. 记。就是记忆。学习是接受、整理、消化和贮存知识的过程，记忆就是贮存知识的过程；没有记忆，就不会运用知识。人脑的记忆力似乎是有天生差别的。著名桥梁专家茅以升有着令人惊讶的记忆力，83 岁时，还可以背出圆周率小数点后一百位的准确数值。著名棋手胡荣华不但可以“默下”，还能在棋局结束后，将步骤恢复起来，重走一遍。有的人记忆力却十分低下。常听到一些人说：“我很想学点东西，但记忆力太糟，看过的书很快就忘掉了。”教育家则认为，如果在学习时你有“一定要记住”的决心或信念，即使碰到困难，也会想办法把该记住的东西记牢，反之则会导致真正的健忘。毛泽东说过：“人是要有一点精神的。”记忆时也应该有一种“要记住”的精神，才能使脑细胞活跃起来，大脑皮层兴奋起来，以提高记忆效果。现代医学揭示，人脑拥有140亿以上的细胞，记忆力几乎是无限的，即使是用脑终生的科学家，也只用了不到五分之一的记忆细胞。因此，从大脑的物质构成看，任何人都没有理由怀疑自己的记忆力。另外，对记忆对象是否有兴趣也很重要。对有兴趣的事物，就记得牢；反之就留不下什么印象。但是兴趣不是天生的，是在环境的影响下形成的。孔子说得好：“知之者不如好之者，好之者不如乐之者。”应该努力培养自己的兴趣，拓展培养兴趣的来源，并树立远大的目标，才能使记忆效果更好。

3. 积。就是用科学的方法不断地积累知识。鲁迅说：“无论什么事，如果继续收集资料，积之十年，总可成一学者。”谈到积累，曾有过这样一个故事：第二次世界大战时，英国作家雅各布发表了一本震动全球的小册子，详细叙述了德国军队的组织机构、参谋部人员的部署情况，以及160多名指挥官的姓名和简历，甚至披露了刚成立起来的装甲师步兵分队。希特勒为此大发雷霆，并把雅各布绑架到了柏林，盘问他的情报来源。雅各布却淡淡地说：我一直细心阅读德国的报刊，对其中军事方面的材料，点点滴滴都记录下来，甚至连某位将军的婚礼也不放过。然后把众多的材料分类编排，经过分析、比较、推断，就形成一份关于德国军队组织状况完整的资料。这个事例说明大量的资料积累是创造发明的一个必要条件。邓拓在《燕山夜话》中说过：“古今中外有学问的人，有成就的人，总是十分注意积累的。不积累什么也谈不上。”当然，还要学会科学的积累方法，如笔记摘录法、归纳提要法、记心得法和索引法等。只要经常积累，就一定能集腋成裘，积沙成塔，最终受益匪浅。

4. 用。就是把一种好的求知方法变成一种习惯，运用到实践中去。著名教育家叶圣陶在写给《中学生》杂志的复刊词中说：“凡是好的态度和好的方法，都要使它化为一种习惯。只有熟练得成了习惯，好的态度才能随时随地地表现，好的方法才能随时随地的应用，好像出于本能，一辈子受用不尽。”怎样才能把好的求知方法变成一种习惯呢？首先要学会循序渐进。爱因斯坦26岁时创立了狭义相对论，接着准备向纵深发展。在他考虑引力问题时，遇到了困难。就向数学家格罗斯曼教授请教，教授告诉他要解开引力之谜，有现成的数学公式，即黎曼几何张量分析。这使他感到十分震惊。爱因斯坦在《自传》中回忆起这件事时，深有感触地说："数学在我求学时代并不太使我感兴趣，因为我天真地认为对于一个物理学家来说掌握好基本的数学概念就够了。我认为数学里其余的部分对于认识自然是并不重要的奢侈品。这个错误后来我只好痛心地承认了。"其次是要"持之以恒"。求知不能只靠一时的热情，要靠一生的勤奋。司马迁写《史记》用了13年，李时珍写《本草纲目》用了27年，达尔文写《物种起源》用了28年，哥白尼写《天体运行》整整用了30年。华罗庚教授说过："面对悬崖峭壁，一百年也看不出一条缝来。但用斧凿，能进一寸进一寸，能进一尺进一尺，这样'飞跃'必来，突破随之。"这段话告诉我们，在求知的路上，要想取得飞跃和突破，必须一凿一斧地干，一步一个脚印地攀，没有持之以恒的精神，是达不到知识顶峰的。

"书山有路勤为径，学海无涯苦作舟。"求知问学，先要勤奋和刻苦，然后须掌握科学的求知方法，这是我们达到学识精深、事业有成的人生目标的利器。

三、求知明理与实践

一般地说，求知明理不是目的，而是手段，目的在于付诸实践，也就是学有所用。学到的知识和经验只有通过我们的实践才能检验其正确性，并体现出应有的价值。因此，实践是我们成长的中心环节，对进一步自觉地求知明理会起到极大的推动作用。大学阶段既是一个接受教育的过程，又是一个主动领悟、形成能力的过程，如何把理论变成能力，要靠我们实践来消化、吸收。

首先，我们要有善于实践，勇于实践的精神。这样才能更扎实地掌握知识，学会运用，适应多变的社会形势。其次，我们要把学到的东西即时付诸于实践。要学会寻找机会，把握机会，在学中干，在干中学，就会既有学习的兴趣，也有实践的乐趣。事实上，在校实践的机会和时间是有限的，更重要的是走向社会，在经历不同环境的历练，最后融会贯通，使我们成为能力出众的人。这就是说，求知明理和实践是长期的任务，否则也会被社会所淘汰。

我们可以参加学校的各种社团和学生组织中，培养和锻炼自己的综合能力，提高与人协作的团队意识。在这些实践活动中，我们的基本能力和素质都可以得到明显提高，为将来我们步入社会打下坚实的基础。如果，我们已经在学校的各种活动中游刃有余,我们还可以尝试到校外去锻炼和提升自己,可以通过自己的专业技能来做一些力所能及的兼职,这样不仅可以提高我们的专业技能,还可以提前认识社会,此外,还能为家庭减轻经济压力,我们何乐而不为呢?

总之,求知是成才的基础,明理为成才保驾护航,通过实践可以拥有能力,处理好三者的关系,我们就能成为符合社会需要的优秀高级专业技能人才。

第二部分 扩展阅读

为什么要读古老的伟大作品

莫蒂默·阿德勒

轻视研究过去著作的人往往断言,过去与现在是完全不同的,因此从过去学不到什么有价值的东西。但是过去与现在并非截然不同,我们可以从其相似与差异中学到不少有价值的知识。

自古以来,人类生活知识和控制自然世界的情况就一直发生着巨大变迁。古人并没有预先看到我们现在的技术与社会环境,因此对我们所面临的特殊问题无法提供什么忠告。社会与经济结构虽因时因地而有变化,但是,人却永远是人,我们与古人有着一样的人性,也就有着某些共同的人类经验与难题。诗人作证,古人也见到日出与日落,也感觉到风吹面颊,也为爱与欲而着迷,也经验过狂喜、得意以及挫折、幻灭,也知道善恶。古代诗人穿过多少世纪与我们谈话,有时候比我们同代作品还要直接,还要生动。古预言家及哲学家,谈到人类共同生活在社会上的问题,对我们仍有宝贵的建议。

古人并没有遇到像我们一样要使一大群成年公民得到自我实现的问题。但是,索福克勒斯及亚里士多德的名句显示,古人也体会着古代的悲哀与无能。还有,古人认为年长的人具有高度的实际判断与哲学思考的能力,这指出了某些我们若只看目前景象也许便不会发生的问题的可能性。以前没有一个时代,曾经面对地球上的生命会因核子交战而完全消灭的可能,但是古人也知道战争以及整个民族的灭种与奴役。过去的思想家沉思战争与和平的问题，曾提出值得我们一听的建议。西塞罗和洛克表示，调解争端最人道的方法就是讨论及法律，而但丁和康德则提议建立世界＝实现世界和平。

过去的时代并没有经验到我们本世纪所熟知的各种独裁政体。但是，他们曾亲身经历专制暴政以及政治自由的压迫。亚里士多德的政治论文包含一篇深刻而系统化的独裁政体分析，还推荐避免暴政及无状态的两种极端的方法。考虑过去与现在不同的各个方面，我们也可以学到不少知识。我们知道了过去的人所作所思，就可以发现我们现在置身何处，已变成了什么情况。而过去的部分——我们个人的过去以及民族的过去——也永远活在我们的骨肉里。

孤高地偏爱过去或现在是势利与褊狭的表现，愚蠢而又于事无补。我们必须找出过去与现代著作中最有价值的东西。只要这样做，就会发现古诗人、预言家与哲学家在我们的心灵世界中与现代最有领悟力的作家一样，都是同时代的人。有些古代作家比现代畅销书更能搔到我们经验与情境的痒处。什么因素使一本书伟大，伟大书籍含有最好的材料，能使人类心灵得到见解、领悟力及智慧。每一本书都以独特的方式提出人所必须面对而且经常发生的基本问题。因为这些问题从不曾完全解决，这些书便成为知性代代相传的来源与不朽名作。

有人曾说，伟大的书籍是永远不必重写的书。它们是稀有的、完美的、经得起考验的杰出成就。美而高明的风格使它们不仅成为学艺的杰作，也是美术的杰作，无论这些书是科学、政治学、数学，它们都有理由被称为伟大。伟大的书籍含有多层深意，自然便显示它的美丽。它们引出了各种注解，这并不表示，它们是晦涩的或它们的完整受到了危害。不同的注解取长补短，使读者从不同的角度去发现作品的和谐性，其他书我们只要读一遍就能洞悉无遗，但是伟大的书籍，让人钻研不尽，它们是启发智慧的源泉，永不枯竭。很多好书的趣味都局限于历史上某一时期。它们所处理的不是所有时代、所有地方的人类所面对的根本问题，因此它们并没有普遍性的趣味。相反地，伟大书籍能超越它们源起的地域限制，它们始终是世界性的。我们确定伟大的作品是所有时代各地人类一再颂扬的作品。

谈到这一点，有人常说伟大书籍必须经得起时代的考验，这是十分正确的。但是，并不是时间使这些书伟大，而是它们写成时就已经是伟大的了。一本书经久的兴趣只能证明它的伟大而已。我们也许会认为当代某些作品伟大，但是我们还不能确定，它们的杰出有待于时间的法庭来证明。

马克·吐温曾说:“伟大作品是每个人希望他已经读过,但没有人想要去读的书。”人们希望自己读过这些书是因为它们是学艺教育不可缺少的材料,他们退缩不读是因为这些书需要思考,而思考是艰苦的,那也许是人类被迫去做的最痛苦的事情。伟大书籍并不容易读。没有人能读一次就完全了解,甚至读很多次也不一定能完全精通。伟大书籍永远超过每个人的头脑,这正是大家必须一读再读的原因,也正是对大家有益的原因,因为只有超越我们头脑的东西才能将我们提升起来。像生命中其他一切好的东西一样,伟大书籍所提供的东西永远是很难得到的。但是因为伟大书籍很不寻常,它们才比其他的书更可以读,更值得一读。它们激励我们去思考,追寻与讨论,它们的困难对我们的阅读技巧是个挑战,它们能帮助我们改良技巧,帮助我们发展批评的能力。

这些书的困难并不是它们写得不好,或内容很差,而是因为它们描写的是人类心灵所面对的最困难的主题,它们尽可能以最清晰、最简单的方式来处理这些主题,它们的伟大就在这里。如何阅读艰深的书?阅读最重要的规则是:第一次读一本难书的时候,要毫不停顿地把它读完,注意你所能了解的部分,不要因你无法立即领悟的部分而停顿。照这个方法继续下去,把全书读完,别让你所抓不住的段落、脚注、论点及参考资料吓坏了你。如果你因这些障碍而停止,如果你就此打住,你就会迷失。大多数情况下,你死粘在上面不见得就能解开谜底,你第二次再读的时候更有机会了解它,但是你必须把这本书整个读完第一遍才行。

若要尽可能地迅速而轻易地打破一本书的硬壳,体会它的思想、情感及一般意义,适应它的结构,这是我所知道的最实用的方法。耽搁愈久,便要愈久才能了解这本书。在你能看出各部分真正的透视图——或往往在你能看出任何图像——之前,你就必须对整体有略微的了解。

莎士比亚的作品曾受到糟蹋,因为许多代的高中生都被迫一幕一幕地读完《恺撒大帝》、《哈姆雷特》、《麦克白》等剧本,被迫查看所有的生字,被迫研究所有的学术注脚。结果他们从没有真正读到这个剧本。他们被迫一点一点地啃,历时数星期之久。等他们读到剧本结尾,一定早忘了开头。应该有人鼓励他们一口气读完。唯有如此,他们对该剧才能充分地了解,才能有更进一步的了解。

你一口气读完一本书所获得的了解——即使只有50%或更少也不妨——以后可以帮助你进一步尝试寻找你第一遍所跳过的地方。事实上,你会像游客在陌生的地方旅行一样。你若曾到过那一带,就可以从你以前所不知道的通路再去探险。你似乎比较不会把岔路看成干道，你不会被中午的影子所欺骗，因为你记得它们在日落的景象。你心中的地图会指引你，谷地与山丘如何构成整个风景的一部分。

很快读完第一遍并不神奇，它不会造成奇迹，也不该用来取代一本好书所应该用的精读方式。但是迅速读过第一遍可以使精读更容易些。这种练习会帮助你着手读书时保持警觉。你有多少次翻着一页又一页，却做着白日梦，对你看过的东西毫无印象？如果你让自己被动地瞟完一本书，就势必发生这种现象了。没有人能以那样的方式领悟多少。你必须设法找到一条概括的条理加以抓牢。

一个好读者会主动地力求了解。任何书都是一个问题，一则谜语。读者的态度就像侦察寻找基本概念的线索，对任何能使线索清晰的事物保持警觉。迅速地读完第一遍的规则有助于保持这种态度。如果你肯遵守，你会意外地发现你省了很多时间，领悟了很多，而且是非常容易就做到的。

（选自莫蒂默·阿德勒《西方名著中的伟大智慧》，海南出版社，2002 年 4 月）

人生的紫砂壶

黄小平

曾听过一个故事：一个人得到一把珍贵的紫砂壶，为防被盗，夜晚睡觉都把紫砂壶放在床头。

一次，他在睡梦中失手把紫砂壶的壶盖打翻在地，惊醒后，他心想，壶盖打碎了，留着茶壶有什么用呢？于是，一手抓起茶壶把它扔到了窗外。第二天起床，发现壶盖掉在棉鞋上，完好无损。那人又悔又恼，一脚把壶盖踩得粉碎。早晨出门，竟发现昨晚扔出窗外的茶壶，有惊无险地挂在树枝上……

如果把一把紫砂壶比作一个人的人生，那么紫砂壶的壶盖就好比人生的某一个时段，而且是一个很小的时段。壶盖从床头掉到地上，就好比人生的某一个时段受了一点挫折，但这一点挫折还不足以打碎人生的“壶盖”，更不足以打碎人生的“紫砂壶”。然而，现实生活中，不少人受一点挫折就自暴自弃、自毁前程，不仅抛弃了人生的“壶盖”，而且抛弃了人生的“紫砂壶”，把人生推向万劫不复的深渊。

所以，无论情况多么糟糕，我们也不要自我放弃、失去信心。不放弃，就有希望;不放弃,就能保住人生的“紫砂壶”,拯救起整个人生。

(选自《新民晚报》2010年3月27日)

论 读 书

培 根

读书足以怡情,足以博彩,足以长才。其怡情也,最见于独处幽居之时;其博彩也,最见于高谈阔论之中;其长才也,最见于处世判事之际。练达之士虽能分别处理细事或一一判别枝节,然纵观统筹、全局策划,则舍好学深思者莫属。读书费时过多易惰,文采藻饰太盛则矫,全凭条文断事乃学究故态。读书补天然之不足,经验又补读书之不足,盖天生才干犹如自然花草,读书然后知如何修剪移接;而书中所示,如不以经验范之,则又大而无当。有一技之长者鄙读书,无知者羡读书,唯明智之士用读书,然书并不以用处告人,用书之智不在书中,而在书外,全凭观察得之。读书时不可存心诘难作者,不可尽信书上所言,亦不可只为寻章摘句,而应推敲细思。书有可浅尝者,有可吞食者,少数则须咀嚼消化。换言之,有只须读其部分者,有只须大体涉猎者,少数则须全读,读时须全神贯注,孜孜不倦。书亦可请人代读,取其所作摘要,但只限题材较次或价值不高者,则书经提炼犹如水经蒸馏、淡而无味矣。

读书使人充实,讨论使人机智,笔记使人准确。因此不常作笔记者须记忆特强,不常讨论者须天生聪颖,不常读书者须欺世有术,始能无知而显有知。读史使人明智,读诗使人灵秀,数学使人周密,科学使人深刻,伦理学使人庄重,逻辑修辞之学使人善辩:凡有所学,皆成性格。人之才智但有滞碍,无不可读适当之书使之顺畅,一如身体百病,皆可借相宜之运动除之。滚球利睾肾,射箭利胸肺,慢步利肠胃,骑术利头脑,诸如此类。如智力不集中,可令读数学,盖演题须全神贯注,稍有分散即须重演;如不能辨异,可令读经院哲学,盖是辈皆吹毛求疵之人;如不善求同,不善一物阐证另一物,可令读律师之案卷。如此头脑中凡有缺陷,皆有特药可医。

(选自《最受大学生喜爱的100篇文章》,中国和平出版社,2006年1月)

培养独立工作和独立思考的人

爱因斯坦

在纪念的日子里，通常需要回顾一下过去，尤其是要怀念一下那些由于发展文化生活而得到特殊荣誉的人们。这种对于我们先辈的纪念仪式确实是不可少的，尤其是因为这种对过去最美好事物的纪念，必定会鼓励今天善良的人们去勇敢奋斗。但这种怀念应当由从小生长在这个国家并熟悉它的过去的人来做，而不应当把这种任务交给一个像吉卜赛人那样到处流浪并且从各式各样的国家里收集了他的经验的人。

这样，剩下来我能讲的就只能是超乎空间和时间条件的、但同教育事业的过去和将来都始终有关的一些问题。进行这一尝试时，我不能以权威自居，特别是因为各时代的有才智的善良的人们都已讨论过教育这一问题，并且无疑已清楚地反复讲明他们对于这个问题的见解。在教育学领域中，我是个半外行，除了个人经验和个人信念以外，我的意见就没有别的基础。那么我究竟是凭着什么而有胆量来发表这些意见呢？如果这真是一个科学的问题，人们也许就因为这样一些考虑而不想讲话了。

但是对于能动的人类的事务而言，情况就不同了，在这里，单靠真理的知识是不够的；相反，如果要不失掉这种知识，就必须以不断的努力来使它经常更新。它像一座矗立在沙漠上的大理石像，随时都有被流沙掩埋的危险。为了使它永远照耀在阳光之下，必须不断地勤加拂拭和维护。我就愿意为这工作而努力。

学校向来是把传统的财富从一代传到一代的最重要机构。同过去相比，在今天就更是这样。由于现代经济生活的发展，家庭作为传统和教育的承担者，已经削弱了。因此比起以前来，人类社会的延续和健全要在更高程度上依靠学校。

有时，人们把学校简单地看作一种工具，靠它来把最大量的知识传授给成长中的一代。但这种看法是不正确的。知识是死的，而学校却要为活人服务。它应当在青年人中发展那些有益于公共福利的品质和才能。但这并不意味着应当消灭个性，使个人变成仅仅是社会的工具，像一只蜜蜂或蚂蚁那样。因为由没有个人独创性和个人志愿的统一规格的人所组成的社会，将是一个没有发展可能的不幸的社会。相反，学校的目标应当是培养独立工作和独立思考的人，这些人把为社会服务看作自己最高的人生问题。就我所能作判断的范围来说,英国学校制度最接近于这种理想的实现。

但是人们应当怎样来努力达到这种理想呢?是不是要用讲道理来实现这个目标呢?完全不是。言辞永远是空的,而且通向毁灭的道路总是和多谈理想联系在一起的。但是人格绝不是靠所听到的和所说出来的言语而是靠劳动和行动来形成的。

因此,最重要的教育方法总是鼓励学生去实际行动。初入学的儿童第一次学写字便是如此,大学毕业写博士论文也是如此,简单地默记一首诗,写一篇作文,解释和翻译一段课文,解一道数学题目,或在体育运动的实践中,也都是如此。

但在每项成绩背后都有一种推动力,它是成绩的基础,而反过来,计划的实现也使它增长和加强。这里有极大的差别,对学校的教育价值关系极大。同样工作的动力,可以是恐怖和强制,追求威信荣誉的好胜心,也可以是对于对象的诚挚兴趣和追求真理与理解的愿望,因而也可以是每个健康儿童都具有的天赋和好奇心,只是这种好奇心很早就衰退了。同一工作的完成,对于学生教育影响可以有很大差别,这要看推动工作的主因究竟是对苦痛的恐惧,是自私的欲望,还是快乐和满足的追求。没有人会认为学校的管理和教师的态度对塑造学生的心理基础没有影响。

我以为对学校来说最坏的事,是主要靠恐吓、暴力和人为的权威这些办法来进行工作。这种做法伤害了学生的健康的感情、诚实的自信;它制造出的是顺从的人。这样的学校在德国和俄国成为常例;在瑞士,以及差不多在一切民主管理的国家也都如此。要使学校不受到这种一切祸害中最坏的祸害的侵袭,那是比较简单的。只允许教师使用尽可能少的强制手段,这样教师的德和才就将成为学生对教师的尊敬的唯一源泉。

第二项动机是好胜心,或者说得婉转些,是期望得到表扬和尊重,它根深蒂固地存在于人的本性之中。没有这种精神刺激,人类合作就完全不可能;一个人希望得到他同类赞许的愿望,肯定是社会对他的最大约束力之一。但在这种复杂感情中,建设性同破坏性的力量密切地交织在一起。要求得到表扬和赞许的愿望,本来是一种健康的动机;但如果要求别人承认自己比同学、伙伴们更高明、更强有力或更有才智,那就容易产生极端自私的心理状态,而这对个人和社会都有害。因此,学校和教师必须注意防止为了引导学生努力工作而使用那种会造成个人好胜心的简单化的方法。

达尔文的生存竞争以及同它有关的选择理论,被很多人引证来作为鼓励竞争精神的根据。有些人还以这样的办法试图伪科学地证明个人之间的这种破坏性经济竞争的必然性。但这是错误的，因为人在生存竞争中的力量全在于他是一个过着社会生活的动物。正像一个蚁垤里蚂蚁之间的交战说不上什么是为生存竞争所必需的，人类社会中成员之间的情况也是这样。

因此，人们必须防止把习惯意义上的成功作为人生目标向青年人宣传。因为一个获得成功的人从他人那里所取得的，总是无可比拟地超过他对他们的贡献。然而看一个人的价值应当是从他的贡献来看，而不应当看他所能取得的多少。

在学校里和生活中，工作的最重要的动机是在工作和工作的结果中的乐趣，以及对这些结果的社会价值的认识。启发并且加强青年人的这些心理力量，我看这该是学校的最重要的任务。只有这样的心理基础，才能引导出一种愉快的愿望，去追求人的最高财富——知识和艺术技能。

要启发这种创造性的心理才能，当然不像使用强力或者唤起个人好胜心那样容易，但也正因为如此，所以才更有价值。关键在于发展孩子们对游戏的天真爱好和获得他人赞许的天真愿望，引导他们为了社会的需要参与到重要的领域中去。这种教育的主要基础是这样一种愿望，即希望得到有效的活动能力和人们的谢意。如果学校从这样的观点出发胜利完成了任务，它就会受到成长中的一代的高度尊敬，学校规定的课业就会被他们当作礼物来领受。我知道有些儿童就对在学时间比对假期还要喜爱。

这样一种学校要求教师在他的本行成为一个艺术家。为了能在学校中养成这种精神，我们能够做些什么呢？对于这一点，正像没有什么方法可以使一个人永远健康一样，万应灵丹是不存在的。但是还有某些必要的条件是可以满足的。首先，教师应当在这样的学校成长起来。其次，在选择教材和教学方法上，应当给教师很大的自由。因为强制和外界压力无疑也会扼杀他在安排他的工作时所感到的乐趣。

如果你们一直在专心听我的想法，那么有件事或许你们会觉得奇怪。我详细讲到的是，我认为应当以什么精神教导青少年。但我既未讲到课程设置，也未讲到教学方法。譬如说究竟应当以语文为主，还是以科学的专业教育为主?

对这个问题，我的回答是：照我看来，这都是次要的。如果青年人通过体操和远足活动训练了肌肉和体力的耐劳性，以后他就会适合任何体力劳动。脑力上的训练，以及智力和手艺方面技能的锻炼也类似这样。因此，那个诙谐的人确实讲得很对，他这样来定义教育：“如果人们忘掉了他们在学校里所学到的每一样东西，那么留下来的就是教育。”就是这个原因，我对于遵守古典，文史教育制度的人同那些着重自然科学教育的人之间的争论，一点也不急于想偏袒哪一方。

另一方面,我也要反对把学校看作应当直接传授专门知识和在以后的生活中直接用到的技能的那种观点。生活的要求太多种多样了,不大可能允许学校采用这样专门的训练。除开这一点,我还认为应当反对把个人作为死的工具。学校的目标始终应当是使青年人在离开它时具有一个和谐的人格,而不是使他成为一个专家。照我的见解,这在某种意义上,即使对技术学校也是正确的,尽管它的学生所要从事的是完全确定的专业。学校始终应当把发展独立思考和独立判断的一般能力放在首位,而不应当把取得专门知识放在首位。如果一个人掌握了他的学科的基础,并且学会了独立思考和独立工作,就必定会找到自己的道路,而且比起那种其主要训练在于获得细节知识的人来,他会更好地适应进步和变化。

最后,我要再一次强调一下,这里所讲的,虽然多少带有点绝对肯定的口气,其实,我并没有想要求它比个人的意见具有更多的意义。而提出这些意见的人,除了在他做学生和教师时积累起来的个人的经验以外,再没有别的什么东西来做他的根据。

(选自《爱因斯坦全集》,湖南科学技术出版社,2009 年 9 月)

不求甚解

邓　拓

一般人常常以为,对任何问题不求甚解都是不好的。其实也不尽然。我们虽然不必提倡不求甚解的态度,但是,盲目地反对不求甚解的态度同样没有充分的理由。

不求甚解这句话最早是陶渊明说的。他在《五柳先生传》这篇短文中写道:“好读书,不求甚解;每有会意,便欣然忘食。”人们往往只抓住他说的前一句话,而丢了他说的后一句话,因此,就对陶渊明的读书态度很不满意,这是何苦来呢?他说的前后两句话紧紧相连,交互阐明,意思非常清楚。这是古人读书的正确态度,我们应该虚心学习,完全不应该对他滥加粗暴的不讲道理的非议。

应该承认,好读书这个习惯的养成是很重要的。如果根本不读书或者不喜欢读书,那末,无论说什么求甚解或不求甚解就都毫无意义了。因为不读书就不了解什么知识,不喜欢读也就不能用心去了解书中的道理。一定要好读书,这才有起码的发言权。真正把书读进去了,越读越有兴趣,自然就会慢慢了解书中的道理。一下子想完全读懂所有的书，特别是完全读懂重要的经典著作，那除了狂妄自大的人以外，谁也不敢这样自信。而读书的要诀，全在于会意。对于这一点，陶渊明尤其有独到的见解。所以，他每每遇到真正会意的时候，就高兴得连饭都忘记吃了。

这样说来，陶渊明主张读书要会意，而真正的会意又很不容易，所以只好说不求甚解了。可见这不求甚解四字的含义，有两层：一是表示虚心，目的在于劝戒学者不要骄傲自负，以为什么书一读就懂，实际上不一定真正体会得了书中的真意，还是老老实实承认自己只是不求甚解为好。二是说明读书的方法，不要固执一点，咬文嚼字，而要前后贯通，了解大意。这两层意思都很重要，值得我们好好体会。

列宁就曾经多次批评普列汉诺夫，说他自以为熟读马克思的著作，而实际上对马克思的著作却做了许多曲解。我们今天对于马克思列宁主义的经典著作，也应该抱虚心的态度，切不可以为都读得懂，其实不懂的地方还多得很哩！要想把经典著作读透，懂得其中的真理，并且正确地用来指导我们的工作，还必须不断努力学习。要学习得好，就不能死读，而必须活读，就是说，不能只记住经典著作的一些字句，而必须理解经典著作的精神实质。在这一方面，古人的确有许多成功的经验。诸葛亮就是这样读书的。据王粲的《英雄记钞》说，诸葛亮与徐庶、石广元、孟公威等人一道游学读书，“三人务于精熟，而亮独观其大略”。看来诸葛亮比徐庶等人确实要高明得多，因为观其大略的人，往往知识更广泛，了解问题更全面。

当然，这也不是说，读书可以马马虎虎，很不认真。绝对不应该这样。观其大略同样需要认真读书，只是不死抠一字一句，不因小失大，不为某一局部而放弃了整体。

宋代理学家陆象山的语录中说：“读书且平平读，未晓处且放过，不必太滞。”这也是不因小失大的意思。所谓未晓处且放过，与不求甚解的提法很相似。放过是暂时的，最后仍然会了解它的意思。

经验证明，有许多书看一遍两遍还不懂得，读三遍四遍就懂得了；或者一本书读了前面有许多不懂的地方，读到后面才豁然贯通；有的书昨天看不懂，过些日子再看才懂得；也有的似乎已经看懂了，其实不大懂，后来有了一些实际知识，才真正懂得它的意思。因此，重要的书必须常常反复阅读，每读一次都会觉得开卷有益。

（选自《邓拓散文选集》，百花文艺出版社，2005年9月）

被囚禁的章鱼

一条章鱼的体重可达70磅,但是,如此庞大的家伙,身体却非常柔软,柔软到几乎可以将自己塞进任何想去的地方。

章鱼没有脊椎,这使它可以穿过一个银币大小的洞,它们最喜欢做的事情,就是将自己的身体塞进海螺壳里躲起来,等到鱼虾走近,就咬断它们的头部,注入毒液,使其麻痹而死,然后美餐一顿。对于海洋中的其他生物来说,它称得上是最可怕的动物之一。但是,渔民掌握了章鱼的天性,他们将小瓶子用绳子串在一起沉入海底。章鱼一看见小瓶子,都争先恐后地往里钻,不论瓶子有多么小多么窄。

结果,章鱼成了瓶子里的囚徒,变成了渔民的猎物,变成了人类餐桌上的美食。是什么囚禁了章鱼?是瓶子吗?不,瓶子放在海里,瓶子不会走路,更不会去主动捕捉。囚禁了章鱼的是它们自己,它们向着最狭窄的路走去,即使那条路是死胡同。

无论是工作还是生活,我们经常会遇到许多羁绊和束缚。对于它们,我们毫无办法。其实,囚禁我们的不是别人,而是自己,是我们不健康的心态和偏激的态度。

(选自《江南晚报》2010年4月20日)

幸福需要五种营养

英国政府的心理幸福感计划在研究了400多名世界各地科学家跨学科的工作成果后发现,对幸福感来说,也有五种必需"营养素"。

经常联系周围的人——你的家人、朋友、同事还有邻居。把这些人当作你生活的基础,并且花时间维护、发展和他们的联系。

让身体动起来——去散散步或者跑一圈,去骑自行车、跳舞、打球等等。

留心周围——留心那些不经意的美丽,观察那些不同寻常的事物。享受生活的每一刻,无论你是走路去上班,吃饭,或者和朋友聊天。

学无止境——尝试一些新鲜的东西或找回你过往的某一种兴趣,学会弹奏一种乐器,或者烹调你最喜欢吃的美食,参加一门你感兴趣的课程。

与人为善——尽量多给朋友甚至陌生人提供帮助,花点时间做社区工作和志愿者工作。感谢那些曾经帮助过你的人。微笑待人。

(选自《生命时报》2010年4月2日)

每一个刹那都是唯一

黎丹正

威廉·奥斯乐是一位名医，他越来越多地接触到因烦恼和忧虑而生病的人，他们总是因为过于烦恼以前和忧虑未来，长期闷闷不乐，毁坏了健康。为了更彻底地医好这些人的病，他给他们开了一个简单却有效的方子：每一个刹那都是唯一。这句话的意思是：我们活在今天，只要做好今天的事就好了，无须担忧明天或后天的事；我们活在此刻，就要好好珍惜此刻的时光，每一个刹那都是唯一的、不复返的。

他说："不知抗拒烦恼的人总是英年早逝。"的确如此，每天都处于忧虑中，身体就像一根绳子般，拉来拉去，迟早会拉断。

当我们把日子分成一小段一小段，所有的事会变得容易得多。如果我们只活在每一个片刻，就没有时间后悔和担忧，而只专注于眼前。聪明的人一次只咀嚼生命的一个小片段，因为这样才不会被噎到。

每一个当下都是独一无二的。时间是由无数个"当下"串联在一起的，每一个瞬间、每一个当下都将是永恒。

所以，当我们吃的时候，要全然地吃，不管在吃什么；当我们玩乐的时候，要全然地玩乐，不管在玩什么；当我们爱上对方的时候，要全然地去爱，不计较过去，不算计未来，全然地投入。

就像《飘》的女主角郝思嘉一样，在烦恼的时候总是对自己说："现在我不要想这些。"昨天已过去，明天尚未到来，想那么多干嘛，过好此刻才最真实，否则，此刻即将消失的时光，上哪里找去？每一天、每一小时、每一分钟都是特殊时刻，因为过去了就无法再回头。

人生，当下即是真，缘去即成幻。所以，眼前的每一刻，都要认真地活；每一件事，都要认真地做；每一个人，都要认真地对待，别让自己徒留"为时已晚"的遗恨。逝者不可追，来者犹可待，最珍贵、最需要珍惜的即是当下——生命的意义就是由这每一个唯一的刹那构成。

（选自《青年导报》2010 年 5 月 6 日）

勤学故事

刘绮燃荻读书

梁代有位彭城人刘绮，是交州刺史刘勃的孙儿，早年失去亲人，家境贫寒，没有能力置备灯烛，常买了荻一尺一寸地折断，点着照明夜读。元帝最初出任会稽太守，仔细挑选僚属，刘绮因有才华，被任为湘东国的常侍兼充记室，负责章奏文书工作，很受礼遇，最后官至金紫光禄大夫。

苏廷借火读书

苏廷"少不得父意，常与仆夫杂处，而好学不倦。每欲读书，总无灯烛，尝于马厩中，借火照书诵焉，其苦如此。"

头悬梁

东汉时候，有个人名叫孙敬，是著名的政治家。他年轻时勤奋好学，经常关起门，独自一人不停地读书。每天从早到晚读书，常常是废寝忘食。读书时间长，劳累了，还不休息。时间久了，疲倦得直打瞌睡。他怕影响自己的读书学习，就想出了一个特别的办法。古时候，男子的头发很长。他就找一根绳子，一头牢牢地绑在房梁上。当他读书疲劳时打盹了，头一低，绳子就会牵住头发，这样会把头皮扯痛了，马上就清醒了，再继续读书学习。这就是孙敬悬梁的故事。

匡衡凿壁偷光

西汉时有一个大学问家名叫匡衡。他小时候就非常喜欢读书，可是家里很穷，买不起蜡烛，一到晚上就没有办法看书，他常为此事发愁。这天晚上，匡衡无意中发现自家的墙壁似乎有一些亮光，他起床一看，原来是墙壁裂了缝，邻居家的烛火从裂缝处透了过来。匡衡看后，立刻想出了一个办法。他找来一把凿子，将墙壁裂缝处凿出一个小孔。立刻，一道烛光射了过来，匡衡就着这道烛光看起书来。以后的每天晚上，匡衡都要靠着墙壁，借着邻居的烛光读书。由于勤奋好学，后来匡衡成了一名知识渊博的经学家。

李密牛角挂书

李密在少年时发愤学习，上进心很强，他打听到缑山有一位名士包恺，就前去向他求学。李密骑上一头牛出发了，牛背上铺着用蒲草编的垫子，牛角上挂着一部《汉书》。李密一边赶路一边读《汉书》中的《项羽传》，正巧越国公杨素骑着快马从后面赶上来，勒住马赞扬他："这么勤奋的书生真是少见呵！"少年书生回过头来，一见是越国公，赶紧从牛背上跳下来行礼。一老一少在路边上交谈起来，李密谈吐不俗，杨素深深感到他不同寻常。果然，李密后来成了隋末农民起义队伍瓦岗军的首领。

车胤囊萤夜读

车胤，字武子，晋代南平（今湖北省公安市）人，从小家里一贫如洗，但读书却非常用功，"家贫不常得油，夏月则练囊盛数十萤火以照书，以夜继日焉。"车胤囊萤照读的故事，在历史上被传为美谈，激励着后世一代又一代的读书人。

司马光警枕励志

司马光小时候和哥哥弟弟们一起学习，觉得自己记忆力比较差，便想办法克服这个弱点。每当教师讲完书，哥哥弟弟们读上一会儿，勉强背得出来，便一个接一个丢开书本，跑到院子里玩。只有他不肯走，轻轻地关上门窗，集中注意力高声朗读，读了一遍又一遍，直到读得滚瓜烂熟，合上书，能够流畅地、不错一字地背诵，才肯休息。

司马光从小到老，一直坚持不懈地学习，做官之后反而更加刻苦。他住的地方，除了图书和卧具，再没有其他珍贵的摆设。卧具很简单：一架木板床，一条粗布被子，一个圆木枕头。为什么要用圆木枕头呢？说来很有意思，当读书太困倦的时候，一睡就是一大觉。圆木枕头放到硬邦邦的木板床上，极容易滚动。只要稍微动一下，它就滚走了。头跌在木板床上，"咚"的一声，他惊醒了就会立刻爬起来读书。司马光给这个圆木枕头起了个名字叫："警枕"。

程门立雪

二程是洛阳伊川人，同是宋代著名儒学家。二程学说，后来为朱熹继承和发展，世称"程朱学派"。杨时、游酢向二程求学，非常恭敬。杨、游二人，原先以程颢为师，程颢去世后，他们都已四十岁，而且已考上了进士，然而他们还要去找程颐继续求学。故事就发生在他们初次到嵩阳书院,登门拜见程颐的那天。

一日,杨时、游酢来到嵩阳书院拜见程颐,正遇上这位老先生闭目养神,坐着假睡。程颐明知有两个客人来了,他欲不言不动,不予理睬。杨、游二人怕打扰先生休息,只好恭恭敬敬,肃然待立,一声不吭等候他睁开眼来。如此等了好半天,程颐才如梦初醒,见了杨、游,装作一惊说道:"啊!啊!贤辈早在此乎!"意思是说你们两个还在这儿没走啊。那天正是冬季很冷的一天,不知什么时候,开始下起雪来。门外积雪,有一尺多深。

✻ 名言荟萃

1. 学而不思则罔,思而不学则殆。(《论语》)
2. 三人行,必有我师。(《论语》)
3. 博学而笃志,切问而近思。(《论语》)
4. 骐骥一跃,不能十步;驽马十驾,功在不舍;锲而舍之,朽木不折;锲而不舍,金石可镂。(《荀子》)
5. 天下之难事,必作于易;天下之大事,必作于细。(《韩非子》)
6. 玉不琢,不成器;人不学,不知义。(《礼记》)
7. 尽信书,则不如无书。(《孟子》)
8. 书犹药也,善读之可以医愚。(刘向)
9. 读书百遍,其义自见。(陈寿)
10. 多闻者博,多见者智。(桓宽)
11. 三更灯火五更鸡,正是男儿读书时,黑发不知勤学早,白发方悔读书迟。(颜真卿)
12. 读书破万卷,下笔如有神。(杜甫)
13. 业精于勤,荒于嬉;行成于思,毁于随。(韩愈)
14. 立身以立学为先,立学以读书为本。(欧阳修)
15. 腹有诗书气自华。(苏轼)

16. 发愤识遍天下字,立志读尽人间书。(苏轼)
17. 书到用时方恨少,事非经过不知难。(陆游)
18. 书卷多情似故人,晨昏忧乐每相亲。(于谦)
19. 读万卷书,行万里路。(董其昌)
20. 书山有路勤为径,学海无涯苦作舟。(《增广贤文》)
21. 患难与困苦,是磨炼人格的最高学校。(梁启超)
22. 我爱书,我常常站在书架前,这时我觉得我面前展开了一个广阔的世界,一个浩瀚的海洋,一个苍茫的宇宙。(刘白羽)
23. 知识就是力量。(培根)
24. 人不能像走兽那样活着,应该追求知识和美德。(〔意〕但丁)
25. 书籍——当代真正的大学。(〔英〕托马斯·卡莱尔)
26. 书籍是全世界的营养品。生活里没有书籍,就好像大地没有阳光;智慧里没有书籍,就好像鸟儿没有翅膀。(〔英〕莎士比亚)
27. 书籍是青年人不可分离的生命伴侣和导师。(〔苏联〕高尔基)
28. 理想的书籍是智慧的钥匙。(〔俄〕列夫·托尔斯泰)
29. 一个人只有以他全部力量和精神致力于某一事业时,才能成为真正的大师。(〔美〕爱因斯坦)

第三部分 实践体验

1. 让你的同学告诉一件你完全不知道的事物,你去了解它。
2. 问问你生活中最崇敬的人:假如从前你没有上学读书,你现在是什么样子?
3. 你如何看待求知与明理的关系,拥有知识多了就一定能明晓道理吗?
4. 作为当代大学生,你认为求知与做人孰先孰后?
5. 完成下面的《自主学习问卷》:

构成部分	分量表	项	目	得分
动机性信念	自我效能感	1	与班里的其他同学相比,我希望学习更好。	
		2	我肯定自己能够理解这堂课上讲的内容。	
		3	我期望自己在班里学习非常好。	
		4	与班里的其他同学相比,我相信自己是一名好学生。	
		5	我敢肯定我能够出色地完成老师布置的作业和任务。	
		6	我想在班里我能够得到一个好的等级分数。	
		7	与班里的其他同学相比,我的学习能力是优秀的。	
		8	与班里的其他同学相比,我想我对这一专业的知识知道得更多。	
		9	我知道自己能够学习课堂上呈现的学习材料。	
	内在价值	10	我喜欢有些难度的学习内容,这样我可以学到新的东西。	
		11	对我来说,学习课堂上老师教授的内容是重要的。	
		12	我喜欢在课堂上所学的内容。	
		13	我想我能够把一堂课上所学的内容运用到另一堂课上。	
		14	我经常思考一些能够从中学到东西的问题,即使这样需要更多的工作。	
		15	即使考试的成绩很差,我也试图从自己做错的题目中学到东西。	
		16	我想我在课堂上所学的东西有助于自己增长知识。	
		17	我认为我在课堂上所学的内容是有趣的。	
		18	理解这一专业知识的内容对我是重要的。	
	考试焦虑	19	考试时,如果不能回忆起所学的内容,我会感到很紧张。	
		20	考试时,我会感到紧张、不适。	
		21	对于考试,我极为担心。	
		22	考试时,我担心自己会考得很糟糕。	
自主学习策略	认知策略的使用	23	复习备考时,我把课堂上所学的信息与课本上的内容结合在一起复习。	
		24	做家庭作业时,我努力回忆老师在课堂上所讲的内容,以便能够正确地把问题回答出来。	
		25	阅读时,我很难把握住其中的要点。	
		26	学习时,我把重要的观点用自己的话来表述。	
		27	我总是试图理解老师所讲的内容,即使它的意义不清楚。	
		28	复习时,我反复一遍遍地复述重要的事实。	
		29	学习时,我抄录自己的笔记,以帮助自己记忆学习材料。	
		30	复习迎考时,我尝试着把重要的观点一遍遍默记下来。	

续表

构成部分	分量表		项　　目	得分
自主学习策略	认知策略的使用	31	我把从过去的作业和课本中学到的东西，应用到新的作业中。	
		32	学习新的主题时，我试图把每一项内容结合在一起。	
		33	阅读新课的材料时，我反复地阅读以帮助自己记忆。	
		34	我把课本中的各章列成提纲，以帮助自己记忆。	
		35	阅读时，我努力把自己正在阅读的内容与自己已有的知识结合起来。	
	自我调节	36	为了确保自己弄明白所学的内容，我会提问自己。	
		37	遇到有难度的学习任务时，我要么放弃，要么只做容易的部分。	
		38	即使没有要求，我也会对每章后面的问题进行练习和解答。	
		39	即使学习内容枯燥乏味，我也会把它完成。	
		40	开始学习前，我会考虑自己需要做哪些事。	
		41	我经常发现，自己对正在阅读的东西不知所云。	
		42	我发现教师讲课时，自己想其他的事，没有听老师所讲的内容。	
		43	阅读时，我会停顿一会儿，回顾一下前面阅读过的内容。	
		44	尽管我不喜欢课上所学的内容，但是为了取得一个好分数也努力学习。	

注：每个项目从"完全不像我"到"极为像我"分别记为1到9分，依据与自己的相似程度进行打分。评分结果的比照：得分越高说明自主学习能力越强。

第三单元　心 理 健 康

第一部分　主题解读

伴随经济的飞速发展和信息时代的到来，我们所处的社会也在发生着前所未有的深刻变革。人们的生活节奏不断加快，自主的、创造性的劳动以及高级的智力活动越来越多；人们的生活范围在不断拓展，社会竞争不断加剧，多元文化和价值冲突日益加深。时代要求人们必须具备较高的心理素质来适应社会的发展。良好的心理素质和心理健康已然成为高职学生取得学业、事业成功的重要基石。高职学生作为参与社会竞争的青年群体，既代表着先进青年的时代风貌，更预示着国家、民族的未来和希望。青年朋友们应该深刻认识到，现代社会的竞争已不是单纯的智力和体力的竞争，更重要的是心理与人格的较量。正如心理学家荣格所说："一切财富和成就，都源于杰出的智慧和健康的心理。"心理素质的培养和提高在高职学生的成长和成才中已然占据了极其重要的地位。

一、心理健康的含义

（一）健康与心理健康

每个人都向往拥有健康。1948 年，世界卫生组织在成立宪章中指出，健康"不但没有身体的缺陷和疾病，还要有完整的生理、心理状态和社会适应能力"。1970 年，联合国世界卫生组织给健康的定义为："健康不仅指没有疾病或躯体正常，还要有生理、心理和社会适应方面的完满状态。"可见，心理健康是完整健康概念的组成部分。人们在关心自己的躯体健康的同时，还应关注自己的心理健康以及与社会相融合的程度。

理论和实践证明，人不仅具有躯体，而且有复杂的心理活动，人是生理、心理与社会层面的统一体。人的健康是生理与心理健康的统一，两者相互联系，相互影响，密不可分。

在健康概念里，心理健康占有重要的位置。这是因为心理健康直接影响和制约躯体生理健康，也直接影响人的社会适应能力。一个心理失去健康的人，可能通过心理影响生理的病变，导致身体生理功能承受损害；由于心理的失衡导致思维和行为的偏差，必然会严重影响人的社会适应功能。当人们拥有健康的身体，个人的情感、意识、认知和行为才能正常运行；同时拥有健全的人格和健康的心理的人，在进取心、自信心和意志力等诸多方面有更大的优势，能在工作和学习中产生出巨大的创造力，引导人生获得更大的成功。

（二）心理健康与心理异常

心理健康是相对于生理健康而言，有广义和狭义之分。广义的心理健康是指一种高效而满意的持续的心理状态。在此状态下，人的反应良好，充满活力，能充分发挥身心潜能；狭义的心理健康是指人的心理活动和社会适应良好。在此状态下，人的认识、情感、意志、行为和人格完整协调，能顺应社会，适应环境。

在综合各类研究结果的基础上，世界心理卫生联合会将心理健康定义为：

1. 身体、智力、情绪十分调和；
2. 适应环境，人际关系中彼此能谦让；
3. 有幸福感；
4. 在工作和职业中能充分发挥自己的能力，过着有效率的生活。

心理健康虽然是相对于生理健康而言，但两者又有本质区别。首先，心理健康不能像生理健康那样可以用数据加以量化。其次，人的心理活动多是内隐的而非外显的。因此，心理的不健康状态不可能完全表现出来，心理健康的检测也不像生理健康那样方便。从这个意义上，心理健康与不健康不是绝对的两个方面，而是一种相对的形态，每一个人在不同的社会情景中的行为表现，与其内心世界的想法及体验可能完全不同，甚至于相反。在自身或内外环境发生变化的情况下，个体的相对心理平衡可能被打破，使心理活动偏离健康的状态。因此，不健康的心理活动是一种动态失衡的心理过程，正确理解心理健康的意义是十分重要的。

心理健康与不健康状态都属于正常心理范围。在临床心理学中，心理健康的水平大致分为心理问题、严重心理问题、心理疾病三个等级。一般心理健康者表现为经常有愉快的心理体验，适应能力强，善于与别人相处，能较好地完成同龄人发展水平应做的活动,具有调节情绪的能力。

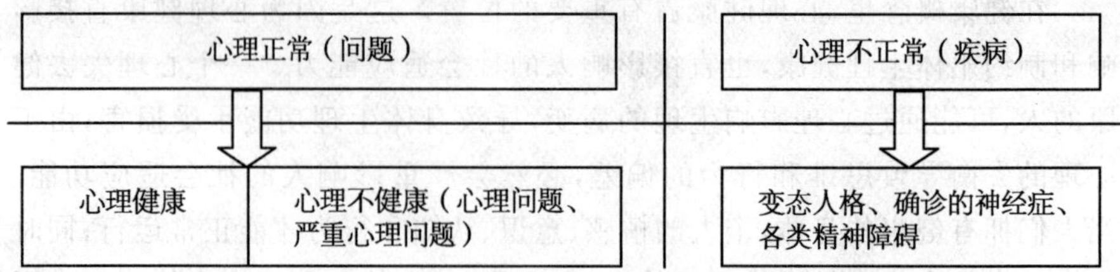

生活中大多数人属于心理健康者。一般性心理问题表现为不具有同龄人所应有的愉快,与他人相处略感困难,生活自理有些吃力。若能主动调节或通过心理咨询服务以及心理辅导专业人员的帮助,就会消除或缓解心理问题,逐步恢复常态。心理问题严重的人,表现为较严重的心理适应失调,不能维持正常的生活、工作,不及时治疗就有可能恶化,产生心理病症,甚至成为精神病患者。精神病是严重的心理疾病,必须到专业医疗机构进行治疗。

(三)心理健康的判断标准

国内学者对心理健康的定义不尽相同。宋专茂、陈伟在《心理健康测量》中认为:“心理健康指在正常发展的智能基础上所形成的一种表现出良好的个性、良好处世能力和良好人际关系的心理特质结构。”谭顶良的《高等教育心理学》则认为:“心理健康是指一种高效而满意的持续的心理状态。”

可见,心理健康有广义和狭义之分。广义的心理健康指一种高效而满意的持续心理状态;狭义的心理健康指人的基本心理活动协调一致,即认识、情感、意志、行为、人格完整和协调,能顺应社会,与社会保持同步。

现在普遍采用的是世界卫生组织(WHO)的心理健康定义,即“心理健康不仅指没有心理疾病或变态,个体社会生活适应良好,还指人格的完善和心理潜能的充分发挥”。

在此基础上,美国人本主义心理学家马斯洛和卡尔曼提出了心理健康的十项标准:

1. 有充分的自我安全感;
2. 充分了解自己并对自己的能力作适当的评价;
3. 生活的目标能切合实际;
4. 不脱离现实环境;
5. 能保持人格的完整与和谐;
6. 具有从经验中学习的能力;

7. 能保持良好的人际关系；

8. 能适当地宣泄和控制情绪；

9. 在不违背团体要求下，能有限度的个性发挥；

10. 在不违背社会规范条件下，对个人基本要求作适当的满足。

国内学者王登峰等综合各方面的研究结果，也归纳出有关心理健康的八条指标：

1. 了解自我、悦纳自我；

2. 接受他人，善与人处；

3. 热爱生活，乐于工作和学习；

4. 面对现实、接受现实，并能够主动地去适应现实，进一步地改造现实；

5. 能协调与控制情绪，心境良好；

6. 人格和谐完整；

7. 智力正常；

8. 心理行为符合年龄特征。

综上可知，判断一个人的心理是否健康，包括两方面内容：一是否有心理疾病；二是心理状态是否积极。健康心理具体表现为情绪稳定、意志坚强、心情平静、心态平衡、为人乐观，能经受考验和打击，有较强的心理承受能力。同时要注意，心理健康是一个相对概念。应当动态地、多侧面地观察一个人是否心理健康，不能仅从静态角度进行简单的判断。

(四)正常人的异常心理表现

正常人的身体和精神一般情况下都处于健康状态，但有时也会因为某种原因暂时表现出一些异常症状。区分正常和异常，主要是看这些异常症状产生的背景、持续的时间、严重的程度，以及对个体和周围环境所产生的影响。正常人常见的异常心理主要表现为如下几种情况。

1. 疲劳感：通常有比较明确的原因，如加班加点地连续学习工作，人就会感到身心疲惫。这种症状一般持续时间比较短，没有明显的睡眠障碍和情绪改变，经过良好的休息和适当的娱乐即可消除。

2. 焦虑：焦虑反应是人们适应某种特定环境的一种心理反应，正常的焦虑反应常常有现实的原因。如遇面临考试、就业择业、失恋等重大事件时，可能出现不同程度的焦虑反应，但是随着事件的结束，症状很快就会缓解。

3. 强迫现象：办事谨慎认真本身是良好的行为习惯，但有的人会反复思考一些连自己都认为没有必要的事,比如反复检查门窗是不是关好了,抽屉是不是锁上了,上下楼梯数数等强迫行为。如果这些行为持续时间不长,不影响正常的生活工作,则属于正常现象。

4. 恐怖感:有时人站在很高但很安全的地方,仍会出现恐怖感,有时也想往下跳,甚至想到跳下去是什么情景。这种想法如果很快就能得到纠正,不再继续思考,则属正常现象。

5. 疑病现象:有的人会将轻微的身体不适看成是严重疾病,特别是当熟悉的人因病意外死亡等,表现为过于关注自己的身体状况,反复向医生强调身体的不适。如在检查诊断排除相关疾病后,能接受医生的解释劝告,则属正常现象。

6. 偏执和自我牵挂:任何人都有自我牵挂倾向,如果当你走进教室或寝室时,大家停止了正在进行的谈话,这时往往会怀疑大家正在议论自己。这种现象如果是暂时的,而且经过片刻的疑虑之后就会忘记,想得开,则属于正常的心理反应。

7. 错觉:正常人在光线暗淡的环境中,在恐惧、紧张、期待等心理状态下可能会出现错觉,但是经过自己反复验证后能迅速纠正。“草木皆兵”、“杯弓蛇影”等都是典型的例子。

8. 自言自语、自己发笑:有些人在独自一人思考或看书时会自言自语,甚至边说边笑。如有客观原因,能分清场合,能自我控制,就属正常现象。

由此可见,心理健康与心理不健康之间并没有绝对的界限,不是泾渭分明的截然对立。如果人们不注意心理保健,经常处于焦虑、抑郁状态,心理健康水平就会下降,甚至出现心理疾病。如果我们有了心理困扰或出现心理失衡,及时自我调整心态,及时寻求心理帮助,就会很快恢复到心理健康的良好状态。

二、高职学生心理健康的意义

高等教育阶段是人格品质全面发展和提升的时期,是青年向成年人转变的过渡期,也是青少年心理向成年人心理过渡的关键期。作为高职学生,大部分正处于迅速走向成熟又没有完全成熟的阶段,心理发展中的理想与现实,情绪与理智,独立与依赖,自尊与自卑,竞赛与求稳等各种心理冲突在价值多元化的现实中更加凸显。此时,拥有健康的心理状态对我们的成长及今后的人生都有极其重要的意义。

1. 心理健康是高职学生健康成长的需要

良好的心理健康促进高职学生全面发展;健康的心理品质是高职学生全面发展的基本要求;以健康的心理品质作为基础,也是将来走向社会,在工作岗位上发挥智力水平、积极从事社会活动以及不断向更高层次发展的重要条件。

2. 心理健康是高职学生完成学习任务,实现全面发展的保证

健康的心理状态是指有积极的自我意识,对自己的长处和短处有适当的自我评价,能更好地悦纳自己,健康的心理更是学业成就、生活快乐的基础。

3. 心理健康是高职学生增强适应能力,减少心理障碍的保证

现实生活中,高职学生面临着社会竞争,社会责任等各方面的压力。随着社会的发展,人们所承受的心理负荷也会相应增加,人们所感受到的矛盾和冲突也会增加,同时生活中的人际关系的复杂化等不良应激性刺激也对个体构成心理压力。健康的心理可以帮助我们克服迷茫、烦躁、失望、忧虑、悲伤、恐惧、愤怒等负性情绪,有效抗御心理疾病,提高学习效率,完成学习任务。

4. 心理健康是高职学生适应社会取得事业成功的需要

心理健康能帮助我们面对现实,接受能力现实,放弃不切实际的幻想;心理健康使人乐于交往,建立良好的人际关系,具有安全感和归属感;面对新形势保持积极心态,培养自强、自立、自律的良好心理素质,锻炼自己的社会交往能力、使自己在复杂变幻的社会环境中,作出适宜自己角色的正确抉择,敢于面对困难、挫折、挑战,追求更加完美的人格,为事业成功奠定坚实的心理基础。

5. 心理健康是高职学生超越自我,培养健康的个性心理品质的需要

高职学生的个性心理特征,是指他们在心理上与行为上经常、稳定地表现出来的各种特征,一般表现为气质和性格两个主要方面。每一个人都是一座潜能的金矿,蕴藏着无穷的价值。当一个人拥有自信自强的心理、积极乐观的情绪、意志坚强的个性品质,就能够最大限度地开发自己的潜能。因此,我们要学会努力培养自己善于独立思考、朝气蓬勃的精神状态,保持良好的心理状态,培养坚韧不拔、处变不惊的个性品质,茁壮成长。

三、高职学生心理健康之路

心理健康不仅关系到学生的健康与幸福,而且关系到学生的成长成才。大学生涯对每个大学生都是难忘的人生经历和珍贵的人生体验。但是面临时代的需求,历史的责任,我们的高职学生会发现理想与现实有着巨大的差距。在挑战的面前,有的人会选择调整目标,重塑生活,以积极的心态迎接挑战;有的人则选择逃避现实、自暴自弃,以消极的心理去面对生活。由此可见,我们必须正确认识心理健康,了解常见心理问题,积极维护,保持健康的心态、愉悦的心情。

(一)高职学生常见的心理健康问题

事实上,在高职学生中真正心理不正常,有心理疾病的人极少。但我们在学习生活中会发生一般性心理健康困扰。这些心理健康困扰如果得不到及时的化解,就会在很大程度上影响到自我的发展。

1. 高职学生常见的心理困扰

(1) 适应问题:生活适应、环境适应、学习适应、自我发展适应等。

(2) 学习问题:考试焦虑、学习动力不足、专业不喜欢、学习方法的变化等。

(3) 人际关系问题:人际关系敏感、人际交往冲突、缺乏社交技能、异性交往障碍等。

(4) 恋爱和性心理问题:恋爱中的情绪失常、失恋、网恋、单相思、性心理异常、自慰行为等。

2. 高职学生常见的情绪与行为障碍

(1) 焦虑障碍:焦虑障碍一般指社交焦虑症、广泛性焦虑、强迫症。社交焦虑症,表现为社交场合的过度紧张恐惧;广泛性焦虑指经常或持续的无明确对象或内容的紧张不安,莫名其妙的过分担心;强迫症,反复出现强迫观念和强迫动作,无法自我控制;特定场所或对象的恐惧等。

(2) 性心理障碍:违反社会习俗,寻求性满足,如恋物癖、裸露癖、窥视癖等性行为变态。

(3) 人格障碍:明显偏离正常人格并与他人和社会相悖的一种持久的适应不良的情绪和行为反应。

(4) 心境障碍:又称情感障碍。表现为有明显而持久的心境高涨或心理低落的精神障碍,并有相应的思维和行为改变。

3. 高职学生常见的精神障碍

包括基本个性改变,思维、情感、行为分裂,精神活动与环境不协调。

(二) 高职学生心理健康的积极维护

1. 正确掌握心理健康知识

通过阅读相关的心理学书籍,浏览报刊杂志或网络媒体掌握相关的基本知识;学习相关的课程,包括听讲座,积极参加学校组织的心理健康教育活动;参加集体培训,学校组织的团体咨询或辅导工作坊,提高自己的心理健康知识水平。

2. 进行积极的自我调控

树立科学的健康观。充分认识自己,接纳自己,不盲目自信,也不妄自菲薄;学会设定切合实际的生活目标,不将自己与别人作不恰当的比较;建立理性的认知方式,进行积极的人际交往,不对他人有太高的期望,不盲目地处处与人竞争;学会管理和调整自己的情绪,培养各种兴趣爱好,参加有益健康的文体活动。

3. 学会良好的应对方式

据西南大学黄希庭教授对大学生的一项调查显示,“自己遇到心理困惑、不适时”愿意寻求心理帮助的约占 1/4。因此,作为高职学生,我们需要加强学习,积极学会良好的应对方式。当我们遇到心理健康困扰,我们需要做好以下几点。

(1) 坦然面对。出现心理问题固然心情不好,但完全不必如临大敌,自我猜疑。一些高职学生在生活中遇到一些问题、困扰,或者身体上出现不适时,就心烦焦虑,甚至害怕自己长此下去会得精神病。其实,人的心理健康与生理健康一样,出现这样那样的问题是很正常的情况。心理问题与精神病是两个不同的概念,就像感冒与癌症,虽然都是生病,可性质完全不一样。每个人的一生中,不同的成长阶段都有可能产生心理的不适,导致消极的情绪产生。如能采取适当的方法予以解决,就能顺利地重新回到心理的平衡状态健康发展。若不能及时自我调适或寻求帮助,就会产生持续的不良影响,甚至产生心理障碍。

(2) 不急于诊断。人的心理问题是多种多样的,而且成因往往也较为复杂。切忌道听途说,急于对号入座,认定自己有病;也不可对一些心理书籍的内容断章取义。弄清自己心理困惑的原因是必要的,一般来说,我们的心理问题多数是发展问题、人际关系问题,不必自己吓自己。

(3) 转移注意。心理问题有一个特点就是越是注意它,似乎越严重。

因此,有问题困扰时,可以将自己的注意力更多地转移到学习、生活、工作等各类活动中去,不要总盯着自己的所谓问题不放,不断地对自己进行不良的自我暗示。调整心态,将注意力投入到自己感兴趣的活动中,这对心理健康是很有帮助的。

(4) 调整生活规律。很多时候,将自己已经习惯了的生活规律作一些调整,也可能带来焕然一新的精神面貌,一些轻微的心理困扰也就随之轻松化解了。

(5) 做自己的心理咨询师。事实上,我们每个人在遇到心理问题时,都会启动自身的心理防御机制,应对心理困惑和生活挫折。我们完全可以掌握一些心理调适的方法,帮助自己走出困境,调出好的心理,享受生活的快乐。

(6) 寻求心理帮助。心理困扰人人都有,主动寻求心理咨询应该是一件非常普通正常的事情,目前各高校的大学生心理健康及心理咨询服务机构均较为健全,当遇到比较严重的、难以排解的心理问题时,主动寻求心理帮助是很有必要的。

伴随着社会的日新月异,心理健康问题愈发受到重视。相对于心理健康问题的重视程度,心理健康教育还任重而道远。眼下,作为一名高职学生,一名社会主义现代化事业的建设者和接班人,我们理应肩负时代的使命,更准确地掌握心理健康内容,努力为普及大学生心理健康知识,实现大学生心理健康教育,建设和谐校园和和谐社会贡献自己的力量。

第二部分　扩展阅读

独木桥的走法

英　涛

弗洛姆是美国一位著名的心理学家。一天,几个学生向他请教:心态对一个人会产生什么样的影响?

他微微一笑,什么也不说,就把他们带到一间黑暗的房子里。在他的引导下,学生们很快就穿过了这间伸手不见五指的神秘房间。接着,弗洛姆打开房间里的一盏灯,在这昏黄如烛的灯光下,学生们才看清楚房间的布置,不禁吓出一身冷汗。原来，这间房子的地面就是一个很深很大的水池，池子里蠕动着各种毒蛇，包括一条大蟒蛇和三条眼镜蛇，有好几条毒蛇正高高地昂着头，朝他们“滋滋”地吐着信子。就在这蛇池的上方，搭着一座很窄的木桥，他们刚才就是从这座木桥走过来的。

弗洛姆看着他们，问：“现在，你们还愿意再次走过这座桥吗？”大家你看看我，我看看你，都不做声。

过了片刻，终于有3个学生犹犹豫豫地站了出来。其中一个学生一上去，就异常小心地挪动着双脚，速度比第一次慢了好多倍；另一个学生战战兢兢地踩在小木桥上，身子不由自主地颤抖着，才走到一半，就挺不住了；第三个学生干脆弯下身来，慢慢地趴在小桥上爬了过去。

“啪”，弗洛姆又打开了房内另外几盏灯，强烈的灯光一下子把整个房间照耀得如同白昼。学生们揉揉眼睛再仔细看，才发现在小木桥的下方装着一道安全网，只是因为网线的颜色极暗淡，他们刚才都没有看出来。弗洛姆大声地问：“你们当中还有谁愿意现在就通过这座小桥？”

学生们没有做声，“你们为什么不愿意呢？”弗洛姆问道。“这张安全网的质量可靠吗？”学生心有余悸地反问。

弗洛姆笑了：“我可以解答你们的疑问了，这座桥本来不难走，可是桥下的毒蛇对你们造成了心理威慑，于是，你们就失去了平静的心态，乱了方寸，慌了手脚，表现出各种程度的胆怯——心态对行为当然是有影响的啊。”

其实人生又何尝不是如此呢？在面对各种挑战时，也许失败的原因不是因为势单力薄，不是因为智能低下，也不是没有把整个局势分析透彻，反而是把困难看得太清楚、分析得太透彻、考虑得太详尽，才会被困难吓倒，举步维艰。倒是那些没把困难完全看清楚的人，更能够勇往直前。

如果我们在通过人生的独木桥时，能够忘记背景，忽略险恶，专心走好自己脚下的路，我们也许能更快地到达目的地。

（选自《心理辅导》2002年第5期）

真正的快乐在哪里

马晓伟

上个世纪初，在美国有这么一个人：他垄断了整个美洲的石油产业，操控着全国的金融体系，富到今天的比尔·盖茨、巴菲特都要靠边儿站，就连国会也对他言听计从。他翻手为云、覆手即雨,不可一世地坐拥着自己的财富帝国。

然而,伴随滚滚金钱而来的是焦虑和烦躁。他先是失眠,接着焦躁不安,最终罹患了重度抑郁症。头发大把大把地脱落,还时常感到胸闷气短。医生们动用当时最先进的医疗设备,耗费巨资请来世界各地的名医会诊,但都无济于事。病情最严重时,甚至连一粒米都咽不下,只能靠打点滴维持微弱的气息。他的身体每况愈下,这让整个家族很是担忧。

有人建议他去古老的东方,去接受佛法的洗礼。在东亚逛了一圈后,最终来到了中国河南。傍晚,小沙弥把他领进斋房,点完灯,掩门而去。他随手抓起案头的一本书。那是本《四十二章经》,这种免费赠阅的经书,寺院里随处可见。他只是半个中国通,加上佛经晦涩难懂,所以异常吃力地读着。突然,一个惊天秘密闪现在眼前!第二天一早,拜过住持,便踏上了归程。回到自己的王国,他做的第一件事便是:下令解散财团,并辞去董事长一职。

不仅如此,他还打发走了三十多个情妇,变卖掉所有的家产,包括私人汽车、纯种赛马、豪华游艇和位于北美和欧洲的十几幢别墅……并彻底与醉生梦死的生活说拜拜:推却一切应酬,声明自己已退隐江湖,不再在公共场合露面。《华盛顿邮报》一名记者对此写了一篇评论,他于是买下了所有的报纸,付之一炬。

接着,一身轻松的他积极投身于社会公益活动。从此,人们看到的是一个便衣老头快乐的身影。他给黑人窟的难民送去面包和鲜奶,和孤儿院的孩子们打成一片,甚至连搬运码头,也听到他欢快的号子……有人说他脑子进水了,更有人认为他中了邪……不管别人怎么看待,反正他整个人因此而变得阳光而朝气。顽疾由此不治而愈。

那晚究竟发生了什么?佛祖果真显灵了吗?无人知晓。这个秘密一直保持到1990年——他去世时。那年,他92岁,无疾而终。

他是在德拉华州的一个农场默默辞世的,死时身无分文。被发现时,手中握着一张手稿。上面有两行字,第一行出自《四十二章经》的第二十五章经:欲念之人,犹如执炬。逆风而行,必有烧手之患。

下面是他的批注:真正的快乐来源于心灵之上。任何依赖外物所获取的欢乐都不会长久,比如金钱、肉欲……

(选自《辽宁青年》2008年第11期)

可怕的"虚假安全"

莫蒂默·费恩伯格

二战结束后,英国皇家空军统计了在战争中失事的战斗机和牺牲的飞行员以及飞机失事的原因和地点,其结果令人震惊——夺走生命最多的不是敌人猛烈的炮火,也不是大自然的狂风暴雨,而是飞行员的操作失误。

更令人费解的是,事故发生最频繁的时段,不是在激烈的交火中,也不是在紧急撤退时,而是在完成任务归来着陆前的几分钟。

心理学家对这个结果丝毫不惊讶,他们说这是典型的心理现象。在高度紧张过后,一旦外界刺激消失,人类心理会产生"几乎不可抑制的放松倾向"。在敌人的枪林弹雨里,飞行员精神高度集中。虽然外界环境恶劣,但由于大脑正处于极度兴奋中,反而不容易出纰漏。

在返航途中,飞行员精神越来越放松,当他终于看到熟悉的基地,自己的飞行跑道越来越近时,他顿时有了安全感。然而,恰恰是这一瞬间的放松,酿成大祸。因此人们管这种状态叫"虚假安全"。

在人生的路上,也有很多"虚假安全"。当你通过重重困难,成功近在咫尺的时候,千万别因放松警惕而放慢你的步伐。

记住,没有取得的成功,不是你的成功。

(选自《读者》2008 年 9 月下期)

应对负面信息

张志刚

每个人每天都要主动或者被动地接收许多信息。一个能感受到较多幸福和态度积极向上的人,就算由于好奇心驱使点开负面新闻,看过后他们的反应通常都是厌恶、不理解,这些信息与他们的生活理念是对立的,于是便不再第二次打开。而那些频繁浏览此类新闻消息的人要留意了,因为他们本身就有一些需要引起关注的心理特征。

一般的解释是这些人有些许暴力倾向,但其实暴力倾向下面还有原因,那就是他们的生活当中有焦虑,或者缺乏健康、幸福的感觉和心态。这类人多采取类似于此的畸形方式来排遣压力和焦虑,之后可能会感觉到化解了一些,轻松了一点,但这并不是最好的方式。

几年前一种新的服务悄然兴起,被称为"发泄吧",顾客多是受过高等教育的人群,他们因为在生活、工作中遇到了阻碍,内心的焦虑和愤怒积压许久不得释放,便花钱来这些场所用简单粗暴的方式予以排解。当时很多人认为这也是一种不错的调适情绪的方法,但是事实上是不合理的。西方心理学界的最新研究结论认为:如果一个人常用这种方式发泄情绪的话,时间久了,他下意识中会以为这是合适的,由此,对他人和社会的危害也就构成了。而且,对个人来说,它也并不是最好的办法,只是一种消极处理方式。

在应对负面信息的时候,我们不但要注意控制好奇心,保持健康心态,还要学会客观地看待和做出判断。

心理学中对于心理健康的定义包括以下三个方面:第一,一个人的情绪、心境是比较平和的,这样可以保证他在一定时间里集中精力去做些事情;第二,有一种能自己把握和控制什么的感觉;第三,想到未来的时候是积极、充满期望的。如果你能在早上醒来,意识恢复清醒之后告诉自己:今天我状态很好,心情也不错,一定能做成功一些事情,这一整天不光你自己过得愉快,你身边的人也会因为你而心情不错。

让自己保持好的状态,人人都乐于与你交往,做到这样,无论你看到了什么不健康的、肮脏的东西,都会自然地生出一种排斥力来保护自己的好感觉,我们聚焦在幸福、健康上的时间会更多。自然对抗,先强大你自己!

(选自《青年文摘》2009 年第 2 期)

体态秘语

彼得·卡雷特

支配性的体态秘语

支配性的人物常常摆出"跨骑姿势",即双腿直伸,双足叉开。居于屈从地位的人更可能摆出"平行姿势",他们的双腿直伸,但双足靠拢。

坐姿同样可以传达关于支配性的信息。支配性人物喜欢采取"直腿式"双膝分开的坐姿。通过伸展双腿,他们象征性地把更多的公共空间置于自己的权限之内,因而缩小了别人可以获取的空间。

要想看上去具有支配性,就要给人留下这样的印象:身强体壮,沉着稳定，对别人的任何威胁都不放在心上。达到这个目的的方式之一是把双手置于髋部。一个是单手“叉腰”，一个是双手“叉腰”。

面部特征方面，与下巴轮廓模糊不清的人相比，长着方下巴的人被认为更具支配性。眼眉长得很低或者故意压低眼眉的人，被视为更具支配性，而眼眉长得很高或者临时把眼眉抬高的人，被视为更具从属性。长小眼睛的人，或者眯起眼睛的人，也被视为具有支配性。薄嘴唇是具有支配性的另一个标志，因为它表明，某人是坚定不移的。

自我安慰的体态秘语

成年人在感到不安或觉得卑微时，通常会做出那些自己拥抱自己的动作，以重新获得安全感。这方面的一个例子是“握臂”，即一只胳膊越过胸部，抓住另一只胳膊的二头肌；另一个例子是一只胳膊越过胸部，抓住另一侧的肩膀，或两只胳膊同时越过胸部，各自抓住另一侧的肩膀。这些动作重塑了被拥抱的体验。另一个自我安慰的动作重塑了被手握住的感觉。其中之一是“掌压”，即一只手掌向上，抓住另一张手掌。其中之二是“楔形榫”，即两只手的手指缠绕在一起。在这两个动作中，手掌或者压在一起，或者松散分离，都创造了非常类似于手拉手的感觉，或者被别人善意地握住手的感觉。

焦虑的体态秘语

焦虑通常表现在人们使用双手的方式中。人们在感到焦虑时，常常会看到他们把玩钥匙，扭动手指上的戒指，或者拽拽衣服。感到焦虑的人同样也把触摸自己作为放松的手段。他们可能会搓手，或者拉拉耳垂，摸摸下巴，又或者用手指梳梳头发。

值得注意的是，人们只会碰触别人可能会对他们进行爱抚的地方。感到焦虑的人花费大量时间抚摸头发，这是因为，他们在年幼时，他们的妈妈就是这样抚慰他们的。

撒谎时的体态秘语

很多人认为目光转移是撒谎的信号。他们假定，那是因为撒谎者感到内疚、心虚和忧虑，从而很难用眼睛直视被欺骗的人，所以转而看别处。但事实不是这样。因为凝视是很容易控制的，撒谎者可以用眼神来强化这样的印象——自己是诚实的。在知道他人觉得目光转移是撒谎的信号之后，许多撒谎者反而做完全相反的动作，故意更多地注视对方，给人以他们在说实话的印象。所以当某个人比平时更专注地看着你的时候也要多注意!

另一个假定的撒谎信号是快速眨眼。人普通的眨眼频率大概是每分钟20次,但是当我们感觉到压力的时候,可能会提高四到五倍。人在撒谎时往往很兴奋,或撒谎者在为一个笨拙的问题寻找答案的时候,他们的思维会快速运转。在这种情况下,谎言同眨眼的确有关系。

还有一个暴露谎言的姿势是"捂嘴",看起来好像是撒谎者非常警惕地捂住了欺诈的源泉。他假定,如果人们看不到他的嘴,就无法知道谎言来自何处。

不过,有一个摸嘴的替代行为,就是摸鼻子。这是一个鬼鬼祟祟的体态秘语,看起来好像某人在挠他的鼻子,但他真正的目的是掩住嘴。

(选自《青年文摘·彩版》2008年第2期)

虚荣心作福

季羡林

我在许多文章中都写到过,我幼无大志。

小学毕业后,我连报考著名中学的勇气都没有,可见我懦弱、自卑到什么程度。当时表面上看起来很忙;但是我并不喜欢念书,只是贪玩。考试时虽然成绩颇佳,距离全班状元的道路十分近,可我从来没有产生过当状元的野心,对那玩意儿一点儿兴趣都没有。钓虾、捉蛤蟆对我的引诱力更大。至于什么学者,我更不沾边儿。我根本不知道天壤间还有学者这一类人物。自己这一辈子究竟想干什么,也从来没有想过,朦朦胧胧地似乎觉得,自己反正是一个上不得台面的人,一辈子能混上一个小职员当当,也就心满意足了。我常想,自己是有自知之明的,但是自知得过了头,变成了自卑。

但是,人的想法是能改变的,有时甚至是一百八十度的改变。我在北园高中就经历了这样的改变,这一次改变,不是由于我坐禅打坐顿悟而来的,也不是由于天外飞来的什么神力,而完全是由于一件非常偶然的事件。

北园高中是附设在山东大学之下的,当时山大校长是山东教育厅长王寿彭,是前清倒数第二或第三位状元,是有名的书法家,提倡尊孔读经。

在第一年级第二学期结束时,状元公忽然要表彰学生了。高中表彰的标准是每一班的甲等第一名,平均分数达到或超过95分者,可以受到表彰。表彰的办法是得到状元公亲书的一个扇面和一副对联。王寿彭的书法本来就极有名,再加上状元这一个吓人的光环,因此他的墨宝就极具有经济价值和荣誉意义,很不容易得到的。高中共有六个班,当然就有六个甲等第一名;但他们的平均分数都没有达到95分。只有我这个甲等第一名平均分数是97分,超过了标准,因此,我就成了全校中唯一获得状元公墨宝的人,这当然算是极高的荣誉。不知是何方神灵呵护,经过了七十多年,经过了不知道多少世局动荡,这一个扇面竟然保留了下来,一直保留到今天。

王状元这一个扇面和一副对联对我的影响万分巨大,这看似出乎意料,实际上却在意料之中,虚荣心恐怕人人都有一点儿的,我自问自己的虚荣心不比任何人小。我屡次讲到,我幼无大志,讲到自卑,这其实就是有虚荣心的一种表现。如果一点儿虚荣心都没有,哪里还会有什么自卑呢?这里面有三层意思。

第一层,97分这个平均分数给了我许多启发和暗示。因为分数与分数之间是不相同的,像历史、地理等等的课程,只要不是懒虫或者笨伯,考试前,临时抱一下佛脚,硬背一通,得个高分并不难。但是,像国文和英文这样的课程,必须有长期的积累和勤奋,还必须有一定的天资,才能得到高分。每念及此,心中未免有点儿沾沾自喜,觉得过去的自卑实在有点儿莫名其妙,甚至有点儿可笑了。

第二层意思是,这样的荣誉过去从未得到过,它是来之不易的。现在于无意中得之,就不能让它再丢掉,如果下一学期我考不到甲等第一,我这一张脸往哪里搁呀!然而就是这一点儿虚荣心,促使我在学习上改弦更张,要认真埋头读书了。就在不到一年前的正谊中学时期,虾和蛤蟆对我的引诱力远远超过书本。眼前的北园,荷塘纵横,并不缺少虾和蛤蟆,然而我却视而不见了。俗话说:“浪子回头金不换”,我现在成了回头的浪子,是勤奋用功的好学生了。

第三层意思是,我原来的想法是,中学毕业当上一个小职员,抢到一只饭碗,浑浑噩噩地,甚至窝窝囊囊地过上一辈子算了。这一次表彰却改变了我的想法。以上三层意思说明了我从自卑到自信,从不认真读书到勤奋学习,一个关键就是虚荣心,是虚荣心作祟呢?还是虚荣心作福?我认为是后者。虚荣心是不应当一概贬低的。王状元表彰学生可能完全是出于偶然性。他万万不会想到,一个被他称为“老弟”的十五岁的大孩子,竟由于这个偶然事件而改变为另一个人。我永远不会忘记王寿彭老先生。

（选自《青年文摘》2008年第6期）

少女带锁的日记

张鸣跃

15岁生日,我买了一本带锁的日记。缘由:我发现我讨厌许多人,许多人也讨厌我。我认为我讨厌别人不应该成为别人讨厌我的理由,我聪明伶俐,我有别人所没有的许多长处,讨厌别人也正是我太多的长处所致,别人以此来讨厌我那就是嫉妒。我决定:我要集中观察一个女孩,全天跟踪,记下她的所有让我讨厌的事情,最后给她摆出来,让她心服口服!

第一天,我就寸步不离黏着那女孩,不放过她的一言一行、一举一动,包括她脸部表情所透露的心理活动。初战告捷,收获不小。

晚上,我先关好我的房门,把日记摊开在桌上,记下了她的10个让我讨厌的细节——

一、她脸上有雀斑,一天照了7回镜子,看掩盖雀斑的脂粉掉了没有;

二、她暗恋一个男生,明明知道人家不喜欢她,却看了人家11次,笑了3次;

三、有个女生和那个男生说笑,她暗中咬牙,一脸杀气;

四、老师表扬一个同学,她鼻子里连哼了3下;

五、一个同学摔倒了,她哈哈大笑;

六、她放了一个屁,先捂着鼻子叫:"谁在污染空气!"

七、她说谎骗了妈妈50元钱,她说她想星期天打工,有个同学要过生日了。星期天她去了网吧;

八、她买了一袋高级小吃,自习课故意咬得嘎巴嘎巴响;

九、她抄同桌的作业,还说是让人家"再自豪一回";

十、她捉弄一个弱小女生,还学人家受惊吓的样子。

记下来,我吃惊不小:原来她身上竟有这么多让人讨厌的毛病,她自己肯定不知道,因为她天天在笑别人,说别人的闲话,好像谁都没有她好。如果她眼睛不再盯着别人,就只盯着自己,会怎样?

第二天,我发现那女生好像知道有人在观察她,小心多了,这一天就老实得多了。可是还是让我逮住了3条:照了3回镜子,瞪了两次老师,放学时兴高采烈大叫了一声:"哇噻!"

第三天,我又逮住了3条。

第四天，2 条。

第五天，3 条。

第六天，1 条。

第七天……

……

慢慢地，我发现我的观察让那个女生变得越来越可爱了，不少毛病在重复几次之后就改掉了，毛病越来越少了，学习成绩也上去了，连最讨厌她的同学也开始对她微笑了，老师也表扬了她，妈妈也注意到了。

那天晚上，我正在写日记，妈妈进来了，笑笑，坐下来亲了我一下，问我近来怎么这么乖，好多毛病都没有了？我就让妈看我的日记，看我记下的那个女孩的让我讨厌的地方。妈看了之后惊叫："这是谁呀，怎么这么讨厌？比你从前还坏！"

我红了脸，说："这就是我！"

妈妈愣了一阵明白了，搂住我流泪说："你自己救了自己，妈妈对你的细节知道得太少了……"

是啊，人总是挑剔别人的多，观察自己的少，就像自己看不见自己的眼睛一样。

（选自《青春男女生（少年作家）》2008 年第 5 期）

芬兰的公务员最怕什么？

文 里

约翰是芬兰拉皮省文化管理署的一名高级督察。政府按照相关规定，给他配备了一辆公务车。和省政府里所有的公务车一样，约翰的这辆公务车的车型和牌号都被公布在各大媒体上。

约翰每天驾驶着这辆公务车上下班，必须按照自家公寓到省文化管理署的最短而且最便捷的路途行驶，沿途不能有任何随意的停顿，这样做是为了节省油耗，更是杜绝假公济私。

再说得明白点，在没有特殊的情况下，每位公务员所驾驶的公务车"两点一线"上下班的线路都是被严格设定并规定了的，也理所当然地向社会公众予以了公布。在这样的众目睽睽之下，哪位公务员要想假公济私，很难！

那天，约翰和往常一样，下了班后，他开着公务车回家。在途经一十字路口遭遇红灯稍作等待时,他不经意间转头发现路边的一家商场橱窗里的一款女性服饰非常艳丽。约翰想,如果太太穿上这款服饰一定更加漂亮。再说,过些日子,就是太太的生日了,此刻何不顺便购买一套这款服饰,提前让太太高兴高兴?

当约翰脑海里闪现这一念头时,却又立即被理智掐灭了。他循规蹈矩地将车开到了家。跳下了公务车后,又立刻坐进自家的车,驾驶至商场,心安理得地购回了那一款心仪的服饰。

事后,约翰在自己的博客里这样写道:

如果我那天傍晚真的把公务车开到商场停车处,去购买给太太的那款服饰,也许我的这份谋生差事就会永远地结束了。因为,我下了班后开着公务车顺便拐弯去商场购物的举动,肯定马上就会映入公众的视线,引起公众的质疑。可能会被某位市民用手机或照相机或DV拍摄下来,发送到政府网站或媒体上;可能有某位市民打电话到我所工作的署里投诉;还可能会有一群市民把我的公务车团团围住,没准儿还会拍打着我的窗玻璃提出质问:你刚才干什么去了?

我一想到这些无数个"可能",就感到害怕,总觉得我的身后有无数双眼睛时时刻刻地注视着我,瞬间的任何不明智念头,都会在这样的芒刺在背的心理攻势下而土崩瓦解。上帝保佑我的前提是,我的名誉和信用决不能玷污,我在任何时候都不能出丑闻。

(选自《青年文摘·彩版》2008年第8期)

✽名言荟萃

1. 吾日三省吾身,为人谋而不忠乎?与朋友交而不信乎?传不习乎?(《论语》)
2. 见贤思齐焉,见不贤而内省也。(《论语》)
3. 人谁无过,过而能改,善莫大焉。(《左传》)
4. 物格而后知至,知至而后意诚,意诚而后心正,心正而后身修,身修而后家齐,家齐而后国治,国治而后天下平。(《礼记·大学》)

5. 救寒莫如重裘,止谤莫如自修。(陈寿)

6. 不患才不及,而患志不立。(虞傅)

7. 荣辱之责,在乎己而不在乎人。(魏徵)

8. 天生我才必有用。(李白)

9. 士人有百折不回之真心,才有万变不穷之妙用。(陈继儒)

10. 海纳百川,有容乃大;壁立千仞,无欲则刚。(林则徐)

11. 一个人有了远大的理想,就是在最艰苦困难的时候,也会感到幸福。(徐特立)

12. 如烟往事俱忘却,心底无私天地宽。(陶铸)

13. 水激石则鸣,人激志则宏。(秋瑾)

14. 人生是患难与欢乐所组成的。(陶行知)

15. 减少生气的次数便是修养的结果。(梁实秋)

16. 天分高的人如果懒惰成性,亦即不自努力以发展他的才能,则其成就也不会很大,有时反会不如天分比他低些的人。(茅盾)

17. 名利都是身外物,只有尽一人的心力,使社会上的人多得他工作的裨益,是人生最愉快的事情。(邹韬奋)

18. 没有雄心壮志的人,他们的生活缺乏伟大的动力,自然不能盼望他们会有杰出的成就。(华罗庚)

19. 谁经历的苦难越多,懂得的东西也越多。(〔古罗马〕荷马)

20. 一种美好的心情,比十副良药更能解除生理上的疲惫和痛苦。(〔德〕马克思)

21. 生气是拿别人的错误惩罚自己。(〔德〕康德)

22. 无论你出身高贵或者低贱,都无关宏旨,但你必须有做人之道。(〔德〕歌德)

23. 不幸和苦难对于强者是一块最坚实的垫脚石,对于弱者则是一个万丈深渊。(〔法〕巴尔扎克)

24. 伟大人物都是走过了荒沙大漠,才登上了光荣的巅峰。(〔法〕巴尔扎克)
25. 所谓内心的快乐,是一个人过着健全的、正常的、和谐的生活所感到的快乐。(〔法〕罗曼·罗兰)
26. 寂寞并不可怕,可怕的是对一切都没有兴趣。能对人生有热忱,生活才有光亮。(〔法〕罗曼·罗兰)
27. 真正的快乐,是对生活的乐观,对工作的愉快,对事业的兴奋。(〔美〕爱因斯坦)
28. 强者控制自己的情绪,弱者让情绪控制自己。(〔美〕林肯)
29. 忧愁、顾虑和悲观,可以使人得病;积极、愉快和坚强的意志和乐观的情绪,可以战胜疾病,更可以使人强壮和长寿。(〔前苏联〕巴甫洛夫)
30. 心灵空虚是一种最可怕的祸害。心灵空虚的人失掉了最珍贵的幸福——即创造善良和用自己心灵的力量抵御邪恶的幸福。(〔前苏联〕苏霍姆林斯基)

第三部分 实践体验

一、你了解自己吗?

(一) 通过网络搜索《SCL90自评症状量表》,进行自测,并做好记录。

(二) 完成《高职学生心理健康状况测试题》,并做好记录。

测试要求:对以下40道题,如果感到“常常是”,划√号;“偶尔”是,划△号;“完全没有”,划×号。

1. 平时不知为什么总觉得心慌意乱,坐立不安。
2. 上床后,怎么也睡不着,即使睡着也容易惊醒。
3. 经常做噩梦,惊恐不安,早晨醒来就感到倦怠无力、焦虑烦躁。
4. 经常早醒1—2小时,醒后很难再入睡。
5. 学习的压力常使自己感到非常烦躁,讨厌学习。

6. 读书看报甚至在课堂上也不能专心一致,往往自己也搞不清在想什么。
7. 遇到不称心的事情便较长时间地沉默少言。
8. 感到很多事情不称心,无端发火。
9. 哪怕是一件小事情,也总是很放不开,整日思索。
10. 感到现实生活中没有什么事情能引起自己的乐趣,郁郁寡欢。
11. 老师讲概念,常常听不懂,有时懂得快忘得也快。
12. 遇到问题常常举棋不定,迟疑再三。
13. 经常与人争吵发火,过后又后悔不已。
14. 经常追悔自己做过的事,有负疚感。
15. 一遇到考试,即使有准备也紧张焦虑。
16. 一遇挫折,便心灰意冷,丧失信心。
17. 非常害怕失败,行动前总是提心吊胆,畏首畏尾。
18. 感情脆弱,稍不顺心,就暗自流泪。
19. 自己瞧不起自己,觉得别人总在嘲笑自己。
20. 喜欢跟自己年幼或能力不如自己的人一起玩或比赛。
21. 感到没有人理解自己,烦闷时别人很难使自己高兴。
22. 发现别人在窃窃私语,便怀疑是在背后议论自己。
23. 对别人取得的成绩和荣誉常常表示怀疑,甚至嫉妒。
24. 缺乏安全感,总觉得别人要加害自己。
25. 参加春游等集体活动时,总有孤独感。
26. 害怕见陌生人,人多时说话就脸红。
27. 在黑夜行走或独自在家有恐惧感。
28. 一旦离开父母,心里就不踏实。
29. 经常怀疑自己接触的东西不干净,反复洗手或换衣服,对清洁极端注意。
30. 担心是否锁门和可能着火,经常检查,反复确认。
31. 站在经常有人自杀的场所、悬崖边、大厦顶、阳台上,有摇摇晃晃要跳下去的感觉。
32. 对他人的疾病非常敏感,经常打听,生怕自己也身患相同的病。
33. 对特定的事物、交通工具(电车等)、尖状物及白色墙壁等稍微奇怪的东西有恐怖倾向。
34. 经常怀疑自己发育不良。
35. 一旦与异性交往就脸红心慌或想入非非。

36. 对某个异性伙伴的每一个细微行为都很注意。
37. 怀疑自己患了癌症等严重不治之症,反复看医书或去医院检查。
38. 经常无端头痛,并依赖止痛或镇静药。
39. 经常有离家出走或脱离集体的想法。
40. 感到内心痛苦无法解脱,只能自伤或自杀。

测评方法:

"√"得2分,"△"得1分,"×"得0分。

评价参考:

1) 0—8分。心理非常健康,请你放心。

2) 9—16分。大致属于健康的范围,但应有所注意,也可以找老师或同学聊聊。

3) 17—30分。你在心理方面有了一些障碍,应采取适当的方法进行调适。

4) 31—40分。黄牌警告,可能患了某些心理疾病,应找心理医生进行检查治疗。

5) 41分以上。有较严重的心理障碍,应及时找心理医生治疗。

思考:

关于心理健康状况,你的自我感觉与《SCL90自评症状量表》《高职学生心理健康状况测试题》结果有差距吗?差距主要在哪些方面?

二、你了解心理问题吗?

案例1:自卑症

某女,来自重庆山区的高职学生。学习成绩优秀的她一直陶醉在学习的快乐中。突然有一天,她开始变得郁郁寡欢,闷闷不乐。因为周围的朋友都喊她"气质女",笑她是"土包子"。这时她如梦方醒,只有花枝招展、多才多艺的女生才能受到欢迎,成为焦点。而她只是一个会学习的农村女孩,不知道什么叫琴棋书画,没用过什么眼影口红的乡巴佬。青春萌动的她一下子受到了致命的打击,她开始埋怨自己为什么是个农家女,为什么只会学习。在同学们的嘲笑下,她开始越来越远离同学,躲避朋友,因为她觉得自己仿佛低人一等,矮人一筹一样。逐渐地她告别了所有的班级活动,告别了所有的朋友聚会,变得异常的自卑、自闭和孤僻。

原因分析：

导致这位女生变化的主要原因是微妙的心理变化。曾经以学习成绩优秀为荣的她，在攀比心理的影响下，因家庭经济条件的限制倍感自卑，总感觉比别人稍逊一筹，最终沦到远离朋友，回避社会的境地。这是学生在人生观、价值观形成过程中极易产生的自卑症表现。

解决方法：

1）从认知角度来说，让同学们树立正确的世界观、人生观、价值观，避免物质攀比。

2）从个体角度来说，要形成合理的价值评价体系，正确看待人生的意义。

3）从能力的角度来说，要提高自我调节能力，以积极的心态面对人生的各种挑战。

案例 2：焦虑症

某女，20 岁，高职二年级学生。性格较为内向，除了上课，甚少外出。因家庭经济状况较差，总感觉低人一等，厌恶与别人交流。当初选择高等职业技术学校，主要是因为高考发挥失常，希望通过扎实的职业技术教育，获取一技之长，减轻家庭负担，为弟弟妹妹们上学创造条件。由于对未来的担忧，其学习刻苦、努力，但常常感到疲劳，失眠，并伴有记忆力下降，学习始终不理想。平时最怕期末、最怕考试。大凡考前必食欲不振，睡眠不足，坐卧不安，内心慌乱，不能集中注意，记忆效果不佳，缺乏克服困难的信心，智力活动效果下降，往往还伴随心悸，多汗，呼吸急促，肌肉紧张，头昏，恶心，食欲不振，手脚发冷等症状。学习和生活中遇到的身体和心理异常让其十分担忧，不知道如何是好。

原因分析：

该生在学习和生活中遇到的困难，主要是由于心智的不成熟和过度的家庭社会压力而产生的焦虑症。由于家庭经济状况的不理想，高职学生就业状况的现实以及自我性格内向的多重影响，使学生压力增大，过分焦虑，进而带来了不正常的生理、心理连锁反应。

解决方法：

1）用认知领悟疗法，让学生知道自己问题的根本原因，降低焦虑症状。

2）适当引导，帮助学生合理定位，制定通过努力可以达到的适当目标，并将具体目标细化，增强学生自信心，重树健康心理。

案例3:恐怖症

某男,20岁,某高职学生。性格内向,不善交际,与女孩子交往甚少。有一天,他做了一个"春梦",在梦中他与一名女生发生了性关系。梦醒后他羞愧难当,觉得自己触犯了道德的底线,是一个思想肮脏的人,再也无颜面对他人。后来的几天,他又做了数次这样的梦,而且梦中的对象竟然都是白天他看到的同学。这让他更加羞愧不已,觉得自己是个无耻下流、道德沦丧的恶魔。从此以后,他开始恐惧睡眠,害怕自己再做那样龌龊的梦;他也变得愈加猥琐,平时不再敢正眼看女生一眼,害怕自己的春心萌动,在梦中对她们产生幻想。

原因分析:

导致这位男生痛苦的重要原因是由于不了解青春期的生理知识。他将春梦与道德败坏、社会败类相联系,产生了极大的心理压力和心理负担,进而形成了强烈的恐惧表现,怕睡觉,怕见女生。这是恐怖症的一种集中表现形式。

解决方法:

1) 用认知领悟疗法,减轻他的心理负担和内疚,对他的性梦做个性分析。

2) 采用积极合理的方式适当宣泄内心苦闷。平时注意扩大人际交往、保持和正常的异性交往、积极参加文体活动和社会实践活动、多阅读有关生理和心理的书籍,提高这方面的知识水平,增加心理的认识、判断能力。

案例4:强迫症

某女,21岁,某高职大三学生。三年的教育生涯即将结束,作为家里的掌上明珠,她一直肩负着光耀门楣的重任。马上就要临近毕业的她感到就业的压力与日俱增。为了不辜负家人对于自己的期望,她重拾高考的斗志,投入到考证的人群中,开始自我身价的提升。经过两个月的努力,她一无所获。对于未来的迷茫,让她压力陡增。她报了更多的职业技能考试,每天强迫自己上课看书,走路看书,吃饭看书,甚至连洗澡都要看书。半年下来,她仍然是一无所获。强大压力,让她放弃上学,回到家里潜心复习。这个时候,父母发现,她什么时候都要看书,看书,再看书。只要一刻离开考证的书,她就出现全身疲惫,精神失控的局面。百思不得其解的家人,最终将其送到心理咨询中心,寻求帮助。

原因分析：

该女生有典型的强迫症倾向。由于家庭压力、社会压力和就业压力的聚焦，让她意识到提升自身价值的重要性。但是过大的心理压力和焦虑，让她陷入了偏执的"考证"漩涡而不能自拔，最终形成"考证"观念的强迫要求和对"考证"书本的强烈依赖。这种强迫症的出现总是与焦虑相伴产生。

解决方法：

1）从认知的角度来说，要引导学生合理定位，树立正确的就业观。

2）从个体的角度来说，要学会自我分析的能力，量力而行，不可盲目追求。

3）从家庭的角度来说，在进行子女职业生涯规划的同时，要适度考虑子女的接受能力和身心正常发展轨迹，真正实现子女的良性健康发展。

三、你怎样看待心理问题？

（一）曾经有人说，每个人都有或多或少的心理问题，关键就在于我们如何看待它。你是怎样认识这句话的？

（二）假如你自己或你的同学中有人出现了心理异常情况，你应该怎么办？

提示：心理问题并不可怕，我们要学会正视他，并采用适当的方式加以解决。

第四单元　情感天地

第一部分　主题解读

列宁曾说："没有'人的情感'，就从来没有也不可能有人对真理的追求。"情感的力量在一个人的成功中往往起着决定因素，而亲情、友情和爱情是构成人的情感世界的三大主题。每个人的生命只有一次，青春是生命周期的顶峰，它的主题是成长，突出地表现在渴望人格独立和自由，尊重自己、尊重他人并赢得他人的尊重方面。这种人格成长往往是在人际交往，并主要是在亲情、友情和爱情中成长。因此，如何恰当的处理亲情、友情、爱情与成长之间的关系，是一个不能回避的话题。

情感教育有助于提高学生的道德素质，促进认知能力的发展，还有利于强化心理健康、构建完美人格，建立良好的人际关系，从而实现个体的全面发展。

一、情感的含义

（一）何谓情感

随着社会经济的不断进步，情感教育愈发受到重视。什么是情感呢？《心理学大辞典》认为："情感是人对客观事物是否满足自己的需要而产生的态度体验。"即情感是态度的一部分，它与态度的内向感受、意向具有协调一致性，是一种较复杂而又稳定的生理评价和体验。情感包括道德感和价值感两个方面，具体表现为爱情、幸福、仇恨、厌恶、美感等。

在社会交往中，情感具有两面性，好的情感使人愉快，不好的情感使人伤心。影响情感的因素很多，比如和亲近的人在一起，有好的性格，仪表堂堂，相似的情趣，别人对自己高度评价等。美国心理学家赫洛克(E. Hurlock)认为情感成熟包括四个方面：能够保持健康；能够控制环境；能够使紧张的情绪化解到无害的方面;能够洞察理解社会。

由此可见,在个体生命发展过程中,情感是多方面的,是复杂的,是动态的。这些复杂交错的情感方面组成了个体的情感天地。通常来说,组成个体情感天地的情感主要有三种:亲情、爱情与友情。

(二) 亲情、爱情与友情

亲情、爱情与友情是情感天地的主要组成部分,这三者又有什么关系呢?人们通常把亲情比作是树干,把爱情比作是枝,把友情比作是叶,认为三者合一,可以使生命之树翠绿茂盛。没有爱情,人类难以繁衍;没有亲情,人类难以生存;没有友情,生活会贫乏与枯燥。在人的情感世界中,这三者是缺一不可的。

俗话说得好,朋友多了路好走,应趁年轻的时候多交朋友。更要懂得爱情能让我们成为一个完整的人,能让我们感悟到生命的激情和意义。而亲情是一生都割舍不断的。人们往往在受到委屈时想要离家出走。殊不知,家是永远的归宿,当你受挫时,第一个想到的永远是自己的家;当你感到孤独无助时,家里永远有一盏温暖的灯为你开着。

二、情感与高职学生的成长

(一) 情感与高职学生成长息息相关

1. 亲情在成长中的作用

"血浓于水",亲情是世间最伟大无私的情感之一。自呱呱坠地起,亲情就伴随在我们左右。父爱如山,母爱如水,父母用勤劳的双手创造的温馨小家是永远贴心的避风港湾。在成长路上,亲情一直相伴在我们左右,不仅在物质上给我们保障,更在精神上给予我们无穷的力量。即使是年少轻狂犯了错,最先接纳、原谅我们的永远是挚爱的爸爸妈妈、兄弟姐妹。

2. 爱情在成长中的作用

青年时期的我们风华正茂,是展示青春美的大好时期,爱情也不期而至,给生活带来了无限的精彩与活力。与爱情相伴随的恋爱与婚姻,是生命中最富有诗意和最柔美的乐章,也是生活中最敏感与重大的事件。在成长路上,爱情能让我们变得成熟,让我们在彼此关爱中学会感恩,学会爱他人;爱情能让我们迅速成长,因为光明的前途需要两个人携手创造,在前进的路上需要两个人牵手一起走,其中的坎坷与艰辛需要两个人一起去品味。

3. 友情在成长中的作用

谁拥有真诚的友谊,谁就获得了一笔终身的精神财富。我们处于一个需要真诚友谊的时期,生活中的一系列重大问题常需要朋友的支持和帮助,友谊能使我们感受到人间的温暖和纯美。《诗经》说:“嘤其鸣矣,求其友声。”鸟儿也以鸣叫寻找朋友,何况人呢?培根说:“缺乏真正的朋友即是最纯粹最可怜的孤独;没有友谊则斯世不过是一片荒野。”一方面,友谊是人格成长、个性独立的产物,是双方的灵魂相吸、性格相投的结晶;另一方面,友谊又有益于个性的丰富、心灵的慰贴、感情的滋润,从而促进我们人格的成长和精神的发育。

(二) 高职学生应注意的情感问题

1. 高职学生应注意的亲情问题

伴随着经济腾飞,生活质量逐步改善,我们的生活条件变得愈加优越。我们当中的多数人是独生子女,往往衣来伸手,饭来张口,无忧无虑,宠爱有加。但在温室的培养下,部分同学的亲情观也在悄然变化,自我中心意识更加强烈,实用主义、享乐主义、个人主义在慢慢滋长。

(1) 亲情观夹杂功利化。受实用主义思想影响,部分学生的亲情观日益功利化。由于物质需求日趋强烈,极少数学生对集体,国家的责任感和对父母的感恩之心日趋淡化,开始夹杂着明显的功利化目的。主要表现为平时很少与家人联系,只有要钱时才打电话。一旦家人寄生活费不够及时,还会对家长大发脾气。甚至一些同学明知家庭有困难,家长有难处,却一味追求享乐和面子。

(2) 忽视推心置腹的交流。尽管绝大部分同学在校读书期间会定期或不定期地与家人联系,但是与家人之间推心置腹的交流谈心却越来越少。有些同学在网上与陌生人聊天的时间远比与家人的时间要多和长。在家书和电话中,要么报喜不报忧,要么泛泛而谈,只讲生活琐事,绝少涉及思想和灵魂。特别是一些在校表现不佳的同学,还对家人撒谎,给家长反馈错误的信息。长此以往,自然彼此缺乏了解,亲情也变得淡薄。

(3) 过分依赖家庭。高职学生多数直接来自中学,生活经验和社会阅历不足,生活自理能力较差,对复杂环境的应对能力不足。有些刚入学的同学不会处理生活小事,不会安排生活费,遇到困难只会找家人哭诉。久而久之,他们在情感与日常事务的处理上过分依赖家庭,影响了独立人格的形成和完善。

(4) 亲情回馈不够。据某知名网站调查,约有63%的学生不知道父母的生日,近43%的学生不知道父母的年龄,76%的学生从未给父母祝贺过生日。与之形成鲜明对比的是,父母给子女过生日却高达93%。另外,如何回馈亲情,有的同学们想得很少,有的想到了一些,但也往往是说得多,做得少。

2. 高职学生应注意的爱情问题

真正的爱情,是指男女基于一定的物质条件和共同的人生理想,彼此在内心中形成的最真挚的仰慕,并渴望对方成为终身伴侣的强烈、稳定、专一的感情。作为一名高职学生,我们一定要注意一些爱情的误区。

(1) 爱情含义简单化。真正的爱情以互爱为前提,可以使人获得力量和幸福,充实人生,促进事业。爱情不仅仅是找个异性伙伴儿女情长,缠绵不已,盲目追求吃喝玩乐,这种爱情观是和爱情真谛背道而驰的。

(2) 处理爱情和学业关系不当。爱情和学业的关系是微妙的。不能因为谈情说爱、卿卿我我,而忽视了现阶段最重要的学习任务。学生最重要的任务是学习知识和职业技能。很多学生以为找到了真爱,便不顾一切轰轰烈烈地爱,这是不理智的,不值得提倡的。正确的做法是在完成好学业的情况下,适当兼顾爱情,做到学业爱情两不误。

(3) 恋爱挫折。恋爱是青年男女情感需要的自然流露,失恋必然会带来痛苦和烦恼,但随着时间推移,大多数人都能正确对待失恋带来的挫折感,愉快地走向新生活。然而,个别同学不能及时排解这种强烈的情绪,往往出现消极心理,或羞愧难当、心灰意冷,或绝望暴怒、失去理智,或嫉俗厌世、怀疑一切。因此,高职学生需要正确处理恋爱中的挫折,学会保持理智,自我调整,自我拯救,释放心理的负荷,让挫折情绪向积极方向转化。

(4) 未把握好恋爱与性需求关系。随着社会的发展,早熟现象日益普遍。但是有些同学不能正确处理性的生理成熟与心理尚未完全成熟之间的矛盾,未能解决好性的生理需求与性的社会规范之间的冲突,较早偷尝禁果,给身心健康造成难以挽回的损失。

3. 高职学生应注意的友情问题

(1) 如何扩大交友面。交友,对极大多高职学生都不成问题。但有极少数同学总困惑于朋友不多,交友面较窄等问题。殊不知,要想拥有更多的朋友,首先须改变自己。真诚友谊的建立,需要主动创造条件,更强调个人的魅力与人格的吸引。首先,相似性是友谊产生的关键因素,对事物的认识、看法和态度的趋同容易使我们被别人所接纳,进而产生感情的依赖性;其次,保持个性独立,培养个性化品质,在容貌、气质、言行举止等方面的独特之处,是个性魅力所在。人有求同心理,也有补偿心理,与不同的人接触可以使补偿心理得到满足,有利于友谊之神的降临;再次,保持在学习和活动中的积极状态,才华出众,品行优良,成绩突出,兴趣广泛,必将赢得友谊的垂青。

(2) 如何慎重交友。朋友之间有一股强大的同化力量。朋友的赞赏令人心满意足,朋友的贬低离去则使人情绪低落。何为朋友?古人将朋友分为四类:"道义相砥,过失相规,畏友也;缓急可共,死生可托,密友也;甘言如饴,游戏征逐,昵友也;和则相攘,患则相倾,贼友也。"我们应该选择"畏友"、"密友",才会得到真诚的鼓励和帮助。而有些学生交友不慎重,交到了"贼友"、"昵友",使人格和品行都受到严重的影响,甚至还因此酿成大错。

(3) 友情和义气关系。从字面上看,义气并非贬义词。但在中国传统习惯中,义气多指小集团利益,俗称哥们义气,是在特定背景下形成的交友规范。在长期不公正的社会里,法制不健全,弱者的利益得不到保护,正义无法伸张,人们只能靠抱团生存,要求同一团体中的个人要讲义气,借此达到相互依靠和支持的目的。在这种思想影响下,有些学生组成小团体,靠义气增强凝聚力,只重视个人交情和团体利益,而不顾团体以外的他人利益,也不管谋取与维护利益的手段是否合法。为朋友两肋插刀,在一定时期内让人很痛快,却极易触犯法律,铸成大错。

三、高职学生如何构建健康积极的情感天地

(一) 感恩、责任、诚信

每个人都不是孤立的,要打造情感天地,正确处理好亲情、友情与爱情三者关系,感恩意识是重要的纽带。只有秉持一颗感恩的心,我们才能体会父母的辛勤劳作,才能意识朋友的默默付出,才能明白爱人的理解宽容,在相互的理解中,将心比心,认识到亲情、爱情、友情的真谛所在走出情感的误区,打造一片美丽的情感天地。

作为一名高职学生,我们应该做得更好。我们不仅仅要使自己具备感恩意识,还要以身作则,向社会,向普众传递感恩意识,号召全社会都行动起来,用感恩意识完善我们的情感天地,用感恩意识维护我们的情感家园,实现整个社会其乐融融的和谐景象。

感性的感恩意识给予了我们打造情感天地的勇气和力量,但是,要想打造完美的情感天地,我们还需要责任意识,诚信意识。

随着电话、网络等交流方式的出现,人与人之间的交流越来越方便了,心与心的沟通却越来越少了;舆论监督的意识更强了,自我约束意识却越来越淡了……出现这些反差并不是因为他们缺少感恩意识,而是随着社会发展,我们希望获得的利益越来越多,希望承担的责任却越来越少。作为时代青年,我们应该敢于承担,勇于奉献,树立正确的情感观,妥善处理好亲情、爱情、友情各项关系,用一片真诚的心回馈自己的亲人、爱人和朋友。

(二) 知书识礼,做通情达理的高职学生

人类高尚的情感有道德感、美感和理智感,这是我们成才成长的动力和方向。这些情感的养成与人文学科的教育、人文素质的修养密不可分。人文学科包括文、史、哲、艺四个方面,英国哲学家培根就人文科学对人的影响有过精辟的论述,他说:“读史使人明智,读诗使人聪慧,哲理使人深刻,伦理使人有修养,逻辑使人善辩。”人文科学能陶冶情感,净化心灵,提高境界,学会用广阔的胸怀对待利害得失,保持心境的平和。因此,我们要加强人文素质学习,知书识礼,在学习中养成良好的陶冶情操,净化心灵,做通情达理的高职学生,为建立正确的情感观,构建良好的情感天地奠定基础。

(三) 真情实感,构建健康积极的情感天地

美国哈佛大学前任校长德里克·博克说:“道德本身具有针对性、易变性的特点,在道德判断上不应该存在一个普遍的永恒的标准和原则。”他因此告诫教育者,不要向他们直接说明价值观教育理念,而是要强调自我教育观,培养他们的自我意识。因此,高职学生要营造完美的情感天地还需要积极投身社会实践,在学习工作生活的切实体验中反思对亲情、爱情、友情的认识和理解。涉世甚浅的我们,也许只有投身到社会实践中,才能明了亲情的可贵,才能体会爱情的酸甜,才能明白友情的意义。也只有这样,才能理解情感天地的真正内涵所在,才能真正构建健康积极的情感天地。

亲情、爱情与友情是每个人都必须面对的情感。高职学生正处于人生观、世界观、价值观养成的重要时期,面对复杂的情感观,一定要树立感恩意识、责任意识、诚信意识,注重人文学科学习,积极投身社会实践过程,在现实生活中磨砺自己,捶打自己,通情达理,以情处事,努力构建自己的情感天地。

第二部分 扩展阅读

二十四孝故事(节选)

1. 百里负米

由，字子路、季路，春秋时期鲁国人，孔子的得意弟子，性格直率勇敢，十分孝顺。早年家中贫穷，自己常常采野菜做饭食，却从百里之外负米回家侍奉双亲。父母死后，他做了大官，奉命到楚国去，随从的车马有百乘之众，所积的粮食有万钟之多。坐在垒叠的锦褥上，吃着丰盛的筵席，他常常怀念双亲，慨叹说："即使我想吃野菜，为父母亲去负米，哪里能够再得呢?"孔子赞扬说："你侍奉父母，可以说是生时尽力，死后思念哪!"

2. 芦衣顺母

闵损，字子骞，春秋时期鲁国人，孔子的弟子，在孔门中以德行与颜渊并称。孔子曾赞扬他说："孝哉，闵子骞!"(《论语·先进》)。他生母早死，父亲娶了后妻，又生了两个儿子。继母经常虐待他，冬天，两个弟弟穿着用棉花做的冬衣，却给他穿用芦花做的"棉衣"。一天，父亲出门，闵损牵车时因寒冷打颤，将绳子掉落地上，遭到父亲的斥责和鞭打，芦花随着打破的衣缝飞了出来，父亲方知闵损受到虐待。父亲返回家，要休逐后妻。闵损跪求父亲饶恕继母，说："留下母亲只是我一个人受冷，休了母亲三个孩子都要挨冻。"父亲十分感动，就依了他。继母听说，悔恨知错，从此对待他如亲子。

3. 卖身葬父

董永，相传为东汉时期千乘（今山东高青县北）人，少年丧母，因避兵乱迁居安陆（今属湖北）。其后父亲亡故，董永卖身至一富家为奴，换取丧葬费用。上工路上，于槐荫下遇一女子，自言无家可归，二人结为夫妇。女子以一月时间织成三百匹锦缎，为董永抵债赎身，返家途中，行至槐荫，女子告诉董永：自己是天帝之女，奉命帮助董永还债。言毕凌空而去。因此，槐荫改名为孝感。

4. 行佣供母

江革，东汉时齐国临淄人，少年丧父，侍奉母亲极为孝顺。战乱中，江革背着母亲逃难，几次遇到匪盗，贼人欲杀死他，江革哭告：老母年迈，无人奉养，贼人见他孝顺，不忍杀他。后来，他迁居江苏下邳，做雇工供养母亲，自己贫穷赤脚，而母亲所需甚丰。明帝时被推举为孝廉，章帝时被推举为贤良方正，任五官中郎将。

5. 拾葚异器

蔡顺,汉代汝南(今属河南)人,少年丧父,事母甚孝。当时正值王莽之乱,又遇饥荒,柴米昂贵,只得拾桑葚母子充饥。一天,巧遇赤眉军,义军士兵厉声问道:"为什么把红色的桑葚和黑色的桑葚分开装在两个篓子里?"蔡顺回答说:"黑色的桑葚供老母食用,红色的桑葚留给自己吃。"赤眉军怜悯他的孝心,送给他三斗白米,一头牛,带回去供奉他的母亲,以示敬意。

6. 卧冰求鲤

王祥,琅琊人,生母早丧,继母朱氏多次在他父亲面前说他的坏话,使他失去父爱。父母患病,他衣不解带侍候,继母想吃活鲤鱼,适值天寒地冻,他解开衣服卧在冰上,冰忽然自行融化,跃出两条鲤鱼。继母食后,果然病愈。王祥隐居二十余年,后从温县令做到大司农、司空、太尉。

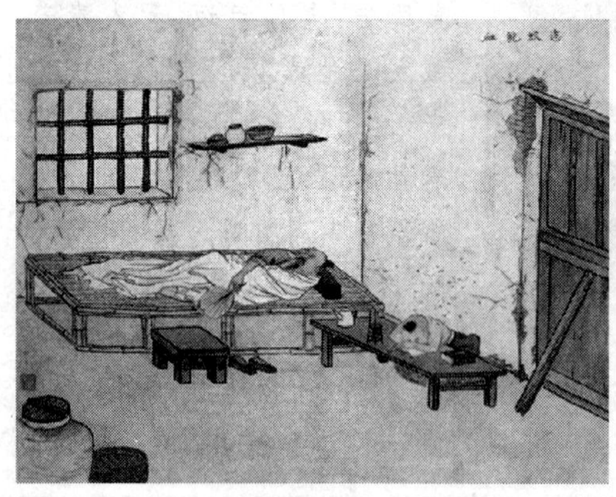

7. 恣蚊饱血

吴猛,晋朝濮阳人,八岁时就懂得孝敬父母。家里贫穷,没有蚊帐,蚊虫叮咬使父亲不能安睡。每到夏夜,吴猛总是赤身坐在父亲床前,任蚊虫叮咬而不驱赶,担心蚊虫离开自己去叮咬父亲。

8. **弃官寻母**

朱寿昌，宋代天长人，七岁时，生母刘氏被嫡母（父亲的正妻）嫉妒，不得不改嫁他人，五十年母子音信不通。神宗时，朱寿昌在朝做官，曾经刺血书写《金刚经》，行走四方寻找生母。得到线索后，决心弃官到陕西寻找生母，发誓不见母亲永不返回。终于在陕州遇到生母和两个弟弟，母子欢聚，一起返回，这时母亲已经七十多岁了。

请为你的父母骄傲

梧 桐

长期以来，父母都为我而骄傲。小的时候，我的成绩好、长得又漂亮，父母带我出去，总能收获一大片赞扬和羡慕。

后来，上了大学，每个月打电话向父母要生活费都是理直气壮的，因为是我让他们一夜之间有了所谓的知名度。

后来，我进了一家外资公司工作。虽然只是普通的办事员，但是不时从我嘴里蹦出的MBA、GDP更让父母看我的眼神里充满了敬畏。别人家的孩子下岗的下岗、失业的失业，自己的儿子挣的却是美金。唉，我的父亲母亲，想不骄傲都难啊！

我很少在同事面前说到自己的父母。他们那么平凡，甚至只是这个繁华都市里最卑微的底层劳动者。

直到有一天，办公室来了一位新同事。他频频说起自己的母亲，言语之间充满了骄傲。他说母亲很漂亮，母亲很能干，母亲还会唱好听的山歌……我们都知道他来自农村，可是在他的描述中，我们印象中的老太太渐渐变了模样，幻化成一个李双双似的美丽的农村妇女。

有一天，同事说请我们去他家吃饭，因为他的母亲来了。等见到他母亲，我不禁在心里笑骂，这小子，真会吹牛。他的母亲，是一个又黑又瘦的老太太,像一粒风干了的枣子。见我们去了,讷讷地连招呼也不打就往厨房里躲。同事把母亲拉出来,挨个儿给她介绍,这是小李,这是王姐。他的母亲很局促地笑着,同事却一直亲热地搂着她,亲热地叫着妈,并且问我们:“我妈是不是很漂亮?我妈炒的菜是不是很好吃?”我们味同嚼蜡,嗯嗯地应着。同事看出了我们的不以为然。在他母亲洗碗的时候,他对我们说,你们不知道,母亲年纪轻轻就守了寡,农村的日子对一个单身女人来说有多苦呀,可她不靠别人施舍,硬是凭着自己的一双手供我念完了大学。我没听她叫过一声苦,喊过一声累,我为自己拥有这样的母亲而自豪。

我们不约而同地沉默了,或许都在那一瞬间想到了自己的父母,想到了自己对父母那些无理的埋怨——只因为父母不能为自己买房,不能拿钱给自己做生意,也没本事给自己找个好工作。我们理所当然地认为,自己是父母的骄傲,自己给父母长了脸面,可是什么时候,为自己拥有这样的父母而骄傲过?

那个晚上,我没有回自己的出租屋,而是回到父母的家,参加工作后,我嫌弃父母的房子又脏又乱,光线不好,自己租了房子在外面住。看到我回家,母亲兴奋地要给我做夜宵,父亲则去给我烧洗脚水。

我的眼睛湿润了。年轻浮躁、夸夸其谈的我每天唾沫横飞地指点江山,鄙薄自己年迈的父母,觉得他们理所当然地应该为有我这样“争气”的儿子而骄傲,从来就没有想过,他们是如何认真而努力地生活着。想起来,真正浅薄的是我。我是父母的骄傲,父母不也是我的骄傲吗?

(选自《读者》2008 年第 2 期)

朋友是世界上最美丽的名词

武俊平

真正的友情,可以超越地位、财富的鸿沟而历久弥新。

有一个富翁,年轻时家里很穷,他的父母都是农民,他从小就生存在一种饥饿和窘迫之中。节日的花衣服,过年的压岁钱,喜庆的爆竹,父母的呵护,这些本该属于孩子的专利,都与他无缘。

最使他难忘并终生感恩的是小伙伴们对他无私、真诚的帮助和呵护。只要小伙伴手里有两块糖果,肯定会有他的一块;伙伴手里有一个馍馍,那肯定有他的一半。在贫穷和饥饿之中,还会有什么比这更宝贵的东西呢?

一眨眼30年就过去了。在这一段时间里，世界上有许多事情变了模样。外出闯荡的他今非昔比。摸爬滚打，算计别人，也被别人算计，富翁一路风尘地走过来了，成为一个稳健、精明、魅力非凡的企业家。有一天，少小离家的他动了思乡之念，于是，在一个艳阳高照的日子，富翁回到了家乡。当日，他走遍了全村，感谢叔伯大爷、兄弟姐妹这些年对父母的照顾，并每家送了一份礼物。夜里，富翁在自家的堂屋里摆桌请宴，赴宴者全是从小光着屁股一块长大的玩伴，他们自然也是四十几岁的中年人了。

按那里的风俗，赴宴者都要带点礼物表示谢意。大家来的时候，都带着礼物，有的还很丰厚。富翁令人一一收下，准备宴席之后，请大家带回。当然还有自己馈赠的礼物。

正当大家热热闹闹布菜斟酒的时候，门开了，一个儿时旧友走进来。他的手里拿着一瓶酒，连声说："对不起，我来晚了。"

大家都知道这个朋友日子过得很艰难，其情其景，一点也不亚于富翁儿时。富翁起身接过朋友提来的酒，并把他拉到自己身边的座位上坐下，朋友的眼里闪过不易觉察的慌乱。

富翁亲自把盏，他举着手里的酒瓶，说："今天，我们就先喝这一瓶，如何？"一边说，一边给大家一一倒酒，然后，他们一饮而尽。

"味道如何？"富翁问，所有赴宴者面面相觑。默不作声，旧友更是面红耳赤，低下了头。

富翁瞧了一眼全场，沉吟片刻，慢慢地说："这些年我走了很多地方，喝过各种各样的酒，但是没有一种酒比今天的酒更好喝，更有味道，更让我感动……"说着，站起来，拿起酒瓶，又一次一一给大家斟酒，"来，再干一杯。"

喝完之后，富翁的眼睛湿润了，朋友也情难自抑，流泪了。

他们喝的哪里是酒，分明是一瓶水啊！

真正的朋友，能够经得起任何风浪。

两个朋友一起在北极探险，不料在返回途中他们迷路了，身陷冰谷。

天气仿佛忽然间变得恶劣无比，寒风像刀子一样刮着两个人的身体。他们知道：如果不尽快回到宿营地，即使不被饿死、渴死，也会被冻死。好在，两个人都同样有着钢铁般顽强的毅力，他们始终不渝地寻找着出路。

意外的情况发生了，由于滞留时间过长，加之天气也实在太冷，两个人随身携带的水壶都上冻了，水，变成了冰。长途跋涉，疲惫不堪之际，一口水甚至比一碗面还重要！终于，其中的一人因无法忍受饥渴，突然昏倒了！

另外的一个人感觉到死神在向他们袭来。望着脚下同伴，他的心激烈地跳动着。就在他差点流出绝望的泪水的时候,一个念头忽然灵光般闪进他的脑海。于是,他果断地把水壶揣进怀里,揣在贴胸口最近的地方,然后,毅然背起同伴上路了。后来,他把带着体温的水一口一口地送进同伴的嘴里,同伴醒来了,可他却由于疲劳和冰冷倒下了。

再后来,他的同伴也把水壶揣进自己的怀里,然后又背起他,继续前行。

这个故事是三年前叔父讲给我听的,他和他的那个朋友至今仍喜爱一起出去探险和旅游。他说,在当时的情况下,如果两个人中的任何一个存有自私之心,他们就极有可能一齐被死神掳走。而事实上是,两个人最终都活着走了出来,他们胜利了!

(选自《中国人文思想:寻找自己的精神家园》,线装书局,2004 年)

关于友情

余秋雨

友情的错位,来源于我们自身的混乱。

从类似于那本连环画的起点开始,心中总有几缕飘渺的乐曲在盘旋,但生性又看不惯孤傲,喜欢随遇而安,无所执持地面对日常往来。这两个方面常常难于兼顾,时间一长,飘渺的乐曲已难以捕捉,身边的热闹又让人腻烦,寻访友情的孤舟在哪一边都无法靠岸。无所适从间,一些珍贵的缘分都已经稍纵即逝,而一堆无聊的关系却仍在不断灌溉。你去灌溉,它就生长,长得密密层层、遮天蔽日,长得枝如虬龙、根如罗网,不能怪它,它还以为在烘托你、卫护你、宠爱你。几十年的积累,说不定已把自己与它长成一体,就像东南亚热带雨林中,建筑与植物已不分彼此。谁也没有想到,从企盼友情开始的人生,却被友情拥塞到不知自己是什么人。川端康成自杀时的遗言是“大拥塞了”,可见拥塞可以致命。我们会比他顽泼一点,还有机会面对拥塞向自己高喊一声:你到底要什么?

只能等待我们自己来回答。然而可笑的是,我们的回答大部分不属于自己。能够随口吐出的,都是早年的老师、慈祥的长辈、陈旧的著作所发出过的声音。所幸流年,也给了我们另一套隐隐约约的话语系统,已经可以与那些熟悉的回答略作争辩。

他们说,友情来自于共同的事业。长辈们喜欢用大词,所说的事业其实也就是职业。置身于同一个职业难道是友情的基础?当然不是。如果偶尔有之,也不能本末倒置。情感岂能依附于事功,友谊岂能从属于谋生,朋友岂能局限于同僚。

他们说,在家靠父母,出外靠朋友。这种说法既表明了朋友的重要,又表明了朋友的价值在于被依靠。但是,没有可靠的实用价值能不能成为朋友?一切帮助过你的人是不是都能算作朋友?

他们说,患难见知己,烈火炼真金。这又对友情提出了一种要求,盼望它在危难之际及时出现。能够出现当然很好,但友情不是应急的储备,朋友更不应该被故意地考验。

不知出于什么原因,我们这个缺少商业思维的民族在友情关系上竟然那么强调实用原则和交换原则。

真正的友情不依靠什么。不依靠事业、祸福和身份,不依靠经历、方位和处境,它在本性上拒绝功利,拒绝归属,拒绝契约,它是独立人格之间的互相呼应和确认。它使人们独而不孤,互相解读自己存在的意义。因此所谓朋友也只不过是互相使对方活得更加自在的那些人。

在古今中外有关友情的万千美言中,我特别赞成英国诗人赫巴德的说法:“一个不是我们有所求的朋友,才是真正的朋友。”真正的友情都应该具有“无所求”的性质,一旦有所求,“求”也就成了目的,友情却转化为一种外在的装点。我认为,世间的友情至少有一半是被有所求败坏的,即便所求的内容乍一看并不是坏东西;让友情分担忧愁,让友情推进工作……,友情成了忙忙碌碌的工具,那它自身又是什么呢?应该为友情卸除重担,也让朋友们轻松起来。朋友就是朋友,除此之外,无所求。

其实,无所求的朋友最难得,不妨闭眼一试,把有所求的朋友一一删去,最后还剩几个?

李白与杜甫的友情,可能是中国文化史上除俞伯牙和钟子期之外最被推崇的了,但他们的交往,也是那么短暂。相识已是太晚,作别又是匆忙,李白的送别诗是:“飞蓬各自远,且尽手中杯”,从此再也没有见面。多情的杜甫在这以后一直处于对李白的思念之中,不管流落何地都写出了刻骨铭心的诗句;李白应该也在思念吧,但他步履放达、交游广泛,杜甫的名字再也没有在他的诗中出现。这里好像出现了一种巨大的不平衡,但天下的至情并不以平衡为条件。即使李白不再思念,杜甫也作出了单方面的美好承担。李白对他无所求,他对李白也无所求。

友情因无所求而深刻,不管彼此是平衡还是不平衡。诗人周涛描写过一种平衡的深刻:“两棵在夏天喧哗着聊了很久的树,彼此看见对方的黄叶飘落于秋风,它们沉静了片刻,互相道别说:明年夏天见!"

楚楚则写过一种不平衡的深刻:"真想为你好好活着,但我,疲惫已极。在我生命终结前,你没有抵达。只为最后看你一眼,我才飘落在这里。"都是无所求的飘落,都是诗化的高贵。

(节选自《霜冷长河》,1999 年)

致燕妮

马克思(1856 年 6 月 21 日)

我的亲爱的:

我又给你写信了,因为我孤独,因为我感到难过,我经常在心里跟你交谈,但你根本不知道,既听不到也不能回答我。你的照片纵然照得不高明,但对我却极有用,现在我才懂得,为什么"阴郁的圣母",最丑陋的圣母像,能有狂热的崇拜者,甚至比一些优美的像有更多的崇拜者。无论如何,这些阴郁的圣母像中没有一张像你这张照片那样被吻过这么多次,被这样深情地看过并受这样的崇拜;你这张照片即使不是阴郁的,至少也是郁闷的,它绝不能反映你那可爱的、迷人的、甜蜜的、好像专供亲吻的面庞。但是我把阳光晒坏的地方还原了,并且发现,我的眼睛虽然为灯光和烟草所损坏,但仍能不仅在梦中,甚至不在梦中也在描绘形象。你好像真的在我的面前,我衷心珍爱你,自顶至踵的吻你,跪倒在你的跟前,叹息着说:"我爱您,夫人!"事实上,我对你的爱情胜过威尼斯的摩尔人的爱情。撒谎和空虚的世界对人的看法也是虚伪而表面的。无数诽谤我、污蔑我的敌人中有谁曾骂过我适合在某个二流戏院扮演头等情人的角色呢?但事实如此。要是这些坏蛋稍微有点幽默的话,他们会在一边画上"生产关系和交换关系",另一边画上我拜倒在你的脚前。请看看这幅画,再看看那幅画——他们会题上这么一句。但是这些坏蛋是笨蛋,而且将永远是笨蛋。

暂时的别离是有益的,因为经常的接触会显得单调,从而使事物间的差别消失。甚至宝塔在近处也显得不那么高,而日常生活琐事接触密了就会过度地胀大。热情也是如此。日常的习惯由于亲近会完全吸引住一个人而表现为热情,只要它的直接对象在视野中消失,它也就不再存在。深挚的热情由于它的对象的亲近会表现为日常的习惯,而在别离的魔术般的影响下会壮大起来并重新具有它固有的力量。我的爱情是如此。只要我们一为空间所分隔，我就立即明白，时间之于我的爱情正如阳光雨露之于植物——使其滋长。我对你的爱情，只要你远离我身边，就会显出自己是一个真正的人，因为我感到了一种强烈的热情。现在的教养和教育带给我们的复杂性以及使我们对一切主客观印象都不相信和怀疑主义，只能使我们变得渺小、孱弱、啰唆和优柔寡断。然而爱情，不是对费尔巴哈的“人”的爱，不是对摩莱肖特的“物质的交换”的爱，不是对无产阶级的爱，而是对亲爱的你的爱，使一个人成为真正意义的人。

诚然，世间有许多女人，而且有些非常美丽。但是哪里还能找到一副容颜，它的每一个线条，甚至每一处皱纹，能引起我的生命中的最强烈而美好的回忆？甚至我的无限的悲痛，我的无可挽回的损失，我都能从你的可爱的容颜中看出，而当我遍吻你那亲爱的面庞的时候，我也就能克制这种悲痛。“在她的拥抱中埋葬，因她的亲吻而复活”，这正是你的拥抱和亲吻。我既不需发婆罗门和毕达哥拉斯的转生学说，也不需要基督教的复活学说。

再见，我的亲爱的，千万次地吻你和孩子们。

（节选自《马克思全集》第29卷）

幸亏有你

布稀奇

妻最爱说这句话：幸亏有你。这也是我最爱听的话，每次听了，心里都犹如灌进了蜜，那个甜哪！

我十岁前生活在奶奶身边。那是个大家庭，寄人篱下的感觉让我凡事都隐忍退让，渐渐形成自卑退缩的性格，及至成年也没有大的改观。待到谈婚论嫁，这种性格就成了严重的阻碍。我倒不急，从小孤独惯了，但父母很急迫。我明白，他们是想尽力弥补我童年缺失的关爱。

与她见面是在春日的午后，父母一再叮嘱让我务必主动些。见面了，她是我心中喜欢的那种女孩，娇小，恬静，略带羞怯。我们聊了一会儿，出门时，天飘起了雨。我随身带着把折叠伞，可不知该把伞给她还是送她回去。我犹疑着撑开伞，淡蓝色的伞面在初春的新绿中充满了诗意。然后，我心潮澎湃地听到她由衷地赞叹：“呀，幸亏有你，不然我们都要淋雨啦。”那一刻，我全身如涨满风的帆，充满了力量、勇气和快乐，这是我三十年来从未有过的感觉。那一刻，我认定身旁这位弱柳扶风般的女孩就是需要我呵护一生的知心爱人。

那日,我一路殷勤地把她送回家。往回走时才发觉,雨,丝丝缕缕若有若无,完全不必打伞。后来,她成了我的妻。说起那天相亲,妻常常很感动地说:“你对我真好,你看,那么小的雨,你还送我回家,多宝贝我啊!”我张张嘴,想说,其实是你那句“幸亏有你”给了我勇气和信心,但看着妻深情的目光,我没有说,只回以一个紧紧的拥抱。妻很享受我的拥抱,每次都娇羞得红了脸,愈发妩媚动人。

其实,我只是个普通的小职员,薪水微薄,收入不抵妻的二分之一,可童年带来的阴郁性格并没有延伸进我的婚姻里。大家都说我婚后像变了个人,阳光了,积极了。是啊,我还能再自卑吗?家里有一个超级崇拜我的“粉丝”呢。比如,自来水龙头坏了,我买了新的换上,妻就会大惊小怪地夸:“哎呀,幸亏有你,不然我们家不发大水了吗?”比如,电闸跳了,我换了个保险丝,妻又会咋咋呼呼地嚷:“嘿,幸亏有你,不然整个单元的住户都要摸黑做饭了。”再比如,一家人出去玩,回来时,走在昏暗的小树林里,妻总会一手牵着儿子一手攥紧我的手,危言耸听地说:“幸亏有你,不然出个色狼可完了。”这些芝麻一样不起眼的小事,搁任何男人身上都能办得到,甚至办得更好。就像那次,妻的单位发了几箱水果、饮料,别家男人都是开车去接的,连人带物一起载回。我的两轮电动载了物就不能载人,结果,我只好独自先行,妻坐地铁乘公交好晚才到家。为这,我很有理由心酸一下的,不为自己,就算为妻也应该。但,妻到家后的第一句话就是:“呵,幸亏有你,不然这些东西我可运不回来。”一句话,如十二级飓风,瞬间就把我那点刚刚冒出的自卑小草连根拔起,吹得无影无踪了。

其实,妻是一家宾馆的大堂经理,手下管理着三十几号人。一次,我去妻的单位办事,碰巧看到了妻的工作状态。那种气定神闲、指挥若定的气势,全然不是在家时的小女人做派。年终,妻的单位搞联谊,我作为家属出席,尤其感到领导对妻的器重。晚上回家后,我借着微醺的酒意,酸酸地说:“原来我夫人这么能干。”妻的脸红扑扑的,晶亮的眸子闪着动人的光。妻说:“幸亏有你啊,不然我哪能做到呢?”这次,我有些不以为然。妻拉我来到阳台,月光下,妻娓娓地叙述了她的心路历程。

原来,妻以前因身材瘦小,容貌普通,性格又羞怯,活得一点也不自信。自从与我相识后,从我温暖的眼神中,从每一次争执时我的宽容中,从我夜里轻轻为她掖过的被角中,从我为家庭任劳任怨、尽心尽力中……她看到了我对她的无限深爱,而我的爱让她底气十足。妻说,世间女子无论贫富美丑,唯有人宠着的女子才是最幸福的。

幸亏有你,原来是我们的真爱开出的最神奇美丽的七色花啊!

(选自《山西青年·新晋商》2010年第3期)

你不能没有家

梁 衡

(一)

近读一篇谈烈士后代赵一曼之子境遇的文章,暗吃一惊,阴影在胸挥之不去,并生出许多关于家的联想。

赵一曼受命到东北领导抗日工作时,孩子才出生不久。我们现在能看到的是烈士抱着孩子的那幅照片和那个著名的"遗言":

宁儿:母亲于你没有尽到教育的责任,实在是遗憾的事情。……希望你,宁儿啊,赶快成人,来安慰你地下的母亲!

但是宁儿,就是后来的陈掖贤,成长情况并不理想。因母亲离开之后父亲又受共产国际派遣到国外工作,陈只好寄养在伯父家,他稍大一点,总有寄人篱下之感,性格内向,常郁郁不乐。解放后,生父回国,但已另有妻室,他也未能融进这个新家。陈的姑姑陈宗英(任弼时爱人)找到他,送他到人民大学外交系读书。但毕业后却未能从事外交工作,原因说来有点可笑,只因个人卫生太差,不修边幅,甚至蓬头垢面。他被分配到一所学校教书。在以后的工作中,应该说组织上对这位烈士子女还是多有照顾,但他有一个令人难以置信的致命的弱点:自己管理不了自己的个人卫生和每月几十元的工资。屋内被子从来不叠,烟蒂遍地。钱总是上半月大花,后半月借债。组织上只好派人与之同住一屋,帮助整理卫生,并帮管开支。后来甚至到了这种程度:每月工资发下,代管者先替他还债,再买饭票,再分成四份零花钱,每周给一份。但仍是管不住,他竟把饭票又兑成现钱去喝酒。一次他四五天未露面,原来是没钱吃饭,饿在床上不能动了。婚姻也不理想,结了离,离了又复,家事常吵吵闹闹,最后的结局是自缢身亡。这真是一个让人心酸的故事。

陈掖贤血统不是不好,烈士后代;组织上也不是不关照,可谓无微不至;

本人智力也不差,教学工作还颇受称道。但为何竟是这样的下场呢?是最基本的生存能力、生活能力过不了关!而这个能力又不是学校、社会、组织上能包办的,它只有从小教育,而且只有通过家庭教育才能得到。赵一曼烈士在遗书中已经预感到这种没有尽到教育责任的遗憾。这种情况如果烈士九泉之下有知,一颗母爱之心不知又会受怎样的煎熬。

(二)

一个人品德和能力的养成有三个来源,学校的知识灌输、社会的实践磨炼和家庭的熏陶培养。家庭是这链条上的第一环。人一落地是一张白纸,先由家庭教育来定底色。家庭教育与学校、社会教育最大的不同是:无条件的“爱”,以爱来暖化孩子,煨弯、定型。学校教育有前提,讲纪律、讲成绩;社会教育有前提,讲原则,讲利害。家庭里的爱,特别是母爱是没有原则和前提的,爱就前提,是铺天盖地、大包大容的爱。这种博大、包容的爱比社会上同志、朋友式的爱至少多出两个特点。

一是绝对的负责。父母的一切行为动机都是为了孩子,没有隔阂、猜疑,不计教育成本。大人是以牺牲自己的心态来呵护孩子,就像一只老母鸡硬是要用自己的体温把一颗冰冷的蛋焐成一只小鸡,并且一直保护到它独立。我们经常看到一个小孩子不吃饭,父母会追着哄着去喂饭;不加衣服,父母追着去给他添衣。有不懂事的孩子说:“我不吃难道你饿呀?”确实,父母肚子不饿,但心中疼。同时又因为有了这种无私的负责的态度,才敢进行最彻底的教育,不必保留,不用多心,坚决引导孩子向最好的标准看齐,随时涤除他哪怕是最小的毛病,甚至用打骂的手段,所谓打是亲骂是爱。我们常有这样的体会,在成人社交场合看到某人吃相不雅,举止太俗时,就暗说:家教不好。但说归说,这时谁也不肯去行教育责任,指破他的缺点了。因身份不便,顾虑太多。皇帝的新衣只有在皇帝小时候由他妈去说破,既已成帝,谁还敢言呢?有些毛病必须在家庭教育中去克服,有些习惯必须在家庭环境中去培养,错过这个环境、氛围,永难再补。

二是无微不至的关怀。因为有了动机上的无私、负责,才会有效果上的无微不至。孩子彻底生活在一个自由王国中,他所有的潜能都可得到淋漓尽致地发挥,就像一颗种子,在春季里,要阳光有阳光,要温度有温度,要水分有水分,尽情地发芽扎根。孩子有什么想法不会看人脸色而止步,不会自我束缚而罢休。甚至撒娇、恶作剧也是一种天性的舒展。这样,他的全部天才基因都会完整地保留下来,将来随着外部条件的到来,就可能长成这样那样的大家、人才，甚至伟人。但是一进入社会教育，哪怕是最初的幼儿园教育都是某种程度的修理、裁剪、规范统一，是规范教育，不是舒展教育、创造教育。家庭教育中的无微不至、充分自由、潜移默化将一去不再。这就是为什么很多孩子一说去幼儿园就大哭不止。当然，人总得从家庭教育升到学校教育阶段，但绝不能缺少家庭教育。

其实，家庭给人的温暖和关爱，以及由此产生的特殊的教育作用还不止于孩童阶段，它将一直伴随到人的终生。表现为夫妻间、兄弟姐妹间、子女与老人间的坦诚指错、批评、交流、开导、帮助等，这都是任何社会集体里所办不到的。我们细想一下，一个人成家之后在亲人面前又不知改了多少缺点，得到多少鼓励，学到了多少东西。因为家庭成员的合作克服了多少生活及事业上的难题。现在社会上有很多继续教育机构，但常忽略了这个终身家庭教育机构，一个独身的人或寄人篱下的人将失去多少继续教育的机会。这么想来，人真的不能没有个家。

马克思说，人是各种社会关系的总和。当一个人少了最基本的社会关系——家庭关系，少了家庭教育、家庭温暖，他至少不是一个完整的社会人，不是一个很幸福的人。佛教哲学讲结缘。在人生的众多缘分中，情缘是最基本的，因情缘而进一步结成家庭就有了血缘，进而使民族、社会得到延续。一个人没有爱过人或被人爱，就少了一大缘，是一悲哀；有爱而无家，又少了第二大缘，又是一悲哀。一个社会如果没有家庭这个细胞，它将无缘发展。虽然，曾有志士仁人说过："匈奴不灭，何以家为"的壮语，但那是特殊情况，甘愿牺牲小家为了天下人都能有一个安定的家。辛亥革命烈士林觉民牺牲前在其著名的《与妻书》中说"充吾爱汝之心，助天下人爱其所爱，所以敢先汝而死"。赵一曼烈士对儿子说"你长大成人后，希望不要忘记你的母亲是为祖国而牺牲的"。乱世舍小家是为救国家；盛世则要思和小家而固大家。历史上也确实有过放大无家思想的实验，但都以失败告终。如太平天国，分成男营、女营，夫妻不得团聚；人民公社搞大食堂，取消小家庭的温馨；"文革"前的干部分配制度造成千万个家庭的两地分居。近读一则资料，1930年国民党"立法院"甚至讨论过要不要家庭的问题。可见任何政党都有过左的行为，当然都成了历史的泡沫。最新的一份社会调查显示，人们对幸福指数的认同要素，第一是经济，第二是健康，第三是家庭，然后才是职业、社会、环境等。现在出现的老人空巢家庭，农村留守儿童，都是变革中我们不愿看到的"家"字牌悲剧。但有三分奈何，谁愿作无家之人？恩格斯说家庭就像一个苹果，切掉一半就不再是苹果。独身、单亲、离异、留守、空巢、无子女都不能算是一个完善的家庭。当年林则徐说烟若不禁,政府将无可充之银、可征之丁。如果都由这样的家庭组成社会,国家将无可育之才、可用之才。社会要增加多少本该可在家庭圈子里消化的矛盾。《西厢记》说,愿天下有情人终成眷属,我则为天下计,愿情缘血缘总相续,小家大家皆欢喜。

(选自《人人皆可为国王——梁衡散文精读》,复旦大学出版社,2009年)

✻名言荟萃

1. 二人同心,其利断金;同心之言,其臭如兰。(《周易》)
2. 同声相应,同气相求。(《周易》)
3. 关关雎鸠,在河之洲。窈窕淑女,君子好逑。(《诗经·关雎》)
4. 死生契阔,与子成悦;执子之手,与子偕老。(《诗经·邶风》)
5. 事父母,能竭其力。(《论语》)
6. 益者三友,损者三友。友直,友谅,友多闻,益矣。友便辟,友柔善,友便佞,损矣。(《论语》)
7. 孟子曰:"亲亲,仁也;敬长,义也。"(《孟子》)
8. 惟孝顺父母,可以解忧。(《孟子》)
9. 不得乎亲,不可以为人;不顺乎亲,不可以为子。(《孟子》)
10. 老吾老以及人之老,幼吾幼以及人之幼。(《孟子》)
11. 君子之交如水,小人之接如醴。(《礼记》)
12. 爱亲者,不敢恶于人;敬亲者,不敢慢于人。(《孝经》)
13. 父母者,人之本也。(司马迁)
14. 山无陵,江水为竭,冬雷震震,夏雨雪,天地合,乃敢与君绝。(无名氏:《上邪》)
15. 士为知己者死,女为悦己者容。(刘向)

16. 朋而不心，面朋也；友而不心，面友也。（扬雄）
17. 贫贱之交不可忘，糟糠之妻不下堂。（班固）
18. 慈母手中线，游子身上衣。临行密密缝，意恐迟迟归。谁言寸草心，报得三春晖。（孟郊）
19. 两情若是久长时，又岂在朝朝暮暮。（秦观）
20. 两性相爱，是人生最重要的部分。应该保持他的自由、神圣、崇高，不可强制他、侮辱他，污蔑他、屈抑他，使他在人间社会丧失了优美的价值。（李大钊）
21. 互敬互信互学互助互爱互让互勉互谅。（周恩来）
22. 友情是生命中的一盏明灯，离开它，生命就没有光彩，离开它，生命就不会开花结果。（巴金）
23. 真正的爱就要把疯狂的或是近于淫荡的东西赶得远远的。（〔古希腊〕柏拉图）
24. 它（爱情）叫懦夫变得大胆，却叫勇士变成懦夫。（〔英〕莎士比亚）
25. 友谊的一大奇特作用是：如果你把快乐告诉一个朋友，你将得到两个快乐；而如果你把忧愁向一个朋友倾吐，你将被分掉一半忧愁。（〔英〕培根）
26. 真正的爱情能够鼓舞人，唤醒他内心沉睡着的力量和潜藏着的才能。（〔意〕薄迦丘）
27. 人生离不开友谊，但要得到真正的友谊才是不容易；友谊总需要忠诚去播种，用热情去灌溉，用原则去培养，用谅解去护理。（〔德〕马克思）
28. 尊重是一道栅栏，既保护着父母，也保护着子女，使父母不用忧愁，使子女不用悔恨。（〔法〕巴尔扎克）
29. 真正的朋友不把友谊挂在口上，他们并不为了友谊而互相要求一点什么，而是彼此为对方做一切办得到的事。（〔俄〕别林斯基）
30. 真正的朋友应该说真话，不管那话多么尖锐。（〔苏联〕奥斯特洛夫斯基）

第三部分　实践体验

一、亲情

1. 感受亲情

(1) 知道爸爸、妈妈生日的同学请举手!

(2) 知道爷爷、奶奶生日的请举手!

(3) 能主动帮家长干些力所能及的家务活的请举手!

(4) 能主动为自己的亲人购买生日礼物的请举手!

同学们,关爱亲人,不能光停留在口头上,要从心里去关爱,要体现在行动上! 想一想,长辈对我们付出了多少关爱,付出了多少真情! 我们呢? 我们该做些什么呢?

2. 理解亲情

第一步:写下五个你最爱的人的名字

第二步:划去第一个亲人,划去了谁,谁就不会存在了!

第三步:划去第二个亲人,划去了谁,谁就不会存在了!

第四步:……

3. 传递亲情

把现在的感受记录下来,并将它寄给您的亲人,告诉他们在你心中的重要位置。

二、爱情

1. 感受爱情:请欣赏歌曲《最浪漫的事》

背靠着背坐在地毯上
听听音乐聊聊愿望
你希望我越来越温柔
我希望你放我在心上
你说想送我个浪漫的梦想
谢谢我带你找到天堂
哪怕用一辈子才能完成
只要我讲你就记住不忘

我能想到最浪漫的事
就是和你一起慢慢变老
一路上收藏点点滴滴的欢笑
留到以后坐着摇椅慢慢聊
我能想到最浪漫的事
就是和你一起慢慢变老
直到我们老得哪儿也去不了
你还依然把我当成手心里的宝

2. 理解爱情:品读《最浪漫的事》,谈谈何谓爱情。

3. 传递爱情:寄一封信给自己未来的他(她),写下你对他(她)的爱情誓言。

三、友情

1. 感受友情:请列出你的择友标准(越详细越好)。

提示:详细的择友标准是你对于朋友最初的理解。

2. 理解友情:根据你的择友标准,请在班上找到最匹配的那位朋友。

提示:在选择朋友的时候,你忽略的内容是你择友的次要标准,你保留的是你择友的主要标准。但是选择会让你明白,择友比你想象的要难。

3. 传递友情:请告诉你的挚友,今天发生的故事。

提示:在这个游戏中,每个人肯定都会以自己的前好友作为参考标准。请把今天的事情告诉“那个他(她)”。这是理解择友标准的升级,也是传递友谊的最好方式。

第五单元 审 美 世 界

第一部分 主题解读

美是大自然的呈现，是人类的创造，是一种感觉和认知，是一种体验和心态，令人赏心悦目，让人如痴如醉。在我们的世界里，美无处不在。求真、向善和审美，是人类精神的永恒追求，是人生积极的生活态度，是社会发展、繁荣进步的主要标志之一。

一、审 美 概 述

审美是人们对事物的美丑作出评判的一个主观心理过程。法国艺术家罗丹说："生活中不是缺少美，而是缺少发现。"美是客观存在的，是否能够发现美，取决于我们是否具有审美能力。而审美能力的高低强弱具有一定的个性特点，也在一定程度上受到环境因素的影响。

审美的范围极其广泛，审美的需求也存在于我们生活的各个层面。在现代文明中，美已经延伸到人类生活的各个方面，从建筑、服装、居室、用品、城市规划、田园设计，到路上的行人、餐馆的菜肴、街边的风景、雨中的心情。无论是文学艺术还是科学技术，无不是审美的对象，无不具有审美的价值。学习审美，目的是提高人的精神境界、培育爱美的情感和审美鉴赏能力，以丰富我们的精神、提高生活品质，促进与实现自身的全面发展。

（一）美是人性的和谐

马克思主义认为，人性即是人的本质，而"人的本质不是单个人所固有的抽象物，在其现实性上，它是一切社会关系的总和"。因此，要拥有和谐的人性，就必须处理好人与自然、人与社会、人与内心的关系，三者的完美统一，就是人性和谐之美的反映。人与自然的命运紧密交织在一起，大自然提供了明媚的阳光，新鲜的空气和清洁的水，是人类生存最基本的物质条件。

随着科技的发展，人们学会了利用环境、改造环境，使自然更好地为人类造福，同时我们也要热爱自然，崇尚自然，与自然和谐相处。人是社会的产物，人与社会相容和谐，才能展现生命的尊严和创造的力量。人对社会的价值首先取决于人的感情、思想和行动对增进人类利益有多大作用。美是人性内在美与外在美的和谐统一，美好的理想是人的精神支柱，美好的生活要靠辛勤的劳动去创造。要成为生活的主人，我们要拥有积极的生活态度，健康的心理品质，宽容大度的胸怀，对真善美的内心追求，就能谱写人性和谐的美好篇章，才能有美的创造和美的生活，享受幸福美好的生活。

（二）美是心灵的体验

美是人类实践的产物，是客观事物在心中激发的愉悦情感。体验是一种生命活动的过程，是由人主动自觉的能动意识来推动的，美需要人内心的体验。人的心理活动是相当复杂的，通过美的体验，我们就能获得对生命价值的肯定。对客体世界的认知和把握，通过大脑机能的作用，感知、理解、想象、联想、情感等活动此起彼伏、相互联系、彼此促进，从而形成审美的心理机制。

审美的心理体验是对形象的直觉的把握，也就是对一个物体在大脑中呈现出来的形象的直接把握，而不是经由抽象概念进行间接感知的结果。事实上，所谓形象不仅指审美对象本身的形状和现象，也是在审美主体的性格和情趣的影响下发生变化的形状和现象。事实上，美就根植在我们内心世界，你感受到什么，体验到什么，你就收获到什么。大自然的鬼斧神工，人类的精神与物质的创造，人间的真情友爱，日新月异的科技发展……，都是审美的对象，都给人们提供美的享受。体验美需要心境，境由心造，美由心生。特别的事物固然美，平凡的事物在特定的心境下也会释放出美的光彩。我们只要有一双善于发现美的眼睛和善于感知美的心灵，就会发现美无处不在。

（三）美是发展的需要

审美能力是人的基本素质之一，是快乐生活，积极生活的保证。对美的追求是人类的天性，审美是人类必不可少的精神需求。因为美的本质是人的意识和事物的属性相互作用的产物，所以，审美不仅可以愉悦自己，而且更是完善和发展自己的需要。美潜藏于万事万物中，潜藏于有形无形的世界里，所以我们要学习审美。要学会审美，就是学会取舍，学会发现，以丰富自己的物质生活和精神生活，使自己的人生得到充实和提升。

二、自然美、艺术美、科技美和社会美

美的形态纷繁复杂,美可分为不同的种类和形态,不同的种类形态又总是彼此渗透和相互交融。一般可以划分为自然美、艺术美、科技美、社会美等基本类型。自然美是自然事物与人的审美心理相契合后生发的美感;艺术美是指艺术品所蕴藏和显现的美;科技美是指随着现代工业革命而产生的一种将美学应用于科学技术和物质文明的新型艺术美。社会美,是指存在于社会事物、社会生活和社会现象中的美。

(一) 自然美

自然界不仅为人类提供赖以生存和发展的物质环境,也为人类的审美活动提供了基本源泉。丰子恺说:"自然是美的源泉。"虽然自然之美无处不在,无时不有,但随着现代生活节奏的加速,对自然之美的欣赏往往被影视、网络环境所淹没,只要走出虚拟的世界,就会觉得自然之美弥足珍贵。

1. 自然美的属性

自然美的对象是进入人类审美范围的自然事物和自然现象,如日月星辰、风雨雷电、花草树木、鸟兽虫鱼、山川河流、奇岩险峰、钱塘潮涨、庐山烟霞等等,都带给人类丰富多彩的美的享受。自然美作为一种独特的美的形式,具有以下几点独特属性。

第一,鲜明的自然性。自然物的美学特征都与其自然属性和运动变化规律相关,只有在具备相应的客观条件,或其运动变化状态符合美的规律时,才能展现出相应的美感。如钱塘怒潮、峨嵋佛光、蓬莱海市、黄山云海等自然美景的出现,都与各自的条件或规律密切相关。即使是经过人类加工改造而显现的自然美,如春华秋实、花开花谢等,也要在符合自然物的生长、发展规律的条件下才能表现出来。

第二,侧重于形式美。与重在内容的社会美,内容和形式并重的艺术美相比较,自然美更侧重于形式。自然美的内容朦胧、宽泛、缺乏确定性,但它的形式却清晰而鲜明、具体而生动。自然物往往以它鲜艳的色彩、悦耳的音响、生机盎然的姿态等感性形式直接唤起人的美感。色彩斑斓的蝴蝶虽是害虫却让人喜爱,火山爆发时的雄姿站在安全地带观赏仍不失其美。审美实践证明,大自然的形式美因素,总是占有特别重要的地位。

第三,具有多面性和变异性。自然美具有多层次、多侧面的特征。同一自然物从不同的角度、不同的距离去欣赏,往往会得到不同的美感,所谓"横

看成岭侧成峰，远近高低各不同”。自然美的多面性还表现在很难以一字穷其全貌，大多是各种形态的美的综合体。如著名的自然风景区武陵源，就集雄奇、诡谲、秀逸、幽深、险峻、妩媚、狂狷等多方面的美学特征于一身。自然美还具有变幻不居的特征。同一自然物随着季节与天气的变化，呈现出不同形态的美。同一自然物在与人的社会生活产生不同联系时，也给人以不同的感受。例如人遇野生老虎会感到凶残恐怖，而观赏豢养的老虎却赏心悦目。

2. 自然美的表现形态

自然美的表现形态是指自然美存在的各种形式和种类。自然美拥有繁多的种类，呈现出多种形态。从自然属性上划分，包括天体美、气象美、山水美、海洋美、动物美、植物美、矿物美、岩洞美、瀑布美、潮汐美等等。随着社会生产力水平不断提高，人类对自然界的认识不断加深，审美视野可以延伸至深不可测的海底世界、人迹罕至的南极大陆乃至神奇无际的茫茫太空，自然美的形态在日益丰富和不断扩展。可以说，在人类审美实践的范围内，有多少种自然事物、自然景观，就有多少种自然美的形态。

从人类的实践活动与自然界的关系来划分，自然美又可分成三类不同的情况：

第一类是未经人类加工改造的自然美，是天然的、原始形态的自然美。如日月星辰、雷电雨雪、江河湖海、野生动物、原始森林等，虽然没有直接打上人类意志的烙印，但在社会实践的基础上，为人类的智慧所认识，成为人类精神活动的对象。

第二类是经过人类生产劳动加工改造的自然美。如防护林带、豢养的禽兽、麦浪滚滚的田野、碧波荡漾的水库等。这类自然物和自然景观是人类依据自然发展变化的规律，通过生产劳动适当加工或创造出的自然美，人能够在其中“直观自身”，获得审美愉悦。

第三类是经过人类艺术劳动加工、改造的自然美。如姿态各异的盆景、匠心独具的园林、整修一新的山水等。这类自然物和自然景观是人们为了满足精神需要和审美享受，对其进行艺术化的加工、改造，使美感因素得到更加典型集中地呈现的自然美。这种自然美融入了人文美、艺术美，但主体仍是自然事物、自然景观，所以是一种艺术化的自然美。

（二）艺术美

艺术美是指艺术品所蕴藏和显现的美。艺术作品主要指文学、影视、戏剧、音乐、舞蹈、书法、绘画、雕塑、工艺等。但不是所有的艺术作品都有艺术美,只有反映真、符合善、表现美的艺术才具有艺术美。艺术美是真、善、美在艺术作品中的统一。

1. 艺术美的特征

首先是典型性。任何艺术品总要通过具体可感的形象来表达和反映它的内容,并产生影响和发挥作用。具有艺术美的艺术品的形象,既有鲜明独特的个性,又能反映一定社会本质的某些方面,并寄寓着艺术家的审美理想和审美情感,即其形象具有典型性。毛泽东曾指出:"文艺作品中反映出来的生活却可以而且应该比普通的社会生活更高,更强烈,更有集中性,更典型、更理想,因此就更带普遍性。"因此,艺术的典型性是艺术美的重要标志。艺术美的高低是由艺术典型性的高低来决定的。艺术品的典型性越高,就越是显得美。

其二是协调性。除了典型性外,艺术品还要具有协调性。协调性主要表现在两个"统一",即内容和形式的统一,表现和再现的统一。前者要求用美的形式表现真实的生活内容,后者要求艺术家主观感情的表现与客观现实生活的统一。

其三是倾向性。任何艺术家都生活在一定的时代,一定的社会,一定的阶级、阶层或社会集团之中。他的利益、需要、意志、愿望都带有时代、社会、阶级的特征,他在创造艺术美时所流露出来的爱憎感情,就必然具有倾向性。只有以辩证唯物主义和历史唯物主义的立场、观点、方法去看待这一特征,才能保持清醒的头脑,得出公正的结论,提高欣赏、判断艺术美的能力。

理解并把握艺术美的这三个特征,有利于培养和提高我们艺术美的素质。

2. 艺术美的功能

艺术美是人类审美意识的集中体现,也是审美的主要途径。在当代生活中,随着文化水平的不断提高,人们对艺术美的兴趣越来越大。

艺术美具有以下四个方面的功能。

第一,具有满足情感需求的功能。情感的激发与传达是艺术最明显的功能之一。人类的情感需要表现或表达,艺术就是一种最恰当的表现和释放方式,它能充分自由地展示人类认识世界的情感力量,深刻地表现人类世界丰富多样的情感。更重要的是,艺术能将人的情感以一种合目的性、合规律性的方式有序地激发出来,将人类的心灵带入一种仪式化的活动过程当中,通过宣泄与体验,使情感系统、认知系统和意志系统和谐起来。无论是艺术创造还是艺术鉴赏,没有强烈的情感介入就无法进行。因此,情感性是艺术美的重要特征之一。

第二,具有建构人格、塑造个性的功能。艺术美能使人的灵魂受到净化和陶冶,从而使人格结构趋于完美。艺术品常常通过对个体性格历程的把握和塑造,表现人物深邃的灵魂和丰富的个性,并以理想人格模式对人们进行引导,将其心灵纳入一种理想的精神规范中。同时,艺术品对社会生活广阔而深刻地描述,也促使人们能对自己的精神世界进行反思,从而对自我人格进行扬弃和整合,追求高尚的人性。因此,十九世纪俄国杰出的革命民主主义思想家车尔尼雪夫斯基把艺术称作"人的生活教科书"。

第三,具有开启智慧的功能。艺术是社会生活的反映和艺术家思想感情的表现,任何艺术都离不开一定的社会生活历史,优秀的艺术品能够通过典型的艺术形象,真实地反映社会生活的某些本质和规律,揭示社会发展的趋势。人们通过欣赏艺术品,能够在感性层面激发、提高和发展感知能力、想象能力、直观洞察力和创造力,有助于提高对历史和人生的认识,提高观察生活与理解生活的能力。黑格尔曾指出:"实际上艺术是各民族最早的教师。"十九世纪法国伟大的批判现实主义作家巴尔扎克在《人间喜剧》中,广泛而深入地描写了19世纪前半期法国的社会生活:金钱统治一切,资产阶级以金钱为生活目标,用欺诈和暴力进行掠夺。恩格斯指出:"在《人间喜剧》里给我们提供了一部法国社会特别是巴黎上流社会的卓越的现实主义历史,他用编年史的方式几乎逐年把上升的资产阶级对贵族的冲击描绘出来……"并说他从《人间喜剧》中所学到的东西,甚至比从当时所有职业的历史学家、经济学家和统计学家那里学到的全部东西还要多。由此看来,优秀的艺术品在帮助人们认识生活现象、揭示生活真理、开启人的智慧方面的作用,是其他社会科学所不能替代的。

第四,具有提高人的审美能力的功能。艺术是人类审美活动的最高形式,艺术美是美的最高形态之一。从美学发展史来看,人的审美水平的提高离不开艺术美。艺术美是审美文化的核心与规范形态,对审美文化的发展起着主导性的作用,人类审美意识的完善和审美心理结构的建立,直接依赖于艺术精神的导引,依赖于艺术活动的哺育。艺术美能够培养人审美的态度。审美态度是主体审美活动赖以展开的前提和方式,这种态度并非天生具有,而是艺术哺育的结果。心理实验证实,9岁前的儿童,一般还不能以审美的态度对待艺术品,只有通过艺术教育和艺术美的熏陶,才能逐步学会以审美态度对待艺术品。同时,艺术所培养的这种审美态度,一旦牢固建立起来,就能弥散到人生中去,使生活艺术化,使人生成为审美人生。

(三)科技美

科技美,即科学技术所蕴含的美,产生于现代大工业革命的进程之中,是审美价值与科学技术的完美结合。科学美使人充满了激情、想象和创造力,充满了诱惑和魅力,是流淌着无限创造的源泉。科技美涉及与科学技术相联系的一切美的问题,有两个主要方面:一个是科学美,一个是技术美。从人类文明之始到欧洲文艺复兴运动,科学和美学在观念上是浑然一体的,文艺复兴时期的达·芬奇、歌德、笛卡尔以及法国百科全书派大师们,不仅是著名的科学家,他们还具有很高的美学造诣,同时具备对科学和美学的非凡感知力与创造力。爱因斯坦被认为"是科学家,更是科学的艺术家"。科学研究者一旦创造性地发现了自然界的内在规律和本质,理解了自然界完美的秩序性、和谐性、简约性与统一性,这种有机统一的自然图景同审美者对科学的热爱之情达到"情景交融"时,就会产生科学美感。

1. 科学美

美的事物被认为具有一种可感的形象性,而科学往往表现为某种抽象的公式、逻辑结论或理论体系,很少具有美的形象性,似乎无美可言。实际上,科学并不排斥对"美"的表现。著名美学家仇春霖说:"人们常说'以美导真,以美引善',其实真也可导美,善也可引美。"因此,科学不仅有认识功能,而且在这种认识功能里蕴含着它的审美价值和道德教育功能。科学美是客观存在的,正如杨振宁所说:"科学是美的,每个科学家都有这种感觉。"

(1) 科学美的特点

科学美是真与美的统一。科学理论在内容上正确、系统、新颖,形式上和谐、简单、一致。这不仅是出于科学家自身的审美要求,更是因其符合研究对象总的特点和规律。概括起来,科学美具有如下特征:

第一,真理性。科学以探索客观事物的发展规律为核心,体现了人类认识自然的本质力量,属于理性之美。

第二,和谐性。自然界在本质上体现为和谐、均衡、统一,而科学理论是自然界本身的和谐、均衡、统一在人们意识中的反映。凡是能表达自然的内在特征的理论都具有和谐美。例如,解析几何的美学价值在于把代数、几何和逻辑学有机地统一起来,牛顿力学的美学价值在于它把宏观运动统一起来,元素周期律把物质世界的元素井然有序地统一起来,生物进化论则把几百万种生物的起源统一起来。

第三,简约性。爱因斯坦认为,评价一个科学理论是否具有美的含义,是看其是否具备简约性。简约性可以使科学理论、定理、公式的简单形式与其深广的内涵达到统一，给人以美的感受。例如，爱因斯坦的质能关系公式 $E=MC^2$，深刻揭示了自然界微观、宏观、宇宙无数物质的质量和能量之间变化的规律，但形式非常简洁，具有很强的审美价值。黄金分割点更是科学美的典型代表。

第四，系统性。科学理论的系统性使人们在杂乱无章中看到内在的必然性规律之美。达尔文的进化论、门捷列夫的元素周期表，孟塞尔色立体等，都是科学美的系统性的典型代表。

（2）科学美的表现

科学美广泛存在于各门学科之中。科学美体现了自然物事的对称、简洁、简明和本质规律。科学美体现了自然和社会的规律、客观事物的位置乃至本质。科学美反映了和谐的自然律。不同门类的自然科学从不同侧面揭示自然界的内在秩序和奥秘，不仅告诉人类什么是真理，也展示了美的魅力所在。各类学科都有不同的美感，在这里我们以数学和物理学为例。

数学美是科学美的典型表现。数学中的美，不仅表现在数的美、形的美、比例的美，还表现在它的精确美、抽象美、逻辑美、简单美、符号美、和谐美、对称美、秩序美、统一美上。黄金分割是一个古老的数学命题和千古不变的定律，被著名天文学家开普勒称作"几何学中的一大宝藏"。这个比例被古希腊著名数学家欧几里德命名为"中外比"，其比值大约是 0.618。被推崇为美的化身的黄金分割在人体中的表现极为丰富，著名的爱神维纳斯与女神雅典娜的雕像下身与全身之比近于黄金分割。而如果用黄金分割法则观察世界，会惊奇地发现它存在于许多优美的事物之中。或者说，许多事物因为符合黄金比而变得优美。当人们认识到这一点后，黄金比被广泛地应用于社会生活之中，产生了巨大的影响。或者说，许多事物因为符合黄金比而变得优美。当人们认识到这一点后，黄金比被广泛地应用于社会生活之中，产生了巨大的影响。

作为描述自然界中物质基本结构和运动规律的一门学科，物理学之美也是随处可见。物理学庞大的知识体系，既遵循着各自的内在规律又相互联系，构成一个统一体。如牛顿力学几乎能描述所有宏观低速的运动，麦克斯韦方程把电、磁、光统一为电磁场理论，作为近代物理支柱的爱因斯坦相对论又把牛顿力学与麦克斯韦电磁场理论统一了起来。物质、能量、动量三大守恒定律更是物质世界和谐统一最完美的体现。我们可以接触到力、热、声、光、电、磁、原子核各个分科的物理内容。正是物理学的研究成果转化为一代科技，使今天的世界发生了惊人的变化。把古人嫦娥奔月的梦想变成阿波罗登月的现实。对声、光、电、磁的规律的认识,才创造了现代化的生产,丰富了现代化的生活。

2. 技术美

技术美是人类活动的精神结晶,它是工业时代的产物。技术美是与功能联系在一起的,是以有用性为前提的。随着生产力的提高,技术与审美产生了分离,物质产品中的审美因素大大降低。第二次世界大战后,技术美作为一门完全独立的新型学科,开始受到人们的重视。1957 年在瑞士日内瓦成立了国际技术美学协会,对于推动世界范围内的技术美的发展起到了十分重要的作用。

技术美的特征在于表现功能的力动性,这种力动性无论在动态产品或静态产品上都可以表现出来。高耸云天的铁塔把人的视线引向天空,也把人的精神提升到超越于现世的存在。横跨江河的大桥把两岸连接起来,使道路可以跨越障碍而延伸开来。在这些静止的直观形态展示出充满活力的外观。

对技术美的探索和运用具有重要的现实意义。一方面,人们对劳动产品自身有着不断增长的审美需要;另一方面,运用技术手段并按照审美要求对工作环境加以改造,可以大大提高工作效率。正因如此,技术美的重要性越来越受人们关注。产品设计和环境,都呈现出一种包括美学在内的多学科综合化的倾向,是一种功能设计与审美设计的结合,体现为多学科的融合。技术美涉及领域十分广泛,它不仅要研究现代工业产品设计中的美,还要研究人类生活或工作环境中的美。

产品美,即采用美化的方式设计和制作产品。著名科学家钱学森提出美学要为科学技术的产品设计和制造服务。现代设计进一步要求把技术设计和审美追求结合起来,不仅要考虑产品的功能,还要通过工艺技术手段体现出一定的社会审美观念,从而满足了人们的物质和精神需要。技术美主要体现在产品的材料、构造、外观造型等方面。材料是新技术开发的一个物质基础,它决定产品的内部结构和外观形式,并且使产品具有不同的风格和特点。汽车设计朝着整体化、流线型方向发展,大体经过了一个从箱形、甲虫形、船形、鱼形到楔形的过程,既是对使用目的的满足,也是对审美需要的满足。

技术环境美,即环境设计中的美化问题。通过技术的运用,创造出人与自然和谐、人与文化和谐的环境,从而大大提高生活和工作的品质。在高度工业化的社会里,人和环境的矛盾日益尖锐,人们希望优化和美化环境,在满足环境实用功能需要的基础上追求审美意义，让环境带来更多的想象空间和审美感受。随着社会经济的发展，生活水平的提高，人们对美的渴求会更加强烈。技术的发展与创新，更加注意与审美需求相结合，通过技术美打造人类更加美好的生活。

（四）社会美

社会美即人类社会生活的美。是美的具体表现形态之一。它来源于人类的社会实践，是社会实践的直接体现。

1. 社会美的特征

社会美的特征主要可概括为三方面。

第一，形式内容的统一性。对社会美而言，它重在内容美。社会美既要体现社会客观规律的历史必然性（真），又要反映出人对社会实践的需要、目的和尺度（善），是真与善的统一。社会美是人工创造的产物，以满足一定的社会需要和一定阶级、阶层利益为目的、具有明显的社会功利性。在真和善中，人们更注重善。社会美直接为一定社会、阶级的利益服务，因而体现为一种精神力量、思想面貌、道德风范，诉诸于人的思想和心灵。

第二，直接的现实性。社会美产生于社会生活并现实地存在着，是鲜活而生动的审美对象。这种直接现实性一方面产生着现实功利，一方面又受时空限制。现实功利使它产生社会效应，而时空限制，又使它不能充分满足人的审美需求，因而对社会美的观照，既应注意其现实效应，又必须讲究时效。

第三，明显的功利性。社会美明显的功利性，突出地表现为它内容的善。突出善，侧重内容美，必然突出实用功能。直接具有树立先进的理想、积极的生活态度、高尚的道德品质、顿悟人生真理、人生价值、激起生活激情等等功能。在物质生活领域的美，如劳动美、产品美、服饰美、饮食美、居室美、环境美等等，虽兼有实用和审美两种功能，但更强调实用功能，审美附属于实用。

2. 社会美的表现形式

社会美首先体现于人类改造自然和社会的历史过程中，同时也体现在人类社会实践的成果中。在征服自然，改造自然和变革社会的实践中，人的本质力量不断得到发挥，人类主体实践的巨大力量，如人的智慧，品德，意志，性格，创造力等得以充分展现。社会美可分为外在美和内在美两个方面：内在美包括人生观、理想、修养等，它需要通过外在的行为、语言、风度等形象表现出来；外在美主要是形式的美，它显现着内在美，但又具有相当独立性。在人的美中,内在美是更根本、更持久的美。外在美与内在美的和谐统一是社会美的最高形态。社会美与善密切相关,但不等同于善,它不具有直接的功利性,它把善变为个体高度自觉自由的行动,从而引发人们道德感,达到审美愉悦。

三、审美能力的培养

审美能力即是人们发现、感受、评价和欣赏美的能力,是人的道德修养、文化涵养、美学素养的综合体现,是个人取舍美的基础,是选择美的必要条件之一。在日常的生活中,人们对音乐、绘画、服饰、样式、形状、色彩、语言、动作等一切世间所能感知的事物的美的认识和判断,以及由此而产生的讨厌与喜欢、舍弃与保留,无不是审美能力在发挥着作用。

审美能力主要由审美感受力、审美鉴赏力和审美创造力构成。审美感受力是指通过审美感知获得对审美对象从形式到内容的直接把握和领悟,从而产生审美愉悦的一种能力,它是人的审美知觉、审美想象和审美领悟等多种能力的综合,是产生审美鉴赏力和审美创造力的基础和前提。审美鉴赏力是对审美对象的欣赏、鉴别、评价的能力。它帮助人们把一个审美对象同其它审美对象区别开来,甚至对它做出理性的评价。审美创造力是审美主体按照美的规律表现与创造美的能力,是审美活动的高级阶段,也是最为复杂的一种审美能力。审美能力是人们在长期审美实践活动中,逐渐获得并不断提高,审美能力的形成与发展,固然与人的生理素质的进化有关,但更重要的是人的审美实践。

大学生充满朝气,充满生机和希望;青春年华是人生中特别灿烂的时光;大学校园思想活跃,知识涌流,多姿多彩,是社会精神文明之园最欣欣向荣的芳草地,是大学生培养审美能力,提高自身综合素质的精神家园。我们要在成长中学习审美,学会审美,在审美活动中通过情感的交流,丰富的想象,驰骋的思维;感知美、欣赏美、享受美、创造美。从而培养提高我们的观察能力和思维能力,促进自己的和谐完美发展,更好地美化自我,创造美好的人生。

(一) 审美价值观

美是什么?这个问题有三个层次的含义:第一层次是审美对象,如西湖、泰山、故宫建筑、艺术品是美的,这仅指美的对象而言;第二层次是审美素质,如对称、和谐、秩序、节奏、韵律,黄金分割等等,都是具有美感的因素;

第三层次是美的本质,即美的根源所在,这取决于审美价值观,即受自己的意识支配,对所感受的客观对象作出的美丑、优劣、悲与喜的价值判断。价值观是人们对社会存在的反映,是社会成员用来评价行为、事物以及从各种可能的目标中选择合意目标的准则。审美的价值取向极大地影响着大学生的审美情趣。

马克思主义美学认为,美是具体的感性形象,能打动我们的感情,感染我们,令我们爱慕和愉悦;另一方面它又应当包含人类社会真与善相统一的内容。俄国的苏霍姆林斯基曾经讲过:“美是一种心灵的体操——它使我们精神正常、良心纯洁、情感和信念端正。”而审美情趣是审美主体在审美活动中对各类美的对象所表现出来的某种特定的情调趣味,我们应当培养正确的审美价值观。首先,应当树立真善美统一的社会价值观,以真为美,真诚做人,坦诚做事;以善为美,培养善良、无私、友善的品行;以内心的和谐为美,自尊自强、自律自爱、修身养性。在追求人格完善的审美实践中,追求心灵美,塑造行为美,讲究语言美,爱护环境美,体现自己的社会价值。其次,培养天人合一的自然审美观。崇尚自然,保护自然环境,与自然和谐相处。第三,培养良好的审美情趣。端正对美的认识,从细微做起,从平常做起,从点滴做起,有目标、有针对性地提高自身的审美能力、审美素质、审美情趣。

(二)如何培养审美能力

马克思说:“如果你想得到艺术的享受,那你就必须是一个有艺术修养的人。”美育活动将教会人们如何作诗,如何绘画,如何演奏,如何舞蹈,同时也就提高了我们的艺术修养。人们通过了解不同艺术门类和艺术形式,掌握其基本知识或技法,学会怎样欣赏、鉴别、品味和批评艺术作品,扩展自己的知识层面,成为知书达理、文明礼貌的观众和听众,成为懂得美的规律,并按照美的规律改造自己,成为全面而又和谐发展的人。

首先,提高审美感知力。对审美客体形象的整体把握能力就是审美感知力。运用感觉和知觉能力对审美对象的不同特征,即形状、色彩、光线和声响等要素作整体了解,并进行积极的选择、简化、比较、综合,构成一个“知觉完形”,形成感性认识,是审美活动的起点。敏锐的感知能力对鉴赏者来说是不可或缺的。审美感知力的强弱主要依赖后天培育,要培养能够感受“音乐的耳朵”和“形式美的眼睛”,必须要有一个对自然美和艺术美的长期细心体察、关注的过程,可以采取大量地、经常地接触文学艺术作品的方式进行,也可以通过大自然的陶冶来进行。审美个体既要动口、动手,更要动心、动脑,不断唤起新的审美欲望和兴趣,以逐步增强和深化对文学艺术作品的韵律、对称、节奏、均衡、变化等形式美的感知能力,与审美对象产生共鸣,从而达到更深广的境界。

第二,提高审美想象力。审美想象力是一种自由把握和创造新形式的能力。人们把生活中所见所闻以各种表象形式(听觉表象、视觉表象、触觉表象、运动表象等)储存在大脑中,构成了再造想象的原始素材。记忆表象的储存愈丰富,再造想象的世界就愈广阔绮丽。优秀的文学艺术作品总是努力以精确凝练的笔墨,概括尽可能丰富的生活内容,以有限的艺术形象造成以小见大、言简意赅、借形传神的效果,"微尘中有大千,刹那间见终古",使作品具有强劲的张力和延展力,激发起由此及彼的联想和想象,犹如一杯泉水冲泡的清茶,越品越有味。艺术创作的这一特性,决定了艺术鉴赏不可能一眼看穿、一蹴而就,而要通过作品的有限形象,捕捉和领会更为深远的内涵,即超越作品形象本身的"象外之形"、"弦外之音",以获得如见其人、如历其事、如临其境的会心一笑。想象是形象的,也是自由的,可以"思接千载"、"视通万里",不受现实的制约,不受时间和空间的限制。这种超越现实、跨越时空的审美想象,对于激活人的创造潜力,有着不可低估的重大作用。

第三,提高审美理解力。欣赏和理解任何一种艺术都要从形式入手,从了解各门艺术的不同特征和表现技巧入手。例如,欣赏文学,要从语言文字特征中体味作者对自然、社会和人生的态度与观念。欣赏舞蹈时,要从演员的舞姿、造型、表情中捕捉舞蹈者传递的信息和情感。欣赏绘画,则要注意观察画面的整体构图,以及色彩、光线和线条的效果,透过画面来找寻作品的内在意蕴。秦兵马俑雕塑群表现了"跃跃欲动"、"奋击百万"的气势;毕加索的画作《格尔尼卡》运用大幅度的扭曲变形、错位断裂等技巧,展示了侵略战争的残暴、恐怖、绝望、痛苦的情景,使观众对这种践踏生命的行径充满了愤慨之情……这些艺术品就像一面多棱镜,清晰地映照出人类自身的各个侧面。艺术家们把这一切都呈现在公众面前,使人们能够从中"看到自己的东西,自己的肉之肉,骨之骨"。

最后,提高审美鉴赏力。作为一种审美判断能力,鉴赏力是审美意识和审美能力的集中体现。鉴赏力的提高主要取决于两个方面,一是较高的知识水平和丰富的阅历,二要欣赏经典作品。因为文学艺术是美的高级形式,它以洗练的形式结构和视听形象,记录了人类生存状况和精神历程,寄寓着艺术家对生命情感的浓缩体验,给人以无穷的生命意蕴。按照"美的规律"创作的优秀文学艺术作品经得起时间的无情筛选。人们在判断、评价美与丑的东西时,需要一定的审美知识和能力,而时代精神、价值观念、民族特点、审美情趣等都会直接影响对作品的接受和理解。如果知识贫乏、人生阅历有限,就难以理解审美对象,难以辨别真与假、美与丑的东西,更难以达到愉悦舒心的审美境界。文学艺术作品的主导功能产生于情感语言,人们的欣赏水平在很大程度上也取决于他对审美对象的情感体验能力的大小。浮光掠影般翻阅文学作品,心不在焉地观看艺术表演,感情清冷平淡,不能产生心理共鸣,引发不了情感激动,能称得上真正的艺术欣赏吗?能得到美的享受吗?鉴赏力不是靠观赏中等作品而要靠观赏经典作品才能培养而成。马克思曾经盛赞巴尔扎克的《人间喜剧》,是"用诗情画意的镜子反映了整整一个时代",值得人们反复欣赏、揣摩和思考。在人生旅途的艰难跋涉中,文学艺术成了人们观照人生、激励人生的精神家园,在那里人们可以自由地徜徉,品味甜美的甘露,汲取沁人的精华,陶冶情操,升华品格,使自己成为一名能按照美的规律建构审美能力和创造才能的人。

(三)理性审美与美同行

爱因斯坦在《我的世界观》中说:"照亮我的道路,并不断给我新的勇气去愉快地正视生活的理想,是善,美和真……"我们正处在青春年华,在人生岁月里,青春是生命的春天,期待开垦,渴望成长;青春是人生的黎明,充满纯净,渴望美好,"爱美之心,人皆有之"。审美是一种精神与心智活动,要培养良好的审美情趣,应树立崇高的生活目标,培养广泛的爱好;主动参与和全身心地投入生活,去发现身边的美,感受美;在潜移默化中获得精神的成长。审美不仅帮助我们培养观察力、记忆力、注意力、提升想象力和思维能力,促进个性的和谐与完美;审美还是我们创新思维和创新能力的重要基础。

对美的追求是我们成长的需要,审美趣味是最具个性色彩、最能体现个性选择的精神空间。一个人如果缺乏审美素养,即使周围世界异彩纷呈,也会无动于衷,麻木不仁。但是,在当今社会转型期,多元文化给我们审美造成了激烈的冲突,使审美价值取向产生扭曲和偏离,使审美趣味趋于娱乐化、低俗化。因此,我们要对美的价值、美的真谛,对网络文化、短信文化、电影文化、街头文化等负面的东西有理性的审视、过滤和净化,要分辨美与丑的本质,在成长中形成积极向上,健康高尚的审美情趣,认识理解什么是真正的美,学会欣赏、追求和享受美的色彩、美的风景、美的服饰、美的仪态、美的行为,从而划清美与丑的界限,放弃打架斗殴、抽烟酗酒等不良行为,停止追求怪异的服饰到行举止,挣脱超前消费和网络游戏的束缚,从所谓看破红尘、懒惰颓废的消极状态中解脱出来。我们的完美内涵是由诸多因素构成的,我们的美体现在气质、性格、修养和言谈举止等各方面。我们的心灵是行为的主宰,行为却会表现人的心灵。青春的美不仅有外在的美,更重要的是内在的美,文明礼貌、谦虚谨慎、诚实守信,善良宽容,健康向上,才是青春美的主旋律。

第二部分 扩展阅读

美从何处寻

宗白华

"啊,诗从何处寻?
在细雨下,点碎落花声,
在微风里,飘来流水音,
在蓝空天末,摇摇欲坠的孤星!"(《流云小诗》)

"尽日寻春不见春,
芒鞋踏遍陇头云。
归来笑拈梅花嗅,
春在枝头已十分。"(宋罗大经:《鹤林玉露》中载某尼悟道诗)

诗和春都是美的化身,一是艺术的美,一是自然的美。我们都是从目观耳听的世界里寻得她的踪迹。某尼悟道诗大有禅意,好像是说"道不远人",不应该"道在迩而求诸远"。好像是说:"如果你在自己的心中找不到美,那么,你就没有地方可以发现美的踪迹。"

然而梅花仍是一个外界事物呀,大自然的一部分呀!你的心不是"在"自己的心的过程里,在感情、情绪、思维里找到美;而只是"通过"感觉、情绪、思维找到美,发现梅花里的美。美对于你的心,你的"美感"是客观的对象和存在。你如果要进一步认识她,你可以分析她的结构、形象、组成的各部分,得出"谐和"的规律、"节奏"的规律、表现的内容、丰富的启示,而不必顾到你自己的心的活动,你越能忘掉自我,忘掉你自己的情绪波动,思维起伏,你就越能够“漱涤万物，牢笼百态”（柳宗元语），你就会些像一面镜子，像托尔斯泰那样，照见了一个世界，丰富了自己，也丰富了文化。人们会感谢你的。

那么，你在自己的心里就找不到美了吗？我说，如果我们的心灵起伏万变，经常碰到情感的波涛，思想的矛盾，当我们身在其中时，恐怕尝到的是苦闷，而未必是美。只有莎士比亚或巴尔扎克把它形象化了，表现在文艺里，或是你自己手之舞之，足之蹈之，把你的欢乐表现在舞蹈的形象里，或把你的忧郁歌咏在有节奏的诗歌里，甚至于在你的平日的行动里、语言里。一句话，就是你的心要具体地表现在形象里，那时旁人会看见你的心灵的美，你自己也才真正的切实地具体地发现你的心里的美。除此以外，恐怕不容易吧！你的心可以发现美的对象（人生的，社会的，自然的），这“美”对于你是客观的存在，不以你的意志为转移（你的意志只能指使你的眼睛去看她，或不去看她，而不能改变她。你能训练你的眼睛深一层地去认识她，却不能动摇她。希腊伟大的艺术不因中古时代而减少它的光辉）。

宋朝某尼虽然似乎悟道，然而她的觉悟不够深，不够高，她不能发现整个宇宙已经盎然有春意。假使梅花枝上已经春满十分了，她在踏遍陇头云时是苦闷的、失望的。她把自己关在狭窄的心的圈子里了，只在自己的心里去找寻美的踪迹是不够的，是大有问题的。王羲之在《兰亭序》里说：“仰观宇宙之大，俯察品类之盛，所以游目骋怀，足以极视听之娱，信可乐也，”这是东晋大书法家在寻找美的踪迹。他的书法传达了自然的美和精神的美。不仅是大宇宙，小小的事物也不可忽视。诗人华滋沃斯曾经说过：“一朵微小的花对于我可以唤起不能用眼泪表达出的那样深的思想。”

达到这样的深入的美感，发见这样深度的美，是要在主观心理方面具有条件和准备的。我们的感情是要经过一番洗涤，克服了小己的私欲和利害计较。矿石商人仅只看到矿石的货币价值，而看不见矿石的美的特性。我们要把整个情绪和思想改造一下，移动了方向，才能面对美的形象，把美如实地和深入地反映到心里来，再把它放射出去，凭借物质创造形象给表达出来，才成为艺术。中国古代曾有人把这个过程唤做“移人之情”或“移我情”。琴曲《伯牙水仙操》的序上说：

“伯牙学琴于成连，三年而成。至于精神寂寞，情之专一，未能得也。成连曰：‘吾之学不能移人之情，吾师有方子春在东海中。’乃赉粮从之，至蓬莱山，留伯牙曰：‘吾将迎吾师！’划船而去，旬日不返。伯牙心悲，延颈四望，但闻海水汩波，山林窅冥，群鸟悲号。仰天叹曰：‘先生将移我情！’乃援操而作歌云：‘繄洞庭兮流斯护，舟楫逝兮仙不还，移形素兮蓬莱山，歍钦伤宫仙不还。’”

伯牙由于在孤寂中受到大自然强烈的震撼，生活上的异常遭遇，整个心境受了洗涤和改造，才达到艺术的最深体会，把握到音乐的创造性的旋律，完成他的美的感受和创造。这个“移情说”比起德国美学家栗卜斯的“情感移入论”似乎还要深刻些，因为它说出现实生活中的体验和改造是“移情”的基础呀！并且“移易”和“移入”是不同的。

这里我所说的“移情”应当是我们审美的心理方面的积极因素和条件，而美学家所说的“心理距离”、“静观”，则构成审美的消极条件。女子郭六芳有一首诗《舟还长沙》说得好：

“侬家家住两湖东，十二珠帘夕照红，今日忽从江上望，始知家在画图中。”

自己住在现实生活里，没有能够把握它的美的形象。等到自己对自己的日常生活有相当的距离，从远处来看，才发现家在画图中，溶在自然的一片美的形象里。

但是在这主观心理条件之外，也还需要客观的物的方面的条件。在这里是那夕照的红和十二珠帘的具有节奏与和谐的形象。宋人陈简斋的海棠诗云：“隔帘花叶有辉光”。帘子造成了距离，同时它的线文的节奏也更能把帘外的花叶纳进美的形象，增强了它的光辉闪灼，呈显出生命的华美，就像一段欢愉生活嵌在素朴而具有优美旋律的歌词里一样。

这节奏，这旋律，这和谐等等，它们是离不开生命的表现，它们不是死的机械的空洞的形式，而是具有丰富内容，有表现、有深刻意义的具体形象。形象不是形式，而是形式和内容的统一，形式中每一个点、线、色、形、音、韵，都表现着内容的意义、情感、价值。所以诗人艾里略说：“一个造出新节奏的人，就是一个拓展了我们的感情并使它更为高明的人。”又说：“创造一种形式并不是仅仅发明一种格式、一种韵律或节奏，而且也是这种韵律或节奏的整个合式的内容的发觉。莎士比亚的十四行诗并不仅是如此这般的一种格式或图形，而是一种恰是如此思想感情的方式”，而具有着理想的形式的诗是“如此这般的诗，以致我们看不见所谓诗，而但注意着诗所指示的东西”(《诗的作用和批评的作用》)。这里就是“美”，就是美感所受的具体对象。它是通过美感来摄取的美，而不是美感的主观的心理活动自身。——就像物质的内部结构和规律是抽象思维所摄取的，但自身却不是抽象思维而是具体事物。所以专在心内搜寻是达不到美的踪迹的。美的踪迹要到自然、人生、社会的具体形象里去找。

……

月亮真是一个大艺术家，转瞬之间替我们移易了世界，美的形象，涌现在眼前。但是第二天早晨起来看，瓦石布地而已。于是有人得出结论说：美是不存在的。我却要更进一步推论说，瓦石也只是无色、无形的原子或电磁波，而这个也只是思想的假设，我们能抓住的只是一堆抽象数学方程式而已。究竟什么是真实的存在？所以我们要回转头来说，我们现实生活里直接经验到的、不以我们的意志为转移的、丰富多彩的、有声有色有形有相的世界就是真实存在的世界，这是我们生活和创造的园地。所以马克思很欣赏近代唯物论的第一个创始者培根的著作里所说的物质以其感觉的诗意的光辉向着整个的人微笑(见《神圣家族》)，而不满意霍布士的唯物论里"感觉失去了它的光辉而变为几何学家的抽象感觉，唯物论变成了厌世论"。在这里物的感性的质、光、色、声、热等不是物质所固有的了，光、色、声中的美更成了主观的东西。于是世界成了灰白色的骸骨，机械的死的过程。恩格斯也主张我们的思想要像一面镜子，如实地反映这多彩的世界。美是存在着的！世界是美的，生活是美的。它和真和善是人类社会努力的目标，是哲学探索和建立的对象。

美不但是不以我们的意志为转移的客观存在，反过来，它影响着我们，教育着我们，提高生活的境界和意趣。它的力量更大了，它也可以倾国倾城。希腊大诗人荷马的著名史诗《伊利亚特》歌咏希腊联军围攻特罗亚九年，为的是夺回美人海伦，而海伦的美叫他们感到九年的辛劳和牺牲不是白费的。现在引述这一段名句：

特罗亚长老们也一样的高踞城雉，
当他们看见了海伦在城垣上出现，
老人们便轻轻低语，彼此交谈机密：
"怪不得特罗亚人和坚胫甲阿开人，
为了这个女人这么久忍受苦难呢，
她看来活像一个青春长驻的女神。
可是，尽管她多美，也让她乘船去吧，
别留这里给我们子子孙孙作祸根。"

(引自缪朗山译《伊利亚特》)

荷马不用秾丽的辞藻来描绘海伦的容貌，而从她的巨大的惨酷的影响和力量轻轻地点出她的倾国倾城的美。这是他的艺术高超处，也是后人所赞叹不已的。

我们寻到美了吗？我说，我们或许接触到美的力量，肯定了她的存在，而她的无限的丰富内涵却是不断地待我们去发现。千百年来的诗人艺术家已经发见了不少，保藏在他们的作品里，千百年后的世界仍会有新的表现。

每一个造出新节奏来的人,就是拓展了我们的感情并使它更为高明的人!

(选自《美学散步》,上海人民出版社,2008 年 10 月)

美

泰戈尔

伟人一生经受的巨大痛苦,在我们眼里也是美好的,高尚的。

夕阳坠入地平线,西天燃烧着鲜红的霞光,一片宁静轻轻落在梵学书院娑罗的树梢上,晚风的吹拂也便弛缓起来。一种博大的美悄然充溢我的心头。

……

认识到真实的美,美的崇伟,不是件容易的事。我们摈弃许多东西,把厌烦的许多东西推得远远的,对许多矛盾视而不见,在合乎心意的狭小范围内,把美当作时髦的奢侈品。我们妄图让世界艺术女神沦为女婢,羞辱她,失去了她,同时也丧失了我们的福祚。

撇开人的好恶去观察,世界本性并不复杂,很容易窥见其中的美和神灵。将察看局部发现的矛盾和形变,掺入整体之中,就不难看到一种恢宏的和谐。

然而,我们不能像对待自然那样对待人。周围的每一个人离我们太近,我们以特别挑剔的目光夸大地看待他的小疵。他短时的微不足道的缺点,在我们的感情中往往变成非常严重的过错。贪欲、愤怒、恐惧、忧愁妨碍我们全面地看人,而让我们在他人的小毛病中摇摆不定。所以我们很容易在寥廓的暮空发现美,而在俗人的世界却不容易发现。

今日黄昏,不费一点力气,我们见到了宇宙的美妙形象。宇宙的拥有者亲手把完整的美捧到我们的眼前。如果我们仔细剖析,进入它的内部,扑面而来的是数不清的奇迹。此刻,无垠的暮空的繁星间飞驰着火焰的风暴,若容我们目睹其一部分,必定目瞪口呆。用显镜观察我们前面那株姿态优美的斜倚星空的大树,我们看清许多脉络,许多虬曲,树皮的层层褶皱,枝丫的某些部位干枯,腐烂,成了虫豸的巢穴。站在暮空俯瞰人世,映入眼帘的一切,都有不完美和不正常之处。然而,不抛弃一切,广收博纳,卑微的,受挫的,变态的,全部拥抱着,世界坦荡地展示自己的美。整体即美,美不是荆棘包围的窄圈了的东西,造物主能在静寂的夜空毫不费力地向世人昭示。

强大的自然力的游戏惊心动魄,可我们在暮空却看到它是那样宁静,那样绚丽。同样,伟人一生经受的巨大痛苦,在我们眼里也是美好的,高尚的。

我们在完满的真实中看到的痛苦，其实不是痛苦，而是欢乐。

当我们完美地认识真理时，我们才真正地懂得美。完美地认识了真理，人的目光才纯净，心灵才圣洁，才能不受阻挠地看见世界各地蕴藏的欢乐。

（选自《与花儿攀谈（外国名家自然美文66篇）》，北京燕山出版社，2005年）

自　然

歌　德

大自然呀！我们大家都活在你的怀抱里，我们无力步出你的范围，也无法超越你的深度。你自动地接纳我们，我们随着你的旋转的舞步前进，直至我们疲倦而从你的手臂中滑落为止。虽然我们也在不断地影响你，但是我们却没有力量超越你。我们可以由你的无数的儿女看出你母体的形象。你对幻想颇为喜爱，对那些自我破坏或者破坏别人的理想的人，你会严厉地暴君似地惩罚他；对那些忠实的追随你的人，你会把他紧抱在心怀。你的孩子多至不可胜数，虽然你对任何孩子都不会小气，但无疑地，你喜欢的是那些让你付出最多或为你牺牲最多的孩子们。你经常保护那些高贵的人们，你的戏剧经常在换新，因为你不停地在产生新的观众。生命是你最奇妙的创造物，而死亡则是你借以产生新生命的方法。你把人类包围在黑暗之中，以激励他永恒地向光明迈进。你使人类依赖着大地同时也经常在鼓励他奋进。你是慷慨的，我们赞美你，赞美你所有的创造！同时，你也是智慧与宁静的化身……你过去曾引领我向更深的领域前进，将来你也会继续引导我。我毫无保留地把我自己放在你手中，随你怎样处置我。我深信你不会怨恨你自己的创造物，所有的人都躺在你的门前，你是唯一的受罪者，也是唯一值得信任者。

（选自《歌德经典散文选》，湖南文艺出版社，2006年）

苏　州　赋

王　蒙

左边是园，右边是园。

是塔是桥,是寺是河,是诗是画,是石径是帆船是假山。

左边的园修复了,右边的园开放了。有客自海上来,有客自异乡来。塔更挺拔,桥更洗练,寺更幽疑,河更闹热,石径好吟诗,帆船应人画。而重重叠叠的假山,传至今天还要继续传下去的是你的参差坎坷的魅力。

这是苏州。人间天上无双不二的苏州。中国的苏州。

苏州已经建成2500年。它已经老态龙钟。无怪乎七年前初次造访的时候它是那样疲劳,那样忧伤,那样强颜欢笔。失修的心灵似乎都在怀疑苏州自身的存在。苏州,还是苏州吗?

苏州终于起步,苏州终于腾飞。为外乡小儿熟知的江苏四大名旦香雪海冰箱,春花吸尘器,孔雀电视机,长城电风扇全都来自苏州。人们曾经担心工业的浪潮会把苏州的历史文化与生活情趣淹没,看来,这个问题已经受到了苏州人的关注,还不知道有哪个城市近几年的修复复原了这么多古建筑古园林。在庆祝苏州建成2500年的生日的时候,1986年,苏州迎来了再生的青林。1500年前的盘门修复了,是全国唯一的精美完整的水陆城门。环秀山庄后面盖起的“革文化之命”的楼房拆除了,秀美的山庄复原,应令她的建造者在天之灵欣慰,更令今天的游客流连忘返,赞叹不已。戏曲博物馆,民俗博物馆,刺绣博物馆……纷纷建成。寒山寺的钟声悠扬,虎丘塔的雄姿牢固,唐伯虎的新坟落成,苏州又回来了!苏州更加苏州!

当我看到观前街、太监巷前熙熙攘攘的人群,辉煌的彩灯装饰的得月楼、松鹤楼的姿影,看到那些办喜事的新人和他们亲友,听到他们的欢声笑语,闻到闻名海内外的苏州佳肴的清香的时候,不禁为她的太平盛景而万分感动。当然还有许许多多年的麻烦、冲撞、紧迫、危机与危机的意识,然而今天的苏州,得来是容易的吗?会有人甘心失去吗?

不,我不能再在苏州停留。她的小巷使我神往,这样的小巷不应该出现在我的脚下而只能出现在陆文夫的小说里,梦见弹词开篇的歌声里。弹词、苏昆、苏剧、吴语吴歌的珠圆玉润使我迷失,我真怕听这些听久了便不能再听得懂别的方言与别的旋律。也许会因此不再喜欢会讲已经法定了推广了许多年的普通话——国语。那迷人的庭园,每一棵树与它身后的墙都使我倾倒,使我怀疑苏州人究竟是生活在亚洲、中国、硬邦邦的地球上还是生活在自己营造编织的神话里。这神话的世界比真的世界要小得也要美得多。她太小巧,太娇嫩,太优雅,她会使见过严酷的世界,手掌和心上都长着茧的人不忍去摸她碰她亲近她。

一双饱经忧患的眼睛见到苏州的园林还能保持自己的威严与老练吗?

他会不会觉得应该给自己的眼睛换上纯洁的水晶？他会不会因秀美与巨大这两个审美范畴的撕扯而折裂自己的灵魂，他会不会觉得自己和这个世界已经或者正在或者将要可能成为苏州的留园、遇园、拙政园的对立面呢？他会不会产生消灭自己或者消灭苏州这样一种疯狂的奇想呢？

更不要说苏绣乃苏州的佳看美点了。看到一个个刺绣女工的惊人的技艺和耐心，优雅和美丽，我还能写作和滔滔不绝地发言吗？能不感到不好意思吗？还有勇气或者有涵养去倾听那些一知半解的牛皮清谈、草率无涯的胡说八道吗，在苏州呆久了，还能承受那些乏味、枯燥与粗野的事情吗？

苏州的刺绣，沉静的创造。苏州的菜肴，明亮的喜悦。苏州的歌曲，不设防的温柔。苏州的园林，恬美的诗情。苏州的街道，宁静的梦幻。而苏州的企业和企业家，温雅的外表下包含着洋溢的聪明生气，这一切都是怎么发生怎么留存的？她怎么样经历了那大起大落、大轰大嗡、多灾多难的时代！

苏州是一种诱惑，是一种挑战，是一种补充。在我们的生活里，苏州式的古老、沉静、温柔已经变得越来越陌生。而大言欺世、大闹盗名、大轰趋时的“反苏州”却又太多了。苏州更是一种文化历史现实未来的混合体。苏州是一种珍惜，是一种保护，对于一切美善，对于一切建设创造和生活本身的珍惜与保护。也是一种反抗，是对一切恶的破坏的无声的反抗。虽然，恶也是一种时髦，而破坏又常常披上革命的或忽而又披上现代意识的虎皮。我真高兴，七年以后，我有缘再访苏州。我们终于能够平静下来，保护苏州，复原苏州，欣赏苏州，爱恋苏州了。我们终于能珍重苏州的美，开始懂得不应该去做那些亵渎美毁灭美的事情。在历史的惊涛骇浪和汹涌人潮当中，在一个又一个神圣的豪情与偏狂的争闹之中，在不断时髦转眼更替的巨轮与浪头之中，苏州保留下来了，苏州复原了，苏州在发展。苏州是永远的。比许多雷霆万钧的炮声更永远。

（选自《中华散文珍藏本·王蒙卷》，人民文学出版社，1998 年 12 月）

丑　石

贾平凹

我常常遗憾我家门前的那块丑石呢：它黑黝黝地卧在那里，牛似的模样；谁也不知道是什么时候留在这里的，谁也不去理会它。只是麦收时节，门前摊了麦子,奶奶总是要说:这块丑石,多碍地面哟,多时把它搬走吧。

于是,伯父家盖房,想以它垒山墙,但苦于它极不规则,没棱角儿,也没平面儿;用錾破开吧,又懒得花那么大气力,因为河滩并不甚远,随便去捎一块回来,哪一 块也比它强。房盖起来,压铺台阶,伯父也没有看上它。有一年,来了一个石匠,为我家洗一台石磨,奶奶又说:用这块丑石吧,省得从远处搬动。石匠看了看,摇着头,嫌它石质太细,也不采用。

它不像汉白玉那样的细腻,可以凿下刻字雕花,也不像大青石那样的光滑,可以供来浣纱捶布;它静静地卧在那里,院边的槐荫没有庇覆它,花儿也不再在它身边生长。荒草便繁衍出来,枝蔓上下,慢慢地,竟锈上了绿苔、黑斑。我们这些做孩子的,也讨厌起它来,曾合伙要搬走它,但力气又不足;虽时时咒骂它,嫌弃它,也无可奈何,只好任它留在那里去了。

稍稍能安慰我们的,是在那石上有一个不大不小的坑凹儿,雨天就盛满了水。常常雨过三天了,地上已经干燥,那石凹里水儿还有,鸡儿便去那里喝饮。每每到了十五的夜晚,我们盼着满月出来,就爬到其上,翘望天边;奶奶总是要骂的,害怕我们摔下来。果然那一次就摔了下来,磕破了我的膝盖呢。

人都骂它是丑石,它真是丑得不能再丑的丑石了。

终有一日,村子里来了一个天文学家。他在我家门前路过,突然发现了这块石头,眼光立即就拉直了。他再没有走去,就住了下来;以后又来了好些人,说这是一块陨石,从天上落下来已经有二三百年了,是一件了不起的东西。不久便来了车,小心翼翼地将它运走了。

这使我们都很惊奇!这又怪又丑的石头,原来是天上的呢!它补过天,在天上发过热,闪过光,我们的先祖或许仰望过它,它给了他们光明,向往,憧憬;而它落下来了,在污土里,荒草里,一躺就是几百年了?

奶奶说:“真看不出!它那么不一般,却怎么连墙也垒不成,台阶也垒不成呢?”

“它是太丑了”。天文学家说。

“真的,是太丑了”。

“可这正是它的美”,天文学家说,“它是以丑为美的。”

“以丑为美?”

“是的,丑到极处,便是美到极处。正因为它不是一般的顽石,当然不能去做墙,做台阶,不能去雕刻,捶布。它不是做这些小玩意儿的,所以常常就遭到一般世俗的讥讽。”

奶奶脸红了,我也脸红了。

我感到自己的可耻,也感到了丑石的伟大;我甚至怨恨它这么多年竟会默默地忍受着这一切?而我又立即深深地感到它那种不屈于误解、寂寞的生存的伟大。

（选自《贾平凹散文精选》，人民文学出版社，2008 年 6 月）

✲ 名言荟萃

1. 天下皆知美之为美，斯恶已。皆知善之为善，斯不善已。（《老子》）
2. 言之无文，行而不远。（《左传》）
3. 质胜文则野，文胜质则史，文质彬彬，然后君子。（《论语》）
4. 充实之谓美。（《孟子》）
5. 朴素则天下莫能与之争美。（《庄子》）
6. 天地有大美而不言。（《庄子》）
7. 不全不粹之不足以为美。（《荀子》）
8. 君子之学也，以美其身。（《荀子》）
9. 登山则情满于山，观海则意溢于海。（刘勰）
10. 操千曲而后晓声，观千剑而后识器。（刘勰）
11. 一语天然万古新，豪华落尽见真淳。（元好问）
12. 怪石以丑为美，丑到极处，便是美到极处。（刘熙载）
13. 一切之美皆形式之美也。（王国维）
14. 艺术之美所以优于自然之美者，全在于使人易忘物我之关系也。（王国维）
15. 心的陶冶，心的修养和锻炼是替美的发现和体验做准备。（宗白华）
16. 在百忙中，在尘世喧嚷中，你偶然丢开一切，悠然遐想，你心中便蓦然似有一道灵光闪烁，无穷妙悟便源源而来。（朱光潜）
17. 追求美而不亵渎美，这种爱是正当的。（〔古希腊〕德谟克利特）
18. 互相排斥的东西结合在一起，不同的音调造成最美的和谐。（〔古希腊〕赫拉克利特）

19. 美是永恒的,无始无终,不生不灭,不增不减。(〔古希腊〕柏拉图)

20. 美是一种善,其所以引起快感正因为它是善。(〔古希腊〕亚里士多德)

21. 美,是道德上的善的象征。(〔德〕康德)

22. 社会的进步就是人类对美的追求的结晶。(〔德〕马克思)

23. 美的事物是永恒的喜悦。(〔英〕约翰·济慈)

24. 理智传达真和伪的知识,趣味产生美与丑的及善与恶的情感。(〔英〕休谟)

25. 美必须干干净净,清清白白,在形象上如此,在内心中更是如此。(〔法〕孟德斯鸠)

26. 生命之泉,是由心中飞涌的;生命之花,是自内而外开放的。同样,在美丽的雕刻中,常潜伏着强烈的内心的颤动。这是古代艺术的秘密。(〔法〕罗丹)

27. 最能直接打动心灵的还是美。美立刻在想象里渗透一种内在的欣喜和满足。(〔美〕爱迪生)

28. 照亮我的道路,并且不断地给我新的勇气去愉快地正视生活的是理想,是善、美和真。(〔美〕爱因斯坦)

29. 如果你歌颂美,即使你是在沙漠的中心,你也会有听众。(〔黎巴嫩〕纪伯伦)

30. 美丽的东西是一把钥匙,能让我见到一切没见过的,知道一切从不知道的。(〔印度〕泰戈尔)

艺术品鉴

1. 敦煌飞天壁画

敦煌飞天不是一种文化的艺术形象,而是多种文化的复合体。飞天的故乡虽在印度,但敦煌飞天却是印度文化、西域文化、中原文化共同孕育成的。它是印度佛教天人和中国道教羽人、西域飞天和中原飞天长期交流,融合为一,具有中国文化特色的飞天。它是不长翅膀、不生羽毛、没有圆光、借助彩云而不依靠彩云，主要凭借飘曳的衣裙、飞舞的彩带而凌空翱翔的飞天。敦煌飞天可以说是中国艺术家最天才的创作，是世界美术史上的一个奇迹。

2. 顾恺之《洛神赋图》

《洛神赋图》，北京故宫博物院馆藏珍品。绢本，设色，纵 27.1 厘米，横 572.8 厘米。东晋著名画家顾恺之绘制（宋摹），这幅画根据曹植著名的《洛神赋》而作，为顾恺之传世精品。这卷宋摹本在一定程度上保留了顾恺之艺术的若干特点，千载之下，亦可遥窥其笔墨神情。全卷分为三个部分，曲折细致而又层次分明地描绘着曹植与洛神真挚纯洁的爱情故事。人物安排疏密得宜，在不同的时空中自然地交替、重叠、交换，而在山川景物描绘上，无不展现一种空间美。全画用笔细劲古朴，恰如“春蚕吐丝”。山川树石画法幼稚古朴，所谓“人大于山，水不容泛”，体现了早期山水画的特点。此卷从内容、艺术结构、人物造型、环境描绘和笔墨表现的形式来看，不愧为中国古典绘画的瑰宝之一。

3. 张择端《清明上河图》

中国十大传世名画之一。北宋风俗画作品,宽 24.8 厘米,长 528.7 厘米,绢本设色,是北宋画家张择端仅存的一幅精品,一级国宝。《清明上河图》生动地记录了中国十二世纪城市生活的面貌,在世界绘画史上是独一无二的。

作品以长卷形式,采用散点透视的构图法,将繁杂的景物纳入统一而富于变化的画卷中,画中主要分两部分,一部分是农村,另一部分是市集。

共有 814 人，牲畜 83 匹，船只 29 艘，房屋楼宇 30 多栋，车 13 辆，轿 14 顶，桥 17 座，树木约 180 棵，画中人衣着不同，神情各异，栩栩如生，其间还穿插各种活动，构图疏密有致，富有节奏感和韵律的变化，笔墨章法都很巧妙。

4. 王羲之《兰亭集序》

王羲之精研体势，心摹手追，广采众长，创造出“天质自然，丰神盖代”的行书，被誉为“书圣”，他对真、草诸体的书法造诣也都很深。《兰亭集序》被称作“天下第一行书”，其字“飘若浮云，矫若惊龙”、“铁画银钩，冠绝古今”。

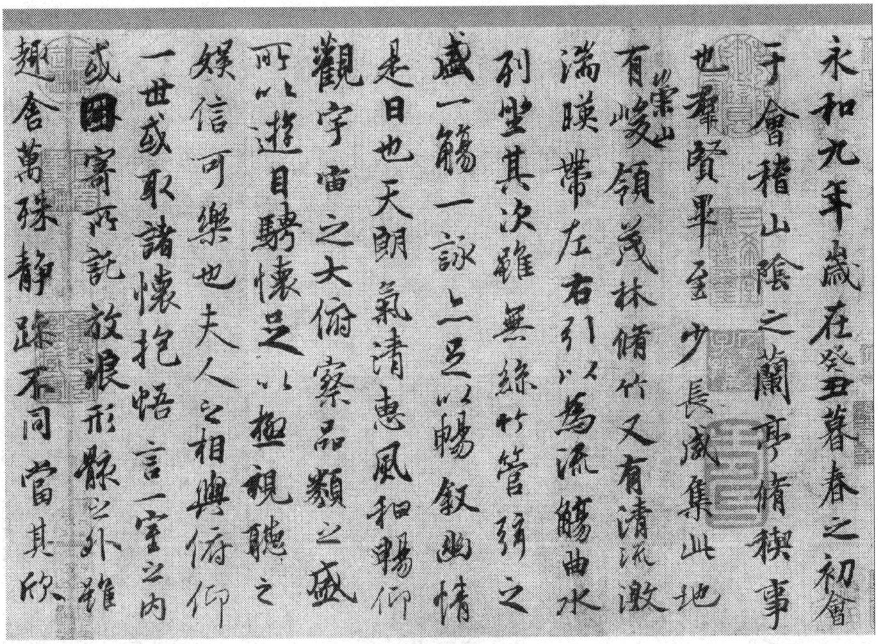

5. 徐悲鸿《八骏图》

在中国现代绘画史上，徐悲鸿的马独步画坛，无人能与之相颉颃。他的个人艺术成就也以画马最为卓著。他一生致力于国画的改革，代表就是奔马。他注重写生，关于马的写生画稿不下千幅；学过马的解剖，对马的骨骼、肌肉、组织了如指掌。他还熟悉马的性格脾气。在技法上，他以中国水墨为主要表现手段，参用西方的透视法、解剖法等，逼真生动地描绘了马的飒爽英姿。用笔刚健有力，用墨酣畅淋漓，晕染按照马的形体结构而施加，墨色浓淡有致，既表现出马的形体，又不影响墨色的韵味。徐悲鸿的马是中西融合极为成功的产物。

6. 龙门石窟

龙门石窟是中国四大石窟之一,卢舍那佛坐像为龙门石窟最大佛像,身高17.14米,头高4米,耳朵长1.9米,造型丰满,仪表堂皇,衣纹流畅,具有高度的艺术感染力,是一件精美绝伦的艺术杰作。据佛经说,卢舍那意即光明遍照。这尊佛像丰颐秀目,嘴角微翘,呈微笑状,头部稍低,略作俯视态,宛若一位睿智而慈祥的中年妇女,令人敬而不惧。有人评论说,这尊佛像把高尚的情操、丰富的感情、开阔的胸怀和典雅的外貌完美地结合在一起,具有巨大的艺术魅力。

7. 拉奥孔

《拉奥孔和他的儿子们》(“the laocoon and his sons”),又名拉奥孔,大理石群雕,高约184厘米,阿格桑德罗斯和他的儿子波利佐罗斯、阿典诺多罗斯三人创作于约公元前一世纪,1506年出土于罗马,现收藏于罗马梵蒂冈美术馆。这组群雕被发现的时候,拉奥孔的右臂已经遗失,并且两个孩子当中一个遗失了手掌,另一个遗失了右臂。但如今都被补全。雕像中,拉奥孔位于中间,神情处于极度的恐怖和痛苦之中,正在极力想使自己和他的孩子从两条蛇的缠绕中挣脱出来。他抓住了一条蛇,但同时臂部被咬住了;他左侧的长子似乎还没有受伤,但被惊呆了,正在奋力想把腿从蛇的缠绕中挣脱出来;父亲右侧的次子已被蛇紧紧缠住,绝望地高高举起他的右臂。那是三个由于苦痛而扭曲的身体,所有的肌肉运动都已达到了极限,甚至到了痉挛的地步,表达出在痛苦和反抗状态下的力量和极度的紧张,让人感觉到似乎痛苦流经了所有的肌肉、神经和血管,紧张而惨烈的气氛弥漫着整个作品。

雕刻家在作品的构图上有着精心的安排,作品呈金字塔形,稳定而富于变化,三个人物的动作、姿态和表情相互呼应,层次分明,充分体现了扭曲和美的协调,显示了当时的艺术家们非凡的构图想象力。作品中人物刻画非常逼真,表现了雕塑家对人体解剖学的精通和对自然的精确观察,以及纯熟的艺术表现力和雕塑技巧。这是一组忠实地再现自然并善于进行美的加工的典范之作,被誉为是古希腊最著名、最经典的雕塑杰作之一。

8. 自由女神

法国在1876年赠送给美国的独立100周年礼物,位于纽约哈德逊河口附近。原是法国计划送给埃及的礼物,因为神像是女性被埃及拒绝,后转送美国,成为纽约市甚至全美国的标志。

法国著名雕塑家巴托尔迪历时10年艰辛完成了雕像的雕塑工作,女神的外貌设计来源于雕塑家的母亲,而女神高举火炬的右手则是以雕塑家妻子的手臂为蓝本。自由女神穿着古希腊风格的服装,头戴光芒四射的冠冕,

有象征世界七大洲及四大洋的七道尖芒。女神右手高举象征自由的长达12米的火炬,左手捧着刻有1776年7月4日的《独立宣言》,脚下是打碎的手铐、脚镣和锁链,象征着自由、挣脱暴政的约束。花岗岩构筑的神像基座上,镌刻着美国女诗人埃玛·娜莎罗其的一首脍炙人口的诗。雕像锻铁的内部结构是由后来建造了巴黎埃菲尔铁塔的居斯塔夫·埃菲尔设计的。它在1886年10月28日落成并揭幕。

9. 奥古斯特·罗丹《思想者》

雕塑作品《思想者》是罗丹代表作《地狱之门》其中的一个部分,后来罗丹将其放大,复制成单独的雕塑作品。这是一个强劲而富有内力、成熟而深刻的形象。那生命感强烈的躯体,在一种极为痛苦状的思考中剧烈地收缩着,紧皱的眉头,托腮的手臂,低俯的躯干,弯曲的下肢,似乎人体的一切细节都被一种无形的压力所驱动,紧紧地向内聚拢和团缩,仿佛他凝重而深刻的思考是整个身体的力量所然。他注视着下面所演的悲剧,他同情、爱惜人类,因而不能对那些犯罪的人下最后的判决,所以他怀着极其矛盾的心情,在那深刻的沉思中,体现了伟大诗人但丁内心的苦闷。

罗丹认为深刻的思想是靠富有生命力的人体来表现的,所以,他的人体雕塑不仅展示人体的阳刚之美,而且蕴藉着深刻与永恒的精神。这正是罗丹为什么以这个充满生命力的形象来寓意人对现实思考的原因。

10.《蒙娜丽莎》

《蒙娜丽莎》是一幅享有盛誉的肖像画杰作,成功地塑造了资本主义上升时期一位城市有产阶级的妇女形象,代表达·芬奇的最高艺术成就。画中人物坐姿优雅,笑容微妙,背景山水幽深茫茫,淋漓尽致地发挥了画家那奇特的烟雾状"无界渐变着色法"的笔法。画家力图使人物的丰富内心感情和美丽的外形达到巧妙的结合,对人像面容中眼角唇边等表露感情的关键部位的掌握,符合精确与含蓄的辩证关系,达到神韵之境,从而使蒙娜丽莎的微笑具有一种神秘莫测的千古奇韵,被不少美术史家称为"神秘的微笑"。

11. 凡·高《向日葵》

这不是一幅传统的描绘自然花卉的静物装饰画,而是一幅表现太阳的画,是一首赞美阳光和旺盛生命力的欢乐颂歌。画中,那一朵朵葵花在阳光下怒放,仿佛"背景上迸发出燃烧的火焰"。正如凡·高自己所说"这是爱的最强光!"凡·高表现向日葵的手法,也是别出心裁,他采用简化手法描绘物象,使画面富于平面感和装饰的意味。画面以黄色和橙色为主调,绿色与蓝色的细腻笔触,勾勒出花瓣和花茎。籽粒上的浓重色点,具有醒目的效果。那大胆恣肆、坚实有力的笔触,以不同的走势,在明亮、灿烂的底色上找寻不同的结构与色调,把朵朵向日葵表现得光彩夺目,动人心弦。

12. 科学美,在科学的世界也同样存在震撼人的心灵之美

微观世界——血液凝块构造

将我们身边的微观世界放大N多倍，

图为血液凝块的构造。红色为红血球，蓝色为血小板，黄色为纤维蛋白。

重力透镜现象

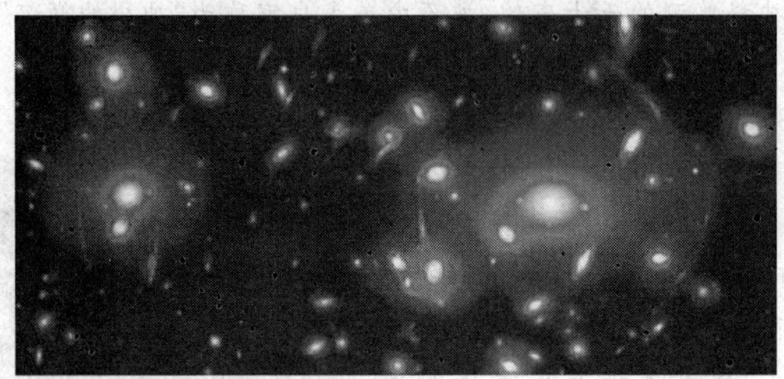

图为星系群Abell 2218形成的重力弧五彩可见光照片。这张照片是被哈勃望远镜所拍摄到的。重力弧的研究为星系早期进化提供了一个最为直观的景象。

介子-电子衰变

日内瓦欧洲粒子物理研究所拍摄的离子-介子-电子衰变链试验照片

物理学奇观——重离子碰撞

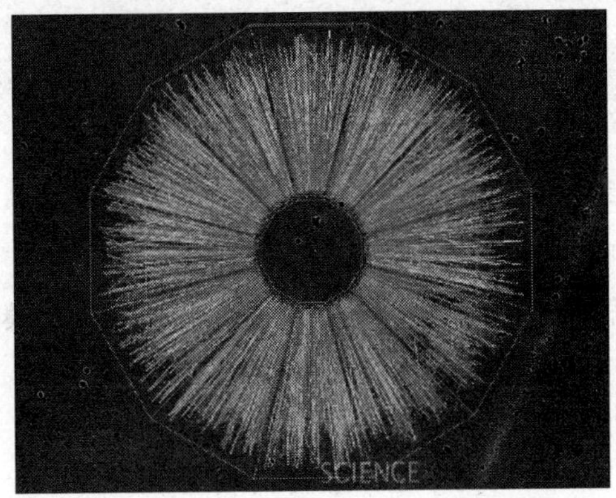

重离子碰撞。电脑显示出1000个次原子微粒在相对论重离子对撞机(Relativistic Heavy Ion Collider)的STAR探测器中进行碰撞的轨迹。这台碰撞机位于纽约长岛的布鲁柯海文国家实验室。重离子碰撞的实验是为了寻找一种叫做夸克胶子等离子体的新物质形态,它是一种含有活跃夸克和胶子的物质。

物理学奇观——时间弯曲现象

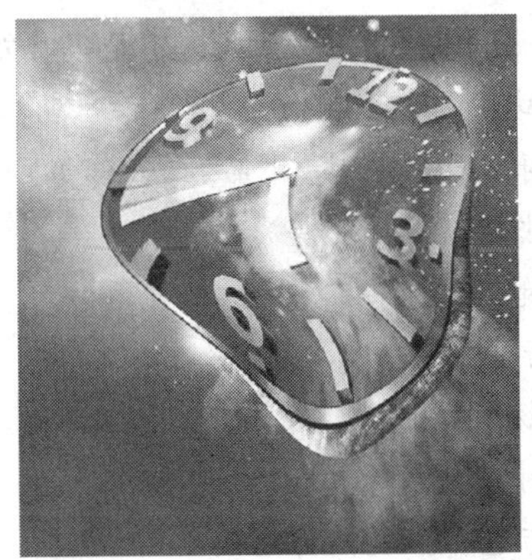

时间弯曲现象。当物体在强引力场中以接近光速的速度运动时(比如接近黑洞等等),时间也会随之发生变化。这一现象是在爱因斯坦的狭义和广义相对论中提出和预见到的。

第三部分 实践体验

1. 观看影片《八月迷情》。
2. 观看话剧《雷雨》。
3. 欣赏贝多芬《命运交响曲》、阿炳《二泉映月》、小提琴协奏曲《梁祝》
4. 挑选自己喜欢的一首歌曲,改编成 MTV。
5. 完成下面的调查表。

《关于艺术教育的调查表》

学　　校 ＿＿＿＿＿＿

院　　系 ＿＿＿＿＿＿

年　　级 ＿＿＿＿＿＿

专　　业 ＿＿＿＿＿＿

姓　　名 ＿＿＿＿＿＿

填表时间 ＿＿＿＿＿＿

1. 你喜欢艺术么?

A. 非常喜欢　B. 喜欢　C. 不是很喜欢　D. 不喜欢

2. 你喜欢的艺术类型?

A. 表演艺术(音乐、舞蹈、相声、小品、二人传等)

B. 视觉艺术(书法、绘画、摄影等)

C. 造型艺术(建筑、雕塑等)

D. 语言艺术(文学等)

E. 视听艺术(电影、电视等)

F. 综合艺术(戏剧、歌剧等)

3. 你选修过艺术或与艺术相关的课程吗?

A. 考虑中　B. 有　C. 没有

4. 这类课程与你的专业相关么?

A. 密切相关　B. 有些相关　C. 完全无关

5.(第 3 题选 B 的同学答)你对自己选择的课程的评价是?

A. 学有所得　B. 理论过多,缺乏实践

C. 没学到什么　D. 其他

6. 课后，你会做些与课堂相关的学习么？

A. 上网或到图书馆找相关的资料进一步学习

B. 自主实践课程上所学到的知识

C. 不再管他，跟没学过一样

D. 课后会复习或与同学讨论

7. 你是否认为学校有开设艺术课程的必要？

A. 没有　　B. 有　　C. 无所谓

8. 你认为学校所开始的艺术课程能否满足你的学习需要？

A. 完全能　　B. 基本能　　C. 不能　　D. 还不如自学

9. 学校的艺术活动频繁么？

A. 相当频繁　　B. 一般　　C. 很少　　D. 几乎没有

10. 学校的艺术氛围对你的影响？

A. 非常大　　B. 大　　C. 一般　　D. 没有什么影响

11. 学校的图书馆、院系资料室、网络上等与艺术相关的资料情况

A. 很多　　B. 很少　　C. 没有　　D. 没有留意

12. 学校有与艺术相关的协会或社团么？

A. 有　　B. 没有　　C. 不大清楚

13. 艺术对学生成长的作用大么？

A. 非常大　　B. 一般　　C. 浪费时间　　D. 没有考虑过

14. 你的家庭或周围，有从事艺术工作的人么？请简述其人，做什么，专业还是业余。

15. 你对学校改进、加强艺术教育有什么建议？

第六单元　人 与 自 然

第一部分　主题解读

宇宙苍穹、星光雷电；昼夜更替、四时交移；山川花木、乳燕雏鹰……凡斯种种，都是神秘大自然不可或缺的组成部分。正是如此美妙而神奇的自然，为人类的生存和发展提供了重要的物质保障和精神源泉，富饶多姿的大自然促成了人类的延续和艺术审美的提高。可是，进入后工业时代的今天，因为片面追逐经济效益，人类对自然的破坏程度已经达到自然所能承受的边缘，可谓山河色变，满目疮痍。作为新世纪的一名大学生，在探索真知的道路上，正确审视过往和当下的人与自然之关系，树立科学的自然观、世界观，对我们的成长是大有裨益的。

一、古往今来的自然观

所谓自然观，就是人们对自然的根本观点和总的看法。在历史上，人们曾经从不同的角度、以不同的态度看待自然，形成了不同的自然观和自然哲学。“自然”一词原本指一个哲学范畴，源于“存在”一词的词根“bhu”、“bheu”，含有产生、生长和本来就是那样的意思。在古罗马时代，开始使用“natura”来表示自然。在中国，“自然”的最初含义亦指非人为的本来状态。如《老子》云：“人法地，地法天，天法道，道法自然。”尽管中西文化具有异质性和差异性，但对自然一词的理解是基本一致的，都指“一种非人工的存在状态”。

（一）农业文明时期的自然观

如果把世界文明分为陆地文明和海洋文明两种类型，中国显然属于前者。现代考古学证明，中华文明的发祥地在黄河流域、长江流域、珠江流域和云贵高原，这些地区在远古时期有着优越的自然条件，为农业生产提供了物质基础,华夏先民在这片沃土上世代耕耘,不但形成了发达的农业文明,也形成了丰富独特的自然观,其中影响最为深远的是儒道两家的自然观。

1. 以孔孟为代表的原始儒家的自然观

孔子不仅是提倡人间关怀的人文主义始祖,而且是主张人与自然和谐相处的伟大思想家,提倡从人伦关怀的视角去审视自然。孔子的自然观主要有以下几个方面。

首先,对自然界的科学认识。

孔子之前的时代,由于人类认识水平和思维能力的局限,对自然界的认识是懵懂而愚昧的。《礼记·祭法》载:"山林川谷丘陵,能出云,为风雨,见怪物,皆曰神。有天下者祭百神。"这则材料记录了上古原始先民神灵崇拜的社会风尚。在我们熟知的《楚辞》中,有大量神话故事,说明在漫长的历史时代里,以万物有灵观念为基础的自然崇拜一直得以保存。原始先民面对昼夜更替、四时交移、草木荣枯、生老病死等问题无法做出科学解释,他们便认为是神的力量在主宰着自然界和社会生活,在原始人眼中,日月风雨光电水火等都是神灵,天地山川背后也是由神灵在主宰,总之,"万物有灵"的观点就是最早的原始自然观。

将天理解为自然界,是孔子认识自然的最大贡献。孔子对自然的认识集中体现在这段话里:"天何言哉?四时行焉,百物生焉,天何言哉?"(《论语·阳货篇》)。这段话的重要性在于,孔子突破了神灵崇拜的固有束缚,否定了天是超自然的上帝,而肯定天是包括四时运行、万物生长在内的自然界,认识到自然界是一定的时间、空间维度,人与自然万物是相互联系的一个整体。

其次,以人伦的眼光审视自然万物。

孔子的仁学理论要求在人与人、人与社会之间建立符合礼仪的和谐关系。孔子在认识了自然界的客观属性之后,主张人应该"多识鸟兽草木虫鱼",从丰富多彩的大自然中获得生命体验和情感陶冶。"岁寒,然后知松柏之后凋也"(《论语·子罕》)。很多学者认为这是一个比喻,用来比喻生命的顽强和意志的坚定。诚然,毕生致力于重塑君子人格的孔子,用抵抗风雪的松柏来比喻理想人格,这种理解不无道理。这显然说明,孔子对自然万物的认识,已经超越了自然属性的层面,上升到道德审美的高度。如果这个例子还不够生动的话,那么《论语·子罕》又载云:"子在川上曰:'逝者如斯夫,不舍昼夜。'"就将面对自然的人伦之思体现得尤其突出。看着奔腾不息的大河,孔子感叹光阴如水,一去不返。还有我们耳熟能详的"知者乐水,仁者乐山”(《论语·雍也》),都是孔子以仁智之心热爱大自然的写照,达到了人与自然和谐共生、相互交融的审美境界。孔子的人文主义自然观在中国文化史上具有深远影响,《文心雕龙》的作者刘勰曾说“登山则情满于山,观海则意溢于海”,把风光旖旎的大自然纳入到审美活动领域,就是一个典型的例子,而且这种做法是由来已久。事实上,有无数的自然美景是因为文学家的歌咏和吟诵而声名鹊起,享誉千年。

再次,尊重生命的自然观。

孔子的仁学以人为本,他最关心社会礼仪和君子德行。据《论语·八佾》载,子贡曾经想过不用羊来祭祀祖庙,孔子却说:你爱那只羊,我却更爱礼。但不能因此断言孔子无视动物的生命,而是在孔子看来,保存一只羊的生命远远没有维护祭祀制度来得重要,因为自然也是要为人类所利用的,只是要用得其所,不能滥杀无辜。事实上,《论语》中多处记录了孔子对动物的生命关怀。《论语·述而》云:“子钓而不网,弋不射宿。”即孔子曾劝诫人们,钓鱼时不用大网横断江面将鱼儿一网打尽,打猎时不要射杀归巢的鸟儿。不要把鱼一网打尽,是为了利于鱼的繁衍生息;不射杀归巢的鸟儿,是为了鸟能团聚在一起共享生命。孔子对待自然生命的态度对当下的生态破坏具有极强的警示意义。现代人为了自然的生存,往往竭泽而渔,乱砍滥伐,肆意浪费,结果造成生态环境的恶化,反而给人类生活带来严重的危害。进而,孔子提倡节约。我们要看到,孔子虽然重视礼,看重礼的外在形式,但他更看重礼的内在形式——即人的内在感情的表达,所以他不主张使用高贵华美的礼器,他说,“礼,与其奢也,宁俭;丧,与其易也,宁戚”(《论语·八佾》)。意思是说,与其实施铺张浪费的礼仪,不如朴素俭约;与其举行礼仪周详的丧礼,不如表现出适度的悲伤。主张节约俭朴的生活方式,显然表现了对生命的尊重与珍视。孔子的思想对现代人仍不失其意义。需要说明的是,通过孔子“子钓而不网,弋不射宿”的思想,我们可以发现破坏生态的现象在古代也是存在的,这对生态的发展带来了一定程度的消极作用。

孟子发展了孔子的学说,建立了“仁政”理论。“仁政”理论的出发点和归宿主要是建构社会政治秩序,但在这个秩序中包含了爱护自然、保护自然的生态哲学思想。孟子清楚地认识到,人类的一切生活资源都来源于并依赖于自然界。他不仅主张统治者要减少战争给人民带来的灾难,还提倡保护自然,尊重自然法则,他说,“不违农时,谷不可胜食也;数罟不入洿池,鱼鳖不可胜食也;斧斤以时入山林,材木不可胜用也。谷与鱼鳖不可胜食,材木不可胜用,是使民养生丧死无憾也。养生丧死无憾,王道之始也”(《孟子·梁惠王上》)。中国是一个具有悠久的农耕文化的国家,历代统治者都很重视农业生产,孟子在劝谏梁惠王的时候,除了力谏梁惠王重视仁德、与民同乐、减少战争之外,还提出了不违农时,因为农作物的耕种和生长与自然时令有密切的关系,这就是要求农业生产要合乎自然运行的规律,才能生活得优哉游哉。尤其是对"斧入山林,网涉洿池"的束缚,更可见孟子对自然资源的保护和珍视。为了保护自然,孟子还规划了一套行之有效的经济方案。他的"五十衣帛"、"七十食肉"之说,不仅关乎经济生活,也牵涉到人与自然的关系。"五亩之宅,树之以桑,五十者可以衣帛矣。鸡豚狗彘之畜,无失其时,七十者可以食肉矣。百亩之田,勿夺其时,数口之家可以无饥矣。"(《孟子·梁惠王上》)孟子提倡种桑养蚕和畜鸡养狗,以解决人们对衣食的需求,而发展养殖,也是保护自然。

儒家自然观虽然具有强烈的政治色彩和伦理风味,但在那个礼崩乐坏、战争频繁的时代里,他们不但致力于政治建设,还将仁爱之心移于自然山水,提倡尊重生命,热爱自然,体现了中国古代自然观天人和谐的优良传统。

2. 以老庄为代表的原始道家的自然观

老子在中国哲学史上首次明确提出"自然"这一重要范畴,讨论了人与自然的关系问题。我们知道,老子建立了以"道"为核心的哲学体系,而在道与自然的关系上,老子独树一帜,建立了重视人与自然和谐共存、友好相处的重要思想。他认为,"道"虽然是世界的本原,但它的根据则在"自然",体现为"道法自然"、"道即自然"的观念。也就是说,老子认为是自然创造了世界,他的道就是自然之道,具有"自然而然"的本性,是一种本来固有的生命状态。老子在提出了"道法自然"的命题之后,便主张统治者顺应自然,无为而治。

在老子之后,庄子在自然观上更有很大的进步和新颖的见解。他提出"爱人利物之谓仁",强调人与自然的和谐。《天道》篇提出:"夫明白于天地之德者,此之谓大本大宗,与天和者也。所以均调天下,与人和者也。"它既讲了"天和",也讲了"人和",其实就是强调人与自然的和谐统一,即人的一切行为都应与天地自然保持和谐一致,这就要求人类要在了解与尊重自然规律的基础上行动。庄子认为,人类从自然中获取生存所必需的资料,人与自然的和谐状态,就是一种协调完满、充满生命力的最佳状态。保持和谐,世界就充满生机,社会就兴旺进步;破坏和谐,事物就向相反方向转化,无论是生态、世态还是心态,都会失调、失序、失衡,影响发展和进步。庄子所强调的物我同一的自然观,与可持续发展的基本经济原理是一致的,即应在坚持与自然和谐的前提下,追求人类的生存权和发展权,而不是凭借手中的技术和投资,采取污染环境,甚至破坏资源的方式来片面追求人的权利的实现。

庄子以他的生态伦理思想和自然艺术哲学为人类的生存而呼喊。庄子散文将大自然作为审美对象,强调“无为”的行事方式,认为人类难以与天道抗衡。为此,他拒绝以人类为中心的、功利性的与大自然交往的方法,而倡导一种超功利的尊重自然的方式,认为从中可以获得真正的精神享受,“山林与,皋壤与,使我欣欣然而乐与”(《庄子·知北游》)。寄情于自然的庄子,以充满激情的笔触描写天地所彰显的辽阔朴实之美,以及季节与万物规律性的存在方式,由此强调人类应顺应自然、尊重万物自然发展的价值观。

在西方,古代希腊人的自然观是“万物有灵的自然观”。他们认为自然界是一个运动着并充满着灵魂的有机体。这种自然观包含三个层次。

首先,自然是运动的。早期古希腊人的学说反复提及自然万物变化与运动的永恒性。赫拉克利特说:“这个世界,对于一切存在物都是一样的……它过去、现在、未来永远是一团永恒的活火,在一定的分寸上燃烧,在一定的分寸上熄灭。”

其次,自然是有灵魂的。按照古希腊的自然宗教传统,世界万物是充满灵魂的,这被人类学家称为“物活论”或“万物有生论”。古希腊唯物主义哲学家泰勒斯等是西方哲学史上最早的物活论者。在“万物有生论”思想的主导下,古希腊人不断追问隐藏在自然万物背后的灵魂究竟是什么。这实际上促成了古希腊哲学对自然本原问题的不断探索。换言之,自然本原被等同于宗教中的灵魂,或神。例如,阿那克西曼德把“无限者”看作世界的本原,而“无限者”在他看来就是神,它同神一样永恒、不生不灭。

第三,自然是一个有机体。在古希腊人眼里,既然自然是从灵魂派生而来的,自然就是一个统一的有机体,万事万物在其中相互联系、相互影响。或者说,一切自然事物都囊括在这个有机体当中。

希腊文明是在一片肥沃土地上发展起来的,随着社会发展,到公元前八世纪中叶,希腊半岛大部分地区明显地感受到人口压力——有限的土地难以提供日益增加的人口所需的食物。为了弥补因水土流失带来的牧场缩小所造成的损失,古希腊人在牧场上进行过度的放牧,并砍去更多的森林以扩大草场,直至所有的可耕地都种植了作物。但是不幸也随之降临到希腊人的头上,绝大多数土地遭到大雨侵蚀,水土迅速流失,草地和牧场也因过度放牧而遭到毁坏。面对过度农耕导致的生态失衡,古希腊先贤深感问题严重,并提出了警告。诗人索伦(约公元前639—公元前559)在前590年左右意识到坡地上不宜种植谷物,提倡栽种橄榄、葡萄。柏拉图、亚里士多德也认识到大自然并非取之不尽,用之不竭,认为生态环境遭到破坏,人类就无法生存。柏拉图曾说:“先前富饶的土地现在只剩下一付病怏怏的骨架。所有肥沃松软的表土都被冲蚀殆尽了,剩下的只有光秃裸露的骨架。许多现在的荒山以前都是可耕作的土地;眼前的沼泽原为遍布沃土的平原;那些山丘上曾覆盖着森林,生产出丰富的畜产品,而如今只有仅够供蜜蜂吃的食物。再者,当时每年的雨水滋润着土地,土壤不会流失,不会像现在这样从光秃的地上冲到海里;当年的土层很厚,吸存着雨水,把水分存储在具有水稳性团粒结构的土壤里;这些吸存在土壤中的水分则在各地聚集,汇成湍急的山泉和潺潺的小溪。一些现在已经荒芜了的古神殿,就坐落在那些曾经涌出喷泉的地点,它们证实了我们关于土地状况描绘的真实性。”

古罗马人承续了“万物有灵的自然观”。古罗马的重要节日有农神节、牧神节。帝国时期的农神节从12月17日到12月23日连续7天,这也是冬至的时间,其间停止所有的买卖,奴隶获得暂时的自由,互相交换礼物和结婚。牧神节本是庆祝意大利畜牧神卢波库斯的古老节日,于2月15日在柏伦町山上的卢波库斯洞里庆祝。柏伦町山是传说中的罗马奠基人罗莫路和勒莫小时候被一只狼收养的地方,至今罗马的图腾仍为一只母狼喂养着两个婴儿。从这个传说依稀可辨当时罗马人对自然的崇拜。

但古罗马文化总体上是世俗文化,强调现世生活的感官享受,他们大修沐浴场(获得身体的享受)、斗兽场(获得视觉享受)。为了便于调动军队征服世界,修建了长达八万多公里的罗马大道。在农牧业方面,进行掠夺式种植和放牧。虽然也曾注意到水土保持工作,修建了集水坝、蓄水池来收集冬季雨水以供灌溉,还修筑了梯田和灌水工程。但这些工程由于种种原因或放弃不用,或缺乏维修而消失湮没了。在罗马后期,哲学家卢克莱修就认识到意大利的土壤侵蚀及地力耗竭的严重性。他指出,雨水与河流正在侵蚀耕地,冲蚀土壤,使土壤随着水流进入海洋,大地濒临死亡;农民为了养活自己,不得不耕种更多的土地,国力也正随之下降。

综上所述,在农耕文明时代,无论是中国的儒道学派,还是古希腊罗马的哲学家们,对自然都有一种友好而尊重的态度,认为自然是衣食之源,应该尊重自然运行规律,避免过度开垦所导致的生态失衡问题。但我们也不得不承认,即使在古代也同样存在着对自然界不同程度的破坏。因为生存与生产力之间的矛盾,人们在现实中采取了与当时的生产力相适应的、向自然的无休止的索取(如刀耕火种、大面积的开荒等),由此导致生态失衡,只是较工业革命以来而言较为轻微。

(二)工业文明时期的自然观

自文艺复兴以来,人类中心主义开始抬头,逐渐将自然视为取之不尽、用之不竭的资源宝库。而自18世纪60年代以来的工业革命,不仅从根本上提升了社会生产力,创造出巨量的社会财富,也从根本上变革了农业文明的所有方面,完成了社会的重大转型。人类社会的经济、政治、文化、精神,以及社会结构和人的生存方式等,无不发生了翻天覆地的变化。工业文明的自然观是一种机械论,它把自然理解为一部事前设定好的机器,认为这部机器的各组成部分之间的联系是既定的、机械的。对这部机器的总体认识可以通过对它的各个部分的认识来实现。这种以机械力学为基础的自然观对人类赖以生存的自然环境造成了极其严重的破坏。

自从瓦特改良蒸汽机以后,人类和自然的关系就进入了征服阶段,人类开始无休止地向自然索取,甚至试图改造自然。马克思说:"在劳动生产中,自然界表现为人的作品和人的现实,即'人化的自然界'。"这就是说,人能进行有预期目的的创造,或在自然界中实现自己的目的。但与此同时,人却忽视了事物的另一个方面。比如,北非的撒哈拉沙漠地区在历史上曾是一片美丽的森林,由于乱砍滥伐使森林荡然无存,土壤沙化,水土流失,最终形成了沙漠,并以每年30—50千米的速度向南侵入,形成了东西长5600千米,南北宽1600千米的巨型沙漠。进入20世纪以来,大工业的发展更把人工自然扩展到空前的范围,引起了资源短缺、森林破坏、耕地减少、土地沙漠化、物种灭绝和环境污染等一系列问题,人对自然平衡的干预已超出自然界的再生能力和自我调节能力,整个生态系统正朝着不利于人类生存和发展的方向演化。比如,煤炭的大量开采和使用,石油、天然气的广泛应用确实促进了生产力的发展,但也使空气中二氧化碳、二氧化硫的含量急剧飙升,"温室效应"、"酸雨"严重困扰着人类的生活。"温室效应"使南北极冰雪融化,海平面上升,使人类将失去大面积的生存境地。此外,水污染、核污染、噪声污染等日益加剧,已经使人类处在非常危险的边缘了。因此,协调人与自然的关系,成为摆在全人类面前十分紧迫的任务。

二、生态失衡与环境污染

生态失衡指的是因人类不合理地开发利用自然资源,破坏了原有的生态平衡状态,对生态环境带来不良影响的一种现象。环境污染是指人类直接或间接地向环境排放超过其自净能力的物质或能量，使环境质量降低，对人类的生存与发展、生态系统造成不利影响的一种现象，包括水污染、大气污染、噪声污染、放射性污染等。

(一) 生态失衡

20世纪以来，世界生态失衡日益严重。表现在以下几方面。

1. “温室效应”与全球增暖

连续30年的测量表明，大气中二氧化碳的含量以每年0.4%的速率递增，按现有绝大多数气候模型估计，在不远的将来可能使全球平均温度上升2℃，这样的温度变化可以和最近一次冰期以来18000年间的温度变化相比拟。而对湖泊中花粉和海底深游生物骨骼沉积物的考察表明，全球范围的温度变化，必然导致陆地植被类型和海洋生物物种分布的显著改变，而这又必然反过来影响全球气候。应该指出，除了二氧化碳以外，导致温室效应的痕量气体还有甲烷、氯氟烃、一氧化二氮等。它们在大气中的含量虽微，但增温效应强(如氯氟烃浓度仅为二氧化碳的百万分之一，增温作用却是它的1/4；甲烷浓度仅为二氧化碳的0.5%，增温作用却是它的1/3)、增长率高(如甲烷年增长率为1.0%，而二氧化碳年增长率为0.4%)、作用时间长(如一氧化二氮增温作用虽然只有二氧化碳的1/12，但在大气中的寿命为二氧化碳的7—10倍)，因而引起的效应相当可观(大致与二氧化碳相当)。这些气体含量的增加，亦起因于人类的工业和农业生产活动。“温室效应”问题已经成了人类共同关心的重大全球性环境问题。

2. 臭氧屏蔽的破坏

臭氧是氧的衍生物。自然大气中有微量臭氧存在，其浓度是随高度变化的，以平流层(距地平20—25km的大气层)中的臭氧浓度最大。而分布于同温层中的臭氧可以吸收太阳光中99%的对地球生物圈有极大伤害作用的高能紫外线，因此，臭氧屏蔽的破坏，必将对地球生命系统和人类生存环境造成灾难性的影响。测量表明，1978—1987年，全球臭氧浓度平均降低了3.4%—3.6%，1985年便在南极上空观测到了臭氧空洞。有证据表明，造成臭氧屏蔽破坏的主要原因是人类活动排放到大气中的氟氯烃的光化学反应。

3. 土地荒漠化

为获取食物，耕地面积在过去300年间从4亿公顷扩展至15亿公顷，耕地和牧场占陆地面积的30%以上。另一方面，森林面积急剧减小，5000年前约为76亿公顷，1860年为55亿公顷，1975年减至26亿公顷，1986年减为23亿公顷。目前,森林正以1100万公顷的速度消失,其直接结果是土地沙漠化。目前,沙漠面积已占陆地总面积的10%,还有43%的土地面临沙漠化的威胁。

(二) 环境污染

1. 大气和水体污染

全球每年排放进入大气层的气体,二氧化碳为57亿吨,甲烷约2亿吨。排放有害金属铝200万吨,汞1.1万吨、镉5500吨,超出自然背景值的20—300倍。因二氧化硫的排放诱发的酸雨的频度在增加,面积在扩大;空气质量严重下降,全球有8亿人生活在空气污染的城市中。江河湖海的污染日趋严重,淡水匮乏使12亿人口生活在缺水城市,14亿人口在没有废水处理设施下生活;水质污染引发的疾病成为人体健康最主要的危害;城市垃圾、污水、船舶废物、石油和工业污染、放射性废物等大量涌入海洋,每年有200亿吨污染物从河流进入海洋,约500万吨垃圾被抛进海洋,在入海口处数万平方公里的臭氧层空洞正在扩大。

在我国,大气和水体污染十分严重,据世界卫生组织和世界银行的研究报告表明,我国一些城市的大气污染浓度远远高于国际标准,在世界十大污染城市中,中国有6个城市名列前1—6名。据"全国第三次死因调查重庆部分结果显示,呼吸道疾病、恶性肿瘤、脑血管疾病、心脏病、损伤和中毒等原因占据了重庆人死因的前五位。呼吸系统疾病成为危害重庆人的第一'杀手'",前两大死因,均与环境污染密切相关。

2. 土壤污染

工业和城市废水、工业废渣、冬小麦垃圾、人畜粪尿施肥、化肥和农药以及大气污染的沉降都可污染土壤,直接或间接地影响人体健康。2005年,我国城市垃圾清运量达到每年1.56亿吨,是1980年的5倍。但其中有近一半的垃圾没有得到无害化处理,再除去在简易和不达标设备中进行的处理,真正有效的处理率大概仅有30%—40%。这几年,我国城市粪便清运量处在3000万—4000万吨的水平,2005年为3805万吨,处理率为71.3%。2005年,我国农作物秸秆产生量约6.89亿吨,禽畜粪便产生量约31.6亿吨。随着养殖场分布的集约化,大型养殖场都建在城市周边,对城市环境的污染也会逐渐加大。

(三) 生态失衡与环境污染的原因

伴着时代的推进,人与自然的关系变得复杂而微妙,环境失衡的问题愈来愈突出,具体表现在以下几个方面:耕地减少、土地沙化、水土流失、植被破坏、资源短缺、污染严重（包括水污染、大气污染、噪声污染和固体废弃物污染）。环境失衡问题与几百年来人类活动的加剧密不可分，结合历史与现代等因素来分析，造成环境失衡问题的原因是多方面的。

第一，工业规模不断扩大。自从人类出现在地球上，就不停地向自然界索取，同时引发环境问题。随着人类社会的进步和经济规模的发展，环境问题随之突出。特别是十九世纪中叶，第一次工业革命相继在各国完成，生产力迅速发展，人口急剧增长，人类社会活动的深广度有所扩大，人们向自然索取的程度和干预自然环境的能力越来越强，资源消耗和污染排放大量增加。同时，由于环保知识匮乏，环保意识薄弱，致使环境问题愈演愈烈。

第二，资源利用存在问题。当代社会对石油、天然气和煤等不可再生资源的需求巨大，但利用率很低，循环利用水平也不高，造成了资源匮乏、总量迅速衰竭。而可再生资源也遭到破坏，难以自然净化。因此，对可再生资源的利用，应限制在其再生产的承载力限度以内，同时采用人工措施促进可再生资源的再生产，特别应保护生物多样性及大自然的生态系统，保证可再生资源的持续利用。

第三，人口膨胀与生活水平提高。随着社会生产力的提高和经济建设的发展，人口出生率不断提高，死亡率不断降低，人口呈现出大幅度的增长趋势，造成对资源的需求也在不断扩大。另一方面，资源又呈现出相对短缺和利用率低的趋势，造成在资源利用上的供不应求。同时，随着现代化目标的实现，人们对生活质量的要求愈来愈高，也在一定程度上加剧了环境失衡、恶化的问题。

三、构建人与自然和谐相处的生态文明

在大力倡导科学发展观，构建和谐社会的今天，必须对传统的人与自然的关系进行深刻的思考。因为和谐人与自然的关系，不仅是人类生存的一个基本要求，也是构建和谐社会的一个前提。人类与自然的关系是共生共荣，而不是索取、改造、征服，这就要求人与自然必须互惠互利、共同发展，克服目光短浅、急功近利思想，树立人与自然和谐并进的科学发展观。

（一）构建人与自然和谐相处的生态文明的重要意义

第一，建构生态文明是建设持久和平、共同繁荣的和谐世界的基本要求。胡锦涛总书记站在人类社会共同进步的高度，从国内构建和谐社会的战略构想衍生出和谐世界的理念。所谓和谐世界，从环境上来说，表现在环

保上相互帮助、协力推进,共同呵护人类赖以生存的地球家园。我国环境政策和环保工作的成效直接影响我国的对外政治、经济交往和国家形象。中国必须积极推进节能减排,建设生态文明,参与国际环保合作,维护国家利益,树立良好的国际形象,与世界各国人民一道共同建设和谐世界。

第二,建设生态文明是构建社会主义和谐社会的重大举措。环境问题的实质是人与人的利益冲突,这种冲突源于自然环境承载力的有限性与人类个体追求自身利益无限性之间的矛盾。在那些高耗能、高污染产业集中的地方,屡屡出现少数人发财,人民群众受害,全社会买单的情况,违背了社会公平正义的原则,拉大了贫富差距,一定程度上削弱了广大人民群众对执政党和政府的信任。构建社会主义和谐社会,必须大力加强环境保护,依法保障人民群众的利益,妥善化解环境问题带来的社会矛盾,以环境友好促进社会和谐。

第三,建设生态文明是贯彻落实科学发展观的具体要求。科学发展观的第一要义是发展,我们既不能脱离社会主义初级阶段搞环保,也不能以社会主义初级阶段为借口宽容污染。经济发展是关系人类生活水平高低的问题,而环境则是事关能否生存的问题。科学发展观核心是以人为本,就是要关爱人的生命、珍视人的健康,以牺牲人的健康和生命为代价的发展是没有意义的,是对发展的否定。发达国家200多年来的发展经验表明,经济发展模式的演变必然面临短期和长期利益的权衡,着眼于长期利益而进行经济发展模式演变的国家,最终会成为居于主导地位的国家,在国际竞争中具备显著的竞争优势。只有将环境保护上升到国家意志的战略高度,融入经济社会发展全局,才能从源头上减少环境问题。

第四,建设生态文明是应对全球气候变化的迫切需要。全球气候变暖使得南极冰川在慢慢消融,北冰洋冰盖在融化,北极熊无家可归。2008年初,低温雨雪冰冻灾害造成中国经济直接损失1516.5亿元。专家认为,此次暴雪天气的成因就是全球气候变化。在此背景下,幅员辽阔、气候多样的中国可能是受影响最大的国家之一。像中国这样的发展中国家,大部分人的生活水平相对贫困,在应对气候突变情况时显得更加脆弱。气候变化工作是关系经济社会可持续发展全局的课题,是对政府执政能力的考验,也是中国对国际社会应该承担的责任。

第五,建设生态文明是保障国家环境安全的必然选择。我国正在以历史上最脆弱、最严峻的生态环境供养着历史上最大规模的人口,负担着历史上最大规模的人类活动。我国能源存在结构不合理、缺口大、利用效率低等问题。2006 中国资源绩效居世界倒数第 6 位。自上世纪九十年代中期起，中国经济增长有三分之二是在透支生态环境的基础上实现的，发达国家上百年工业化过程中分阶段出现的环境问题，在我国已经集中出现。近十年来中国的资源环境问题呈现出从常规的点源污染物转向面源与点源相结合的复合污染，由单纯的工业污染过渡到工业和生活污染并存，长距离跨界污染日趋严重，污染型产业由发达地区向落后地区转移的趋势明显。生态问题日益突出和扩大，已经影响到区域、流域的生态安全和可持续发展，全球环境压力与日俱增，直接传递到政治、经济、社会等各个领域。

（二）构建人与自然和谐相处的生态文明的基本要求

社会和谐有赖于人与自然的和谐。如果我们无限度地掠夺自然，就会造成资源枯竭，森林破坏和植被减少，土地的退化、荒漠化和沙漠化，最终导致人类生产和生活环境的恶化。这不仅不能实现发展，还会使地球变得不再适合生存，人与人、人与社会的和谐也无从谈起，构建社会主义和谐社会更无从谈起。当前，我国经济社会发展与资源环境之间的矛盾比较突出。如果不能有效地保护生态环境，不但不能实现经济社会的可持续发展，还可能引发严重的经济社会问题。走人与自然和谐相处之路，保护和改善生态环境，提高资源利用效率，是我们总结历史经验、重新审视人与自然的关系之后做出的理性选择。

1. 大力倡导尊重自然、善待自然的观念

人类永远是自然之子，无时无刻不在享受着自然的恩泽，人类的生存发展一刻也离不开自然生态系统。尊重自然、善待自然，就是尊重和善待人类自己。

2. 大力倡导科学精神，正确认识自然，尊重自然规律

人类对自然的开发利用和改造永远不会停止，问题在于如何开发利用和改造自然。这就必须认识自然，尤其是认识自然规律，按自然规律办事。只有在科学认识自然和尊重自然规律的基础上，才能做到按自然规律开发利用和改造自然，实现人与自然的和谐相处。

3. 高度重视和加强环境污染的治理与生态建设

面对生态环境遭受严重破坏和环境污染日渐加重的严峻现实，应以科学发展观为指导，加大治理环境污染的力度，坚决禁止各种掠夺和破坏自然的做法，坚决改变以破坏资源和污染环境为代价的粗放型经济增长方式，采取坚决行动保护自然，维护自然生态系统的平衡与和谐。同时，增强全民族的环境保护意识，在全社会形成爱护环境、保护环境的良好风气。

4. 大力发展循环经济，建设节约型社会

资源是有限的，要满足人类可持续发展的需要，就必须努力实现自然资源的良性循环和持续利用。应在全社会大力倡导节约资源的观念和良好风尚，形成有利于节约资源、减少污染的生产模式、产业结构和消费方式，构建资源节约型经济体系和资源节约型社会。

自然界向人类提供的资源，一部分是不可再生的，如矿产资源。另一部分虽然可以再生，如粮食、水果、蔬菜等，但它们的增长要受自然条件的限制。因此，自然界向人类提供的生产、生活资料和舒适的生活、休闲空间，在特定的历史阶段是一定的。人类需求的增长必须与自然界所能提供的各类资源相适应，人类的生产和消费必须以最小的环境和资源代价来进行。维护人类社会发展，首先应当维护自然平衡，保证人类社会系统和自然生态系统的协调发展与和谐共处。我们毕业之后，都参与到各个行业的生产第一线，所以一定要培养环保的意识，并将这种意识运用到我们的工作和生活中去。

第二部分　扩展阅读

上海世博会努力打造成一届低碳的世博会

2010年上海世博会的帷幕已经拉开。城市，如何让生活更美好？在"低碳、和谐、可持续发展城市"这三大主题下，上海世博会第一次试图解答工业革命带来的城市化困扰。人们在惊叹于各展馆展示的科技、创意成果的同时，也正在关注"低碳世博"。

那么，究竟什么是低碳世博呢？正在为世博提供建筑服务的远大低碳建筑公司总经理傅立新阐述了他的理解。

傅立新说："我觉得低碳世博包括两方面：第一，让全人类建立一种低碳意识；第二，利用(世博会)这样的平台把已经诞生的低碳产品和方法展示给所有人。"

在此次上海世博会上，低碳理念成为许多参展方力图表现的主旋律。世博园区及其周边所采用的新能源处处可见。最常见的就是园区内的交通工具——500多辆零排放的燃料电池汽车。园区的建筑也都从节约能源、减少排放和可回收建筑材料等方面进行构筑和建设。

以“创新，点亮梦想”为主题的国家电网馆就处处蕴藏着“低碳世博”的理念。工作人员小刘表示，如何更好地利用自然能量，同时减少能量的消耗，是他们一直在思考的问题。

小刘说：“我们采用太阳能电池。在地下的变电站采用地热能。上面有风能。馆里面所有的能量都通过智能的能量使用系统来调剂。”

关于低碳，小刘认为，“智能电网”非常重要。

小刘说：“中国智能电网的特色被称为‘坚强智能电网’，它利用特高压输电技术。特高压输电技术是把电压提高到很高的一个伏特数，这样传输过程中损耗很低。这样就可以把西部能源输送到东部来。”

而谈到降温装置，世博园的所有空调都采用非电技术，做到真正的低碳减排。所谓非电技术，就是采用了直接由热能来制冷的原理。传统意义上的电空调要完成制冷效果，必须由热能到机械能，由机械能到电能、再由电能回到机械能，最后才能制冷。然而，这五次能量转换过程都将排放出一定数量的二氧化碳。而非电空调则有效地减少了空调制冷过程中大约四分之一的碳排放量。远大低碳建筑公司总经理傅立新说：“非电空调比常规电空调节能两倍。它减排的二氧化碳相当于常规空调的四分之一。一棵成年树每年可吸收18.3公斤的二氧化碳，如果按这个数量计算，整个世博园使用的非电空调而减排的二氧化碳相当于在世博园种了400万棵树。”

远大在世博园区内共建设了22座能源中心，为200余个场馆提供空调服务。据介绍，这种区域空调的服务模式已被欧洲许多发达国家广泛采用，此次应用于上海世博会，将有助于加速区域空调在全球的推广和应用。

（选自《中国日报》2010年5月3日）

幸福的小草

陈鲁民

看到两则关于小草的故事，感触颇深。

留学德国的一个中国学生，想晒晒被子，没找到绳子和架子，看到门前的草坪很干净，就把被子摊开在草坪上晒太阳。不久，便有两个警察找上门来，两个警察很认真地拿着皮尺量了一下被子覆盖草坪的面积，拿出计算器算了算，开出罚单，对留学生说：请接受5欧元罚款。为什么？留学生不解。

警察很耐心地对他解释说:因为小草也有晒太阳的权利,而你破坏了小草正常的光合作用,请你看看住宿须知。果然,在他租的房间里找到一本住宿须知,清清楚楚说明,为了保护小草,不能在草坪上晾晒衣物。

一位移居奥地利的中国商人想在自家寓所前的草地上安装几盏景观灯,就向当地的社区环境管理署提出申请。第三日中午,社区环境管理署的两位管理员来到了他家。两位调查员持着光线测试器,从不同的方位角度,认真仔细地测试着该大草坪所接受的太阳光照射度,并记载着有关的数据。最后两位管理员向他宣布:尊敬的先生,根据我们的测试,您的草坪白天所接受的阳光足够满足小草的光照,根本用不着夜晚再装置灯柱予以补充。再说,我们也没有权利答应您这种非理性耗用电能的要求。因此,您提出装置灯柱的申请不能批准。两位管理员还告诉中国商人:“在奥地利,除了政府部门所指定的景观草坪和花园能够安装彩色灯柱外,其余的草坪和花园一律不能安装。小草们夜晚最需要黑暗,如果装置了灯柱,灯光会使小草的生长规律发生紊乱,连小虫们都不大愿意鸣叫了。即使是那些景观草坪上的灯光,在晚上10时也全部自动关闭了,因为谁也无权剥夺和破坏它们的这种生存规律。”

小草们真幸福啊! 白天有人关心它们是否能晒到太阳,夜里还有人关心它们能不能安然入睡,一旦受到侵犯,不用它们自己出面,就有人替它们主持公道。

有句常被用来批判崇洋媚外的话叫“月亮也是外国的圆”,但无论如何,这两个地方的小草的幸福程度比我们国内的小草要高,恐怕是不争之事实。虽然我们的公园里也多有禁止践踏草坪的告示,但践踏小草者仍屡见不鲜。小草倘若有知,肯定也会羡慕它的外国同伴的;如果能远走高飞,说不定它也早就漂洋过海去了异国他乡了。

“人生一世,草木一秋”,在咱这里,人如果被轻贱,就叫“视若草芥”,其实,即便是草芥,倘若受到尊重和爱护,也可以是一棵幸福的小草。

晚上做梦,我也成了一棵小草,幸福的小草。

(选自《北京晚报》2007年10月3日)

消失的楼兰古国，不消失的水的记忆

杨瑞春

那感觉大约就像一队蚂蚁在横穿大锅的锅底。11 月 14 日，当我们科考队一行 20 多辆车穿过奇形怪状的雅丹地带“龙城”，进入到了广阔平坦的罗布泊湖盆的时候，极目望去，四面都只剩了地平线，唯有天边散落一些小小的雅丹的身影，在上午的阳光下似真似幻。

我们的最终目标是位于罗布泊西岸的楼兰古城。

在罗布泊，最大的感慨是，所谓“沧海桑田”的变迁，可能并不需要预想中那么长的时间，在坚硬无比、绵延不绝的盐碱壳子上颠簸，很难想象，50 年前这里还可以划船，还能打上 1 米多长的鱼。中上游的引水灌溉和水库的修建使塔里木河不再注入罗布泊，1972 年，罗布泊蒸发完了最后一滴水，成为一片死亡之海。

因为水的消失，一个湖的废弃乃至一个城市的废弃，这样的故事在塔克拉玛干沙漠中并不鲜见。比如楼兰。

当天黄昏，我们的车队用整整一个下午的时间走过 18 公里极其难走的雅丹地貌，终于到达这个古城。有谁能面对黄昏中的楼兰古城而不动容呢？

在夕阳的金色光辉中，高大的佛塔和“三间房”苍凉而悲壮，千年前的木桩在晚霞中好似要燃烧起来，陶罐的碎片撒了满地，粗大的胡杨树枝像干枯的绳子一样卷曲，轻轻一碰就会碎掉……一座废弃的安静的都城，它曾经怎样歌舞升平过？它又怎样由盛到衰，到达了自己的末日？

我们是 13 日上午从 560 公里外的库尔勒赶来的，楼兰是北京电视台组织的大型电视科考系列报道活动“百年发现世纪穿越——人与水的记忆”的最后一站，也是最重要的一站，17 日，北京电视台和新疆电视台在这里举行了大型直播节目“楼兰论坛”。

整个科考活动则是 10 月 31 日从喀什开始的，分为南北两线。北线全程沿塔里木河向东行进，途经巴楚、阿克苏、拜城、库车、轮台、库尔勒、营盘抵达楼兰。南线则从沙漠边远的县城麦盖提横穿塔克拉玛干大沙漠，经玛扎塔格山，过丹丹乌里克、喀拉敦、圆沙古城、大河沿，经英苏穿越罗布荒原到达楼兰。

组建这支考古队，首先是对楼兰发现 100 周年的纪念。1900 年 3 月初，瑞典探险家斯文·赫定率领的探险队沿着干枯的孔雀河左河床来到罗布荒原,在穿越一处沙漠时发现他们的铁锹不慎遗失在昨晚的宿营地中。赫定只得让他的维吾尔族助手阿尔德克回去寻找。这位助手回来的时候,不仅带回了铁锹,而且还拣回了几件木雕残片。赫定见到残片非常激动,第二年3月,他回到这里进行挖掘,发现了大批文物。这就是令世界震惊的楼兰古城。

但此行更重要的目的是探索人和水的命运。此次大型报道节目的制片人韩斗斗说,他们在几年前就有制作这一节目、探讨这一命题的想法,“在塔克拉玛干地区,人和水的关系的问题实在是最敏感、最突出、最脆弱的了,更深一步来讲,这其实是人和环境的关系问题,而这是新世纪人类共同面临的问题”。

科考队一路走来,通过历史和现实的对比,探讨塔克拉玛干地区河流、绿洲和人类活动三者之间错综复杂的关系,从依然生机勃勃的塔河上游走到下游的古城废墟,楼兰的确是探讨这一话题的典型案例。

历史上,楼兰属西域三十六国之一,与敦煌邻接,公元前后与汉朝关系密切。《汉书·西域传》记载:“鄯善国,本名楼兰,王治扜泥城,去阳关千六百里,去长安六千一百里。户千五百七十,口四万四千一百。”楼兰城是楼兰王国前期政治、经济、文化中心,它东通敦煌,西北到焉耆、尉犁,西南到若羌、且末。古代“丝绸之路”的南、北两道从楼兰分道,楼兰城作为亚洲腹部的交通枢纽城镇,在东西方文化交流中,曾起过重要作用。

楼兰究竟是如何神秘消失的?一直是近代学者多年争论不休的一个问题。

一个说法是战争,认为楼兰是为仃零所灭,或者是被北方的匈奴游牧民族所灭。但疑点是战争只能毁灭一城一池,不太可能灭亡整个国家。

还有一个说法是瘟疫,认为当时曾在国家里发生过一场大瘟疫。附近曾发现过一些群葬坑,里面男女老少尸体像垒砖那样层层叠叠。

气候恶化论是目前较占上风的论点,认为是因为自然变化造成国家大迁移。那具著名的“楼兰美女”(3800年历史)在解剖的时候就已经发现肺部沉积有大量沙土。说明当时气候已经开始恶化了。

但现在更新的说法认为,政治和社会巨变是楼兰废弃的导因,此次参加科考活动的著名考古专家、中国社科院考古研究所研究员孟凡人就持这一观点。孟认为,楼兰的消亡是一个从废弃到彻底荒废的过程。公元376年左右前凉退出楼兰后,鄯善由于内部和苏毗人入侵等原因正处于衰落时期,故无力进驻并振兴楼兰城，遂导致楼兰城在政治上彻底失去作用，同时，因为自敦煌进入西域的古道有了很大的发展，开拓了交通更为方便的大海道，楼兰的交通枢纽的地位也失去了。这样又使以丝绸贸易为主的各种商业陷于停顿，楼兰城失去了赖以繁荣的基础。西域长史机构撤走，大批屯田者和汉族居民离去使人口锐减，农业生产基本停顿，从而动摇了楼兰城的生存基础。

由于没有足够的劳动力，也没有政府机构组织大兴水利、疏导河道、平整耕地，完全丧失了与当地恶劣的自然环境作顽强斗争的手段，致使风沙逐渐内侵，雅丹地貌逐渐发育，耕地面积和植被不断缩水，河流和渠道被风沙淤塞、改道、蒸发渗漏，生态平衡遭到严重破坏，如此年复一年恶性循环，楼兰地区逐渐失去了人类聚居生活的条件。

不管怎样，楼兰荒废最根本的原因还是没有水，著名历史地理学家王守春认为，水的减少直到消失，除了气候变化的原因，更主要的是人为原因。

从历史上看，也多次发生过由于人口的增加，上游对河水的过度引取，使下游河流来水减少和河道的不稳定，最终导致下游古遗址废弃的事情。

现在，还有一种说法认为，楼兰人为大兴土木以及其奇特墓葬形式“太阳墓”砍伐了大量树木，最终带来了生态恶化。“太阳墓”外表奇特而壮观，围绕墓穴的是一层套一层的共七层由细而粗的原木。木桩由内而外，粗细有序。圈外又有呈放射状四面展开的列木，整个外形酷似一个太阳，据今年年初的资料，在已发现的七座墓葬中，成材原木达一万多根，数量之多，令人咋舌。

值得一提的是，用发掘于楼兰的卢文字书写的律法中，有这样的律条：“凡砍伐一棵活树者罚马一匹，伐小树者罚牛一头，砍倒树苗者罚羊两头。”可见当时的人们已经意识到要生存下去必须保护生态环境。

但楼兰最终还是湮没于风沙之中了。根据历史记载，楼兰国曾有几千人在一个叫善密的人带领下迁到义乌（今哈密一带），另一部分人迁到了和田的罗普（罗布泊的转音），另一部分人坚持生活在罗布泊内，一直到清朝末年。

古人云：“今之于古也，犹古之于后世；今之于后世，亦犹今之于古也。”楼兰留下的“人与水的记忆”，是一段惨痛的历史，不过，看一看今天的罗布泊，看一看塔里木河下游大量因缺水而衰败的胡杨林，我们也足以担忧，我们留给后人的记忆，将是什么样的历史呢？

（选自《南方周末》2004年8月3日）

敬畏自然

严春友

人们常常把人与自然对立起来,宣称要征服自然。这实在是太狂妄自大了,因为在大自然面前,人类永远只是一个天真幼稚的孩童,而他却要做自然的主人!他只是大自然机体上普通的一部分,正像一株小草只是她的普通一部分一样,有什么资格与自然对立!

如果说自然的智慧是大海,那么,人类的智慧就只是大海中的一个小水滴,虽然这个水滴也映照着大海,但毕竟不是大海。可是,人们却要用这滴水来代替大海。

看着人类这种肤浅的表现,大自然一定会窃窃私笑——就像母亲面对无知的孩子那样的笑。人类的作品飞上了太空,打开了一个个微观世界,于是人类就沾沾自喜,以为揭开了大自然的秘密。可是,在自然看来,人类上下翻飞的这片巨大空间,不过是咫尺之间而已,就如同鲲鹏看待[illegible]一般,只是蓬蒿之间罢了。即使从人类自身智慧发展史的角度看,人类也没有理由过分自傲:人类的知识与其祖先相比诚然有了极大的进步,似乎有嘲笑古人的资本;可是,殊不知对于后人而言我们也是古人,一万年以后的人们也同样会嘲笑今天的我们,也许在他们看来,我们的科学观念完全错了,我们的航天器在他们眼中不过是个非常简单的儿童玩具。人类的认识史仿佛是纠错的历史,一代一代地纠正着前人的错误,于是当我们打开科学史的时候,就会发现科学史只是犯错误的历史。那么,我们有什么理由和资格嘲笑古人、在大自然面前卖弄小聪明呢?

人类是大自然的模仿者,但他模仿得很拙劣。他发明了种种工具,挖掘出大自然用亿万年的时间积累下来的宝藏——煤炭、石油、天然气以及其他各种矿物质,人类为自己取得的这些成就而喜形于色,然而,谁能断言那些狼藉斑斑的矿坑不会是人类自掘的坟墓呢?谁能断言我们不是在走着一条通向死亡的路呢?

常言说:君子坦荡荡,小人常戚戚。智慧也是同样,小聪明是狂傲的,而大智慧却是谦逊的。人类的智慧绝不是宇宙中唯一的智慧,也远不是最高的智慧,有什么资格傲慢呢?在宇宙中,一定存在着就本质说远比我们的智慧要高得多的生物。因为,“我们”的太阳系只有四十多亿年的历史,就演化出了有智慧的生物；而宇宙至少已有二百亿年的历史了，在那些比我们更古老的星系里，一定早就演化出了更高级的生物。这些生物的智慧是我们所无法比拟的。也许，他们看我们，就像我们看蚂蚁一般，即使我们中的那些伟大人物，在他们看来也不过尔尔。大诗人蒲柏曾经有诗曰：

最近高天层上的人都在看
地上人的行动很离奇
有人发现了自然规律
居然做出这样的事体
他们在看我们的牛顿
好比我们在欣赏猢狲

我们的牛顿和爱因斯坦，在他们眼中顶多是个聪明的猴子。

人类的智慧与大自然的智慧相比实在是相形见绌。无论是令人厌恶的苍蝇蚊子，还是美丽可人的鲜花绿草；无论是令人望而生畏的星空，还是不值一提的灰尘，都是大自然精巧绝伦的艺术品，展示出大自然深邃、高超的智慧。大自然用“死”的物质创造出了这样丰富多彩的生命，而人类却不能制造出一个哪怕是最简单的生物。就目前所知，人本身就是自然智慧的最高体现，是她最杰出的作品之一。人体共有一万亿多个细胞，这么多的细胞不仅能够相互协调，而且每个细胞都有着与众不同的特殊分工，每个细胞都有其特定的工作，绝对不会混淆，从而使整个人体处于高度有序的状态。在近百年的时间中，人体细胞尽管替换许多次，但这种秩序并不会改变。最不可思议的恐怕要数我们的大脑了，它使人有喜怒哀乐，还能够思维，能够理解、想象。大自然也很“懂得”美学原则，在创造每个事物以及我们身体的时候运用了各种美的规律，比如对称性、协调性等等，使人体、花朵等表现出难以形容的美。用尽人类的全部智慧，恐怕也难以造出这样的一个人来，让那一万亿个细胞协调工作，是人类的智慧所不能胜任的。

自然之所以创造出会思维的生物，也许是有深意的。在我看来，宇宙之所以创造智慧生物是“为了”进行自我认识，“为了”欣赏她自己壮丽无比的美。人是自然发展的高级阶段，人的智慧是宇宙智慧的高级形态，其高级之处仅在于他会思维、能够进行理解以及有自我意识。人的智慧与宇宙的智慧是同一智慧的不同阶段。宇宙或者说自然借我的眼睛来观看她自己，借我的嘴来表达她自己，说出她亿万年来想说而没有说出的话。从这个角度可以说，我的智慧即是自然的智慧，我对宇宙的认识即是宇宙对自己的认识，我思维即是宇宙在思维，我痛苦即是自然在痛苦，我欢笑即是宇宙在欢笑。所以,人仅有的一点小智慧也是大自然所赋予的,并不属于他自己所有,他只不过是宇宙自我认识的工具。因此,人对自然的种种误解,也许是自然对她自己的误解吧。

这样看来,我就只是宇宙机体上的一个部分,一个器官,就如同大脑是我们身体的一个器官一样,人与宇宙本来就是一体的。宇宙是一个大生命,而我只是这个大生命的一个组成部分。那么,让我们爱护自然就像爱护我们的身体一样吧。

谁说宇宙是没有生命的?宇宙是一个硕大无比的、永恒的生命,那永恒的运动、那演化的过程,不正是她生命力的体现吗?如果宇宙没有生命,怎么会从中开出灿烂的生命之花?这个宇宙到处都隐藏着生命,到处都有生命的萌芽,到处都有沉默的声音。你难道没有听到石头里也有生命的呐喊吗?你难道没有用心灵听到从那遥远的星系里传来的友好问候吗?

即使那些看起来死气沉沉的物质,也是宇宙生命的构成部分,也是生命的一种存在形式。那些高级的生命形态正是从这“死”的物质中产生的,换言之,包括我们人类在内的高级生命,只是物质的另一种存在方式。在物质中,有无数的生命在沉睡着,一旦出场的时间到了,它们就会从睡梦中醒来。

因此,人类并不孤独,在宇宙中处处是我们的弟兄。

因此,我们再也不应该把宇宙的其他部分看作只是我们征服的对象,再也不应该把其他生物仅仅看作我们的美味佳肴,而首先应该把它们看作是与我们平等的生命,看作是宇宙智慧的创造物,看作是宇宙之美的展示者,首先应该敬畏它们,就像敬畏我们自己一样。敬畏它们,就是敬畏宇宙,敬畏自然,就是敬畏我们自己。

(选自《散文》1998年第9期)

敬畏生命

阿尔贝特·史怀泽

我要呼吁全人类,重视尊重生命的伦理。这种伦理,反对将所有的生物分为有价值的与没有价值的、高等的与低等的。这种伦理否定这些分别,因为评判生物当中何者较有普遍妥当性所根据的标准,是以人类对于生物亲疏远近的观感为出发点的。这标准是纯主观的,我们谁能确知他种生物本身有什么意义?对全世界又有何意义?这种分别必然产生一种见解,以为世上真有无价值的生物存在，我们能随意破坏或者伤害它们。由于环境的关系，昆虫或原生动物往往被认为没有价值。但事实上，我们的直觉意识到自己是有生存意志的生命，环绕我们周围的，也是有生存意志的生命。这种对生命的全然肯定是一种精神工作，有了这种认识，我们才能一改以往的生活态度，而开始尊重自己的生命，使其得到真正的价值。同时，获得这种想法的人会觉得需要对一切具有生存意志的生命采取尊重的态度，就像对自己一样。这时候，我们便进入另一种迥然不同的人生经验。

这时候，善就是：爱护并促进生命，把具有发展能力的生命提升到最有价值的地位。恶就是：伤害并破坏生命，阻碍生命的发展。这是道德上绝对需要考虑的原则。由于尊重生命的伦理，我们将和全世界产生精神上的关联。平时我都尽力保持清新的思考和感觉，而怀着善的信念，时时依据事实和我的经验去从事真理的研究。

我是一个生命，生命的意愿是生存，在生命的中途，她愿意活着。在我的生命意识中，带着对毁灭和痛苦的惧怕，渴望着更广阔的生存和快乐；我的周遭围绕着同样的生命意识，无论她在我面前表达自己还是保持沉默。生命意识到处展现，在我自身也是同样。如果我是一个有思维的生命，我必须以同等的敬畏来尊敬其他生命，而不仅仅限于自我的小圈子，因为我明白：她深深地渴望圆满和发展的意愿，跟我是一模一样的。所以，我认为毁灭、妨碍、阻止生命是极其恶劣的。尊敬生命，在实际上和精神上两个方面，我都保持真实。根据同样的理由，尽我所能，挽救和保护生命达到她的高度发展，是尽善尽美的。在我内部，生命意识懂得了其他的生命意识。她渴望透过自身达到整合，成为一个整体。我只能坚持这样一个事实，生命意识透过我展示了她自己：成为与其他生命意识相互依存的一员。

我经验过向一切生命意识表达同等敬畏的不可遏止的冲动，如同尊敬自身的一样。通过这种经验形成了我的伦理观。一个人遵从这种冲动，去帮助所有他能够帮助的生命，并且畏惧伤害任何活着的生灵，这个人才是符合伦理的。如果我把一只昆虫从泥坑救出来，我的生命对另一个生命做出贡献，那么对立于生命自身的生命分隔现象就消失了。不论何时不论何种方式，我的生命对另一个生命贡献出她自身，我的生命意识就经历了一个从有限到无限的融合的愿望，在这个愿望中，所有的生命是一个整体。

（选自《敬畏生命——五十年来的基本论述》，上海科学院出版社，2003年）

谁能为一只小鸟下跪

肖复兴

我只知道,为了自己的过失或罪行而下跪的,在历史上有这样的人:一是遥远的古罗马的哲学家奥古斯丁,他因为自己不能忘情于情欲,不能割舍掉世俗,自责而忏悔,痛苦而羞愧,扑倒在自己寓所的花园里失声痛哭,在一棵无花果树下跪下;一是前德国总理勃兰特,他在访问波兰的时候,因为自己的国家和民族发动的第二次世界大战,因为在波兰建造惨无人道的奥斯威辛等集中营,给波兰人民造成的灾难和痛苦,在波兰的二次世界大战犹太人死难纪念碑前下跪。

我还知道,曾经有人只是为了一只小鸟而下跪。

是两年前,在澳大利亚举行的网球公开赛中,一只小鸟突然飞进正在激烈比赛的赛场,非常不凑巧,简直就像是一滴雨水正好掉进了瓶子里一样,被击打得飞速腾空的网球,正好打在小鸟的身上,小鸟当场落地身亡。击中小鸟的那位运动员(可惜我不知道他的名字),立即终止了比赛,走到小鸟的身旁,当着那么多观众的面,为自己的这一过失,虔诚而毫不犹豫地跪倒在这只小鸟的面前。

这位运动员让我非常感动。在我看来,虽然一只小鸟和无数因战争无辜而死的人无法相比,但是,它和他们在生命的价值和意义上是相同的;虽然无意而偶然伤害一只小鸟和有意而泛滥的过错也无法相比,但是,它和他们在生活中过错的结果和本质是相同的,它和他们衡量我们道德的尺度和分量也是相同的。

在我们的生活和内心中,谁都会有意或无意地发生这样或那样的闪失过错,这并不奇怪。无论什么样的闪失或过错发生了,我们能够真诚地责问自己,忏悔不已,便是一个有高尚道德感和高贵情感的人。可惜,如今许多人类高尚而高贵的道德和情操,已经几乎被我们用自己的手斩尽杀绝。情操的高贵,逐渐被物质价格和包装的昂贵偷梁换柱;道德的高尚,更是被污浊和卑下理所当然和公然地替代。

所以,在现实面前,诸如假冒伪劣的盛行,全村人明目张胆地公开造假而没有丝毫的羞耻感和罪恶感,已经是见怪不怪的事情,没有一个人为此而羞愧,就更谈不上忏悔了。至于拿着并不干净的行贿或受贿的钱的各等大小官僚，并没有感到沉甸甸的烫手，为此为自己的良心而羞愧忏悔，便更是习以为常的事情了。甚至在街头巷尾，为了一点小事而鸡吵鹅斗乃至大打出手；在日常生活中，文过饰非、推诿过错乃至嫁祸于人，我们更是能够常常看到，却很少能够见到其实可能有我们自己的过错在里面，只要我们自己能够稍微检点一下，敢于承认，敢于改正，漫说什么下跪，只需要将昂得高高的头稍稍地垂下，简单地说一句对不起，便很容易就化干戈为玉帛。但是，我们已经失去了这样的一点勇气、约束力和廉耻之心。

我们常说我们有着悠久的文明历史传统，我们的古人早就给我们留下这样的教诲：勿以恶小而为之，勿以善小而不为。还有这样的教诲：以小善为无益，以小恶为无伤，凡此皆非所以安身崇德也。如果我们真正秉承了这样的传统，听从了这样的教诲，我们本可以和温布尔登的那位运动员一样，也是可以为一只小鸟而下跪的。可惜，我们已经失去了这样的古老的安身崇德的教义和传统。我们已经可以将许多沉重的过失和硕大的罪恶都变得“五岳倒为轻”，我们从来不缺少大事化小小事化了的本事，我们怎么可以还能够具有“润物细无声”的心态和自我的道德约束力，去斤斤计较小善或小恶并以为那其实是关系着我们的安身崇德呢？

看来，如今谁还能够为一只小鸟下跪，是值得问一问我们自己的问题。

（选自《中国青年》2004 年第 21 期）

假如明天人类从地球上消失

艾伦·韦斯曼

假如说有一种人类特有的什么病毒——自然的病毒或是某些人怀着邪恶的目的制造出来的病毒——令我们遭受了灭顶之灾，而其他生物却毫发无损；或是哪个仇恨人类却才华出众的奇才以什么手段攻击了人类区别于大猩猩的那 3.9%的独特 DNA；再或是他想出什么绝招使人类无法产生精子；也有可能是耶稣或者外星人将我们带走，要么升到了荣耀的天国，要么被关在宇宙中的某个动物园里。

看看你身边的世界。看看你的房子、你的城市、周围的土地，还有脚下的人行道和人行道下方的土壤。想象它们都原地不动，独独少了我们人类的模样。如果大自然中剩下的事物和我们的同胞生物突然摆脱了人类所给予的无情压力，它们会有什么样的反应呢？

多久之后，大自然才能收复失地，抹去我们曾经生活在这里的所有痕迹？它将如何吞噬我们庞大的城市和公共设施，如何将不计其数的塑料制品和有毒的人工合成材料转化成良性的基本元素呢？

还有，我们最杰出的创造物——我们的建筑、艺术和灵魂的展示又会如何呢？

为了知道没有我们的世界到底是个什么样子，我们必须关注眼前的这个世界。我们做的有些事情是不可挽回的，今天，地球上仍然有那么一些地方能勾起我们对史前伊甸园的生动回忆。但愿没有我们的世界会想念我们，而不是如释重负。

在我所要描绘的图景中，我们所有的人将会突然消亡。就在明天。

(选自《书摘》2008 年第 1 期)

✻名言荟萃

1. 顺乎天，而应乎人。(《周易》)
2. 惟天地，万物父母；惟人，万物之灵。(《尚书》)
3. 人法地，地法天，天法道，道法自然。(《老子》)
4. 智者乐水，仁者乐山。(《论语》)
5. 莫(暮)春者，春服既成，冠者五六人，童子六七人，浴乎沂，风乎舞雩，咏而归。(《论语》)
6. 顺之以天理，行之以五德，应之以自然。(《庄子》)
7. 不涸泽而渔，不焚林而猎。(《淮南子》)
8. 落霞与孤鹜齐飞，秋水共长天一色。(王勃)
9. 野芳发而幽香，佳木秀而繁阴，风霜高洁，水清而石出者，山间之四时也。(欧阳修)
10. 山重水复疑无路，柳暗花明又一村。(陆游)
11. 落木千山天远大，澄江一道月分明。(黄庭坚)

12. 自然中之物，互相关系，互相限制。（王国维）
13. 绝美的风景，多在奇险的山川。绝壮的音乐，多是悲凉的韵调。（李大钊）
14. 美的真谛应该是和谐。这种和谐体现在人身上，就造就了人的美；表现在物上，就造就了物美；融汇在环境中，就造就了环境的美。（冰心）
15. 山水是大物，对于我们思想感情的启发是非常广泛而深厚的。（宗白华）
16. 各人所见到的古松的形象都是各人自己性格和情趣的返照。（朱光潜）
17. 非但不能强制自然，还要服从自然。（〔古希腊〕埃斯库曼斯）
18. 大自然的每一个领域都是美妙绝伦的。（〔古希腊〕亚里士多德）
19. 当人类欢呼对自然的胜利之时，也就是自然对人类惩罚的开始。（〔德〕黑格尔）
20. 我们不要过分陶醉我们人类对自然的胜利，对每一次这样的胜利，自然界都对我们进行报复。（〔德〕恩格斯）
21. 只有顺从自然，才能驾驭自然。（〔英〕培根）
22. 只有自然，才是无穷的丰富；只有自然，才能造就大艺术家。（〔德〕歌德）
23. 现代人妄言“人定胜天”，孰不知，若战胜了自然，其自身便失去了生存的根基。（〔美〕司库马什）
24. 大自然的美是上帝的微笑，影响着我们的身体情绪，以及精神世界，具有改变人类灵魂的潜在能力。（〔美〕约翰·缪尔）
25. 自然是这么美的！人生有时虽然似乎太残酷，自然的美却是始终不变的。（〔美〕德莱塞）
26. 人是自然的产物，存在于自然之中，服从自然的法则，不能超越自然，即使在思维中也不能走出自然。（〔法〕霍尔巴赫）
27. 我不是不爱人类，而是更爱大自然。（〔法〕雨果）

28. 没有一位成功且有良好品行的人,不是大自然这位导师的受益者。(〔苏联〕苏霍姆林斯基)

29. 破坏了自然环境,就等于破坏了你的生活。(〔芬兰〕基米)

30. 地球能满足人类的需要,但满足不了人类的贪婪。(〔印度〕甘地)

第三部分 实践体验

1. 请同学们联系自己的衣食住行,谈谈人与自然的关系。
2. 组织一次亲近自然的集体活动,完成一篇800字的写景抒情散文。
3. 自己独立完成环境保护的口号,每人不少于5条。
4. 请同学们观察自己所处地的环境污染,并提出整改方案,要具有可操作性和现实性。
5. 请同学们了解中国发展简报(http://www.chinadevelopmentbrief.org.cn/)公布的"2010年第一批绿色消费警示名单"中的产品。
6. 请同学登录中国水污染地图(www.ipe.org.cn)和中国空气污染地图(www.air.ipe.org.cn)查询企业的超标违规记录。在网站的"企业查询"下的"企业监管记录查询"中查询。以班级为单位进行归类、统计,并进行相关讨论。

第七单元 科学精神

第一部分 主题解读

科学精神是科学发展的内在驱动力，催促着我们不断前行，推动着社会不断进步。科学发展为我们进步插上了腾飞的翅膀，把这个世界装扮得美丽动人。因此，要想实现自身价值，就需要培养科学精神；要想实现不断发展，就必须弘扬科学精神。

一、科学精神的含义

（一）科学精神的定义

什么是科学精神？众说纷纭，尚无定论。1892年，英国科学家皮尔逊在他的《科学的规范》中，将普遍性、客观性、实证性、合理性、怀疑性、简单性、审美性、一致性、进步性、公有性、公正性、为善性等统称为科学精神。美国学者托马斯·威斯则认为，科学精神指的是对逻辑的尊重，对寻找数据的渴望，对知识和理解的愿望，对结果的考虑，对前提条件的考虑，对验证的要求，以及质疑一切。美国社会科学家罗伯特·K·默顿从科学建制的价值规范上探讨科学精神，指出现代科学的精神特质包含四方面：普遍主义、“公有性”、无私利性、有组织的怀疑主义。

国内学者秦元海在总结中西方学者观点的基础上，站在科学活动的主客体角度进行全面分析，得出了一个更全面的含义。科学精神，是指科学主体在科学实践中形成和体现的高尚卓越的情操、气质、品格和行为特征以及科学活动过程制度化的共同价值观和行为规范的总称，是科学与科学活动的内在灵魂。作为一种认识世界的实践活动，科学包括有实践主体和实践活动。在科学研究的活动中，作为实践主体的人体现出的一种个人品质特征和社会共同价值观经过提炼上升而形成了科学精神的内涵实质。总之，科学精神是科学家的科学精神与科学体制化的内在统一。

(二) 科学精神的内容

为了更透彻地分析科学精神,要从科学主体的品质、共同的价值体系和制度化规范两个维度进行解读。

1. 从科学主体的品质来看,科学精神主要表现为崇尚真理、实事求是、锲而不舍、敢于创新、忘我奉献等情操品质和行为特征。科学主体是彰显科学精神的主导力量。科学家在长期的科学探索中积淀下来的科学精神是后来者在求真路上的精神动力,是价值连城的"无形资产",在科学事业的发展中发挥着巨大的价值。

(1) 崇尚真理

科学的目标是求真,即追求真理。任鸿隽曾说:"科学精神者何,求真理是已。"科学就是探索未知,就是透过复杂现象研究事物的本质,把握事物变化发展的规律性,从而获得对未知世界的真认识。英国哲学家培根曾把"要追求真理,要认识知识,更要信赖真理"看作是"人性中最高尚的美德"。如今,科学家之所以对世界的认识越来越清晰,正是由于具有渴求和崇尚真理这一特质,具备了科学的求真精神。由于计算验证的结果在理论与实测上的值有些不相符,牛顿在发现万有引力定律后的22年中没有发表他的研究成果,充分体现了牛顿作为科学家崇尚真理、精益求精、为真理负责的精神。

(2) 实事求是

毛泽东在延安整风运动中指出:"'实事'就是客观存在的一切事物,'是'就是客观事物的内部联系,即规律性,'求'就是我们去研究。实事求是,就是一切从实际出发。""实事求是"就是从复杂多变的客观世界中,获得真理性认知和科学结论的过程。我们应当从客观实际情况出发,排除主观臆断,客观理性地进行研究。

(3) 锲而不舍

成功不会在人生的路口守候你,你必须明确方向,坚定信心,锲而不舍地追求和探索。华罗庚曾经语重心长地说:"科学的灵感,绝不是坐等可以等来的。这种'偶然的机遇'只能给那些有准备的人,给那些善于独立思考的人,给那些具有锲而不舍的精神的人。"发明大王爱迪生一生都在不断地试验、失败、再试验……直到成功。他的成功与执著精神是分不开的。

(4) 勇于创新

创新是科学的生命和灵魂。哥白尼敢于怀疑和批判地心说,提出日心说,确立了新的宇宙观,为后人所称道。爱因斯坦敢于推翻前人有关宇宙时空不变的定律，提出狭义、广义相对论和时空可变的新架构，成为二十世纪的世纪人物，我们只有大胆改革创新，才能在学习工作中有所作为。

(5) 实践精神

实践是检验真理的唯一标准。无论是实事求是还是开拓创新，都必须以广泛深入的实践为基础。实践是科学精神的根本。实践精神要求尊重实践并积极参与实践，以实践为科学认识的来源、标准和最终目的。大量科学研究的事实证明，科学活动离开了实践就不能发展真理，科学精神也无从谈起。

(6) 忘我奉献

在科学的入口处，正像在地狱的入口处一样，一切犹豫和怯懦都无济于事。许许多多科学家冒着生命的危险坚持探索。居里夫人忍受风吹日晒和化学元素的放射侵蚀，为了提炼一克纯镭，苦战四十五个月，体重减轻了七公斤。瑞典化学家诺贝尔为了研制一种新型炸药，不顾"死神"一次又一次的威胁。为了追求科学真理，忘我献身的品质，正是科学精神的最好体现。

此外，科学精神还包括理性精神、实证精神、执著探索、敢于挑战和坚守志业、虚心接受科学遗产的情操、品质、意志，这都是热爱科学的有志之士应该学习和实践的重要内容。除开科学研究，我们还要将科学精神贯彻在日常生活中，做一个有高尚品质的人，一个能实现自身价值的人，一个有意义的人。

2. 从科学活动共同的价值体系和制度化规范的角度来看，科学精神体现为普遍主义、"公有性"、无私利性、有组织的怀疑等内容，这是对科学活动社会学意义的概括。

(1) 普遍主义

判断一种学说是否科学，不是看提出这一学说的人的种族、国籍、宗教、阶级和个人品质，也不是看它是否与权威相一致，而要看是否与客观事实相符。科学共同体对科学理论或假设的检验标准是具有客观性和普适性的。真理面前人人平等，在世界范围内是普遍有效的。科学是世界主义的，无国界也无阶级性；衡量科学的标准是世界普遍适用的。由此可见，科学精神就是倡导科学的民主、平等、自由、开放的精神。

(2) "公有性"

科学发现是社会协作的产物，归属于科学共同体，归属于全社会，是整个人类的共同遗产和公共财富。探索者一旦发现就应公诸于众，为全世界所用。爱因斯坦的相对论一公布，就推动了科学技术的迅猛发展。科技成果的公有性是科学精神的一大品质和社会性规范。

(3) 无私利性

科学家进行科学研究,是为了探索世界的奥秘,增长知识,造福人类,而不是为了一己私利。科学精神的无私利性提倡无私奉献精神,反对功利主义,排斥私欲的恶性膨胀。这种制度性规范有助于培养科学家良好的道德情操和行为品质,保持科学的纯洁性和促进科学事业的健康发展。

(4) 有组织的怀疑

这是指在对事实和知识分析的基础上,科学不承认绝对的权威和永恒的真理,反对非理性主义和集权制的管理,反对科学偶像权威,向往自由、宽松的生活环境,倡导科学民主自由的精神。人们可以对科学进行自由的质疑和批判,进行理性主义分析。

当然,科学主体和制度化的社会价值规范又是相辅相成辩证统一的。为了人类共同目的,科学家的精神品质的集合形成了制度化的社会价值和规范,而社会价值和规范也有利于规范指导科学主体的精神品质,两者统一于科学精神之中。

二、科学精神的当代价值

胡锦涛同志在看望全国政协十届五次会议的委员时说:“科学精神是一个国家繁荣富强、一个民族进步兴盛必不可少的精神,要在全社会广泛弘扬科学精神。”由此可见,科学精神有极其重要的现实意义,时代呼唤科学精神。

1. 促进个体发展

科学精神不仅针对科学家,对每个普通民众也是重要的精神品质。虽然我们不是科学家,但在生活中也会探究事物的本质,进行一些创造性的活动,因此也是科学主体。如果用崇尚真理、实事求是、锲而不舍、敢于创新、忘我奉献的个人品质,以及普遍主义、“公有性”、无私利性、有组织的怀疑等共同的价值体系和制度化规范来武装自己,我们的人生境界、思想素质将会得到极大的提高,我们的人文素养、职业技能也会得到不断的提升,我们的实践水平、创新能力也会得到充分的展现。由此可见,秉持科学精神,个体素质将会得到全面的提高和发展,科学精神是促进个体发展的重要内容。

2. 带动科技创新

科学无止境,改革没退路。只有改革创新,各项工作才能与时俱进,立于不败之地。科学技术是第一生产力，是社会进步和人类发展的主要动力。对于社会主义建设者而言，只有坚持改革创新，大胆探索，才能有所突破取得成绩。对一个民族而言，改革创新精神是民族发展的动力，应当大力倡导科学精神，为科技发展营造良好的氛围。

3. 推动社会文明

在建设创新型国家的过程中，从科学主体的角度来说，我们应以实事求是、锲而不舍、勇于创新、忘我奉献的科学精神为指导，推进民主法制建设，加强公民道德建设，维护社会公平正义，树立社会主义荣辱观，推进社会文明。从科学活动共同的价值体系和制度化规范的角度来看，我们要坚持科学精神的“四神”，全心全意为人民服务，将解决事关老百姓切身利益的医疗、住房、教育、社会保障等民生问题落到实处。只要事关老百姓切实利益的各项问题得到解决，构建和谐社会的目标将会不再遥远。

三、高职学生如何培养科学精神

据某研究机构调查，有48%的高职学生表示不清楚科学精神的含义，只有20.8%的高职学生知道科学精神是科学活动中体现的人的品质，大部分学生对科学精神知之甚少。随着社会的不断进步，仅仅掌握某项专业技术的实用型人才愈发不能满足社会的发展和市场的需要，如何培养自我的科学精神，提高自身的综合素质，促进自我的全面发展成为高职学生不得不面对的现实问题。

从高等职业教育的特点来看，作为高职学生，应该从如下几个方面培养自己的科学精神。

1. 培养科学精神，树立进取意识

伴随着电视、网络等现代媒体的出现，现代高职学生获取信息的渠道更加多样，获取知识的情况也愈发复杂。但是，部分高职学生在拜金主义、功利主义等思想的影响下，认为科学精神都是虚无的，只要掌握本领，赚取金钱才是硬道理。事实真的如此？其实他们都忽视了一个重要的方面：随着科技的不断进步，竞争的愈加激烈，用人单位对高职学生在新技术、新技能等方面提出了更多更高更苛刻的要求。当下，要想在激烈的竞争中赢得一席之地，必须培养崇尚真理，追求科学的科学精神。只有它才能帮助我们在学习生活中，脚踏实地，求真务实，锐意进取，不断完善自身技能，不断提高自身素质，时刻站在新技术、新技能的前沿。

2. 端正人生态度,提升科学品质

面对社会主义现代化建设的重任,我们必须认真地思考,究竟怎样才能培养科学精神,怎样才能利用科学品质,怎样才能为社会主义现代化建设贡献更多更大的力量?历史的经验告诉我们,只有端正人生态度,客观审视,实事求是,从实际出发,合理定位,制定切实可行的人生规划,才能更有效地培养科学精神、利用科学品质,为社会作出自己应有的贡献。相对高职学生来说,我们需要进行合理的人生定位和职业规划,从小事做起,从点滴做起,在学习实践中磨砺自己,好好学习,潜心钻研,脚踏实地,培养科学精神,提升科学品质,不断提高自己的综合素质,争取为社会做出更多更大的贡献。

3. 锲而不舍,勇于创新,不断奉献

俗语有云,行百里者半九十。科学精神的培养并不是一蹴而就的,它是一个循序渐进的、系统化的过程。因此要想成功,我们必须做好面对困难的准备,锲而不舍,坚持不懈,努力提高自身综合素质。这种品质也正是科学精神的客观要求。

随着科技的发展,知识和技术的更新越来越快。我们还要紧跟时代脉搏,不断探索,勇于创新。学如逆水行舟,不进则退,放弃创新,我们很快就会被历史所淘汰。

面对历史的抉择,我们必须懂得奉献。只有保证时间的奉献,我们才能实现技术的创新;只有懂得知识的奉献,我们才能实现更多的突破。只有明白奉献的意义,我们才能明白什么是科学精神,也才能更好地磨砺自己的科学精神。

4. 乐于学习,勇于实践,知行合一

要想真正实现科学精神的培养,除了坚定的信念,坚韧的品质之外,我们还要乐于学习,勇于实践。只有知行合一,将科学精神的培养与高等职业教育的学习实践过程相结合,才能实现科学精神的细化,保证科学精神的培养落到实处,取得实效。

综观高等职业教育的学习实践过程,科学精神无处不在,无处不有:人文素质课程中那鲜活的人物形象,专业基础课程中那缜密的逻辑思维,实践操作课程中那精密的操作训练,还有教师那严谨的治学,学校长远的办学理念……由此可见,高等职业教育整个学习实践过程为高职学生培养科学精神提供了丰富的资源和最佳的环境。

其实,科学精神的培养也蕴含在高职学生的学习实践过程中。在一篇篇生动的课文,鲜活的例子的学习过程中,我们可以理解何谓科学精神,获得将科学精神融入实践的理由和勇气；在一项项职业技能的学习过程中，我们可以训练逻辑，缜密思维，锲而不舍，不断创新，提高效率，创新科技，研发产品，直接培养科学精神，并将其转化为实际的行动……由此可见，科学精神离我们并不遥远，科学精神的培养也并不复杂，我们需要做的仅仅是秉持一颗崇尚真理、不断进取的心，在学习实践过程中，细细品味，悟出科学精神的真谛。

科学技术在现代化建设中的作用不言而喻。但是科学精神却充满了神秘的气息，让人难以把握。因此，作为高职学生，我们不能再浑浑噩噩，必须正确认识科学精神的重要性，端正心态，与时俱进，以科学精神武装自己，努力提高综合素质，实现自我的全面协调可持续发展，争取为社会主义现代化建设事业作出更大的贡献。

第二部分　扩展阅读

诺贝尔大师京城演练成功风暴

——科学是孤独的执着前行　成功是不经意的人生大餐

清华大学新闻中心

人生会有许多种选择，对于成功，不同的人也会有不同的界定。

对于常人而言，诺贝尔奖得主的成功之路也许不能拷贝，但他们的人生经验，他们的成功成长经历都是一笔宝贵的财富。

上周清华大学高等研究中心举办的前沿科学论坛上，13位诺贝尔物理奖得主，一位化学奖得主齐聚清华。这么多大师能够聚集一堂本身就是一次难得的盛会，让我们零距离走近这些大师与他们回顾成功的历程。

杰拉德斯·图夫特：年轻人要坚持自我

在清华大学举行的前沿科学国际研讨会上，杰拉德斯·图夫特(Gerardus't Hooft)做了题为“标准模型中的隐藏信息”的学术报告，他在进行科学分析时仍然保持着幽默风趣的风格，他与众不同的分析方法让在场的学者记忆深刻。

诺贝尔奖在某种程度上改变了杰拉德斯·图夫特的生活。社交圈子大了,变得出名了,即使是以前非常亲近的同事也会以不同的眼光来看他。

图夫特先生建议中国的年轻人要坚持自我。“最重要的是一定要决定你要走什么样的道路。你可以成为一名科学家,可以去做医生,但是一定要选择你的道路。世界上没有完全相同的两个人,这就是人类为什么能够取得各种各样成就的原因。所以没有必要也没有办法来强迫一个人去做他不感兴趣的工作。如果你对科学感兴趣,你要尽量找一些好的老师,这点非常重要。即使是这样,你也不一定就会获得诺贝尔奖,这些事情是可遇而不可求的,你不能过于注重结果,你不要期望一定能取得什么样的成就。如果你真正地投入到一个领域当中,你的生活将会是无比美好的。找到你的位置,这将会使你变得与众不同,真正使你不同的就是你能够获得快乐的地方。我读书的时候最不喜欢的就是那些不知道自己一辈子想做什么的人。”

克劳德·科恩·坦诺奇:分享知识最快乐

1997年诺贝尔物理学奖获得者克劳德·科恩·坦诺奇(Claude Cohen. Tannoudji)将他事业上的成就和他的家庭生活联系在一起,他说:“我的夫人和我一起分担了所有的困难和快乐,她在成为一位成功的中学物理和化学老师的同时,抚养了我们的三个孩子,也成为我这个有时难以相处和过分苛求的研究人员生活的一部分。”

和许多获得诺贝尔奖的学者一样,克劳德·科恩·坦诺奇是一位犹太人,他认为之所以有很多犹太人获得诺贝尔奖与犹太教重教育的传统不无关系。“犹太教把教育放在首要的位置,这是一种生活哲学。我的父母非常关注我们的教育。我的父亲善于自学,不只是对于有关圣经和犹太法典的知识,他还对哲学、心理学和历史有着强烈的好奇心。”

他的父亲还使他懂得了要会和别人分享这些知识。直到现在,科恩·坦诺奇先生还是以教学为乐:“我一个很大的乐趣就是你可以教很多优秀的学生,并且他们可以超过你,这也是我不断向上的一个动力。当你明白一件事情的时候,你就会很骄傲地把它讲给其他人。尤其是比你年轻的人,要讲给他们一些新的概念,让他们也懂得越来越多——这点非常令我开心。在传授知识的同时,你就不得不学习新的东西,做新的试验,发展新的理论。1973年我在法国科学院任教授之后,我每年要讲不同专业方向的课程,这对我的研究工作也非常有帮助,它督促我能够永远地不断地追求新的领域。”

鲁道夫·穆斯堡尔:跟着兴趣走

鲁道夫·穆斯堡尔(Rudolf L. Mossbauer)完全是靠着自己的兴趣走上的科学家之路。“我对许多学科都感兴趣,包括数学,我那时也并不十分清楚自己要进入哪个领域,但我对物理的兴趣持续的时间最长,我参与了很多研究,但我最终选择了物理。”

还是在中学时他就对物理发生了兴趣,几乎所有的闲暇时间都用来阅读有关物理学的书籍。穆斯堡尔的工作经历铸就了他一生中最光辉的成就。“我很喜欢那里的工作。我和许多研究者建立起了良好的合作关系。在那里我学习到了许多电子方面的东西,我亲自购置实验室设备,亲自动手做实验,这是我最大的收获,因为科学研究的理论只有在实践中才能继续扩展,才能成功。”

穆斯堡尔的研究成果使他摘取了诺贝尔奖的桂冠,获奖时他年仅32岁,如此年轻就获得此项殊荣,这在科学史上也非常的少见。“我认为大多数诺贝尔奖获得者的研究成果都是在30岁之前完成的,因为年轻人可以尝试,通过尝试接触许多新的东西,遇到不明白的就要去研究。”

一个人获得成功的要素是多方面的。“我认为人的个性并不是很重要。重要的是要努力工作,也要有运气。我那时只是单纯地做实验,做研究;只是出于这样的目的,区别于其他获奖者,我想我是利用数学方法找到了实验发生错误的原因。另外,动手能力和好奇心也是很重要的因素。”

艾瑞克·科纳尔:不放弃任何思考机会

在此次前沿科学论坛上,科纳尔(Eric A. Cornell)是最年轻的诺贝尔奖得主,这位出生于1961年的诺贝尔大师看上去显得很年轻。

“我并不是最年轻的诺贝尔奖得主,当年杨振宁先生得奖时比我还年轻。”这位科学家很谦虚,谈到成功的要素,他认为是思考学习,不放弃任何思考机会。在此次研讨会上,他还拿着一个笔记本,上面全是各种物理公式和数据,据说这都是听完演讲后所受的启示。“有的科学家认为实现物质的极低温度是不可能的,但我不太相信,我认为实现物质的绝对温度零度是有可能的,这是我将来的研究方向。”科纳尔对自己的理想很有信心,因为他有得力的助手,良好的实验条件,这些都对他的研究有很大的帮助。

“我想中国在2010年前会出现诺贝尔奖得主,也许这些获得者就在北大清华,在我任教的大学里,来自中国的学生都很出色,有一位中国人在科罗拉多大学学完博士,并且在那里成了教授,现在他已经回到清华任教,我相信未来中国的诺贝尔奖得主将会从他们中间产生。”

查尔斯·汤斯:尝试新课题

从小,比查尔斯·汤斯(Charles H. Townes)大两岁的哥哥就是他有力的竞争对手。“于是我的父亲创立了一种体制,来决定谁有做某件事情的专利权——但我们首先要付25美分给我的父亲,才能得到我们专利权的确认。不过我总是很幸运。”年近90岁的汤斯先生有着美国人特有的幽默感。儿时有模有样的“专利”游戏帮助他树立了一种观念:如果不付钱申请专利保护,就会遭受很多损失。

“我第一次上物理课的时候我就决定要学物理了。因为物理使我们了解周围的事物。”

后来汤斯先生的哥哥成为非常著名的研究昆虫的动物学家,他也实现了他的目标:成为杰出的物理学家,并且获得了诺贝尔奖。此次来清华,汤斯先生除了要参加前沿科学国际研讨会外,还有一个重要的任务:帮助他的哥哥捉一些中国的昆虫。“我到别的国家也是这样的。”汤斯先生微笑着说。

汤斯先生鼓励科学研究者做新的尝试,他认为这是一种重要的获得成功的素质。“如果要尝试新的东西,就会遇到挑战,尤其是那些持有不同意见的人的挑战——因为我和大家想的都不一样。不过别人在批评你的时候你要仔细考虑,听取别人的意见是非常重要的,然后更为重要的是你要坚定你的信念走下去。”怎样能获得成功?汤斯先生建议中国的父母要唤醒蕴藏在孩子身上的潜能:“应该鼓励孩子做他们想做的事情,以开发他们的智力、发挥他们的潜能。作为父母,可以给他们一些信念让他们做一些新的尝试,让他们意识到做什么事情最好,最想做什么事情。另外生活本身的真正价值也是很重要的,要让孩子独立,要让他们做出自己的选择。”

(选自《人才时代》2002年6月24日)

不一样的袁隆平，不一样的科学精神

陈 潭 胡 晓

历史像一台幻灯机，在黑暗的背景上不断放映明朗的片子，阐释那些造福人类的善人和天才的殉道者有着怎样的成就，同时也惋惜他们所走的荆棘路。我们有幸在我们的时代见证了一位光荣的荆棘路上的行者——袁隆平，更加幸运的是我们能同时见证这位行者的圆满。这是新中国新时代所创造的条件，也是对行者本身的最好回馈。

袁隆平用自己的一生追求打下了袁隆平精神时代意蕴的注脚。当我们回顾他的一点一滴、一时一事时，发现最好的定义是科学精神——新时代背景下的科学精神，这种精神内蕴了创新、奋斗、协作与操守。

勇于批判的创新精神

袁隆平如果因循守旧、盲从权威，也许会成为一名很好的中专教师，但永远成不了伟大的科学家，更遑论解决中国的粮食问题。于此，袁隆平先生有自己的见解："要是说杂交水稻的成功有什么秘诀的话，那就是不囿于现存结论的创新思维。"正是在这样的创新思维的指引下，才有了袁隆平一步一步培育出杂交水稻的成功。1945 年到 1964 年，近 30 年的时间内，苏联的李森科和泼莱热的用以否定孟德尔—摩尔根学派的遗传学新概念在整个社会主义阵营占据强势地位，真正的遗传学研究受到批判，但袁隆平的特点是尽信书不如无书，他通过对李森科"无性杂交"理论的具体实践发现其学说的致命漏洞，冒着被批判的危险坚持了在孟德尔分离理论指导下进行杂交水稻研究，从而奠定了杂交水稻培育的正确基调。随后面对"水稻是自花授粉作物，没有杂种优势"的国际普遍论调，袁隆平反其道而行之，在发现"雄性不育株"之后独辟蹊径地提出了用"不育系"、"保持系"和"恢复系"配套培育体系。正是在"三系法"的独创理论框架下，杂交水稻才缓缓揭开其神秘的面纱。科学道路从来就是不平坦的，在杂交水稻的后续研究中，不育率低、制种产量低、杂交种子成本太高等问题接踵而至，袁隆平坚持以基本科学原理为基础，不断发挥自己的主观能动性，通过将"野败"培育成"不育系"，通过设计父本与母本分垄间种的栽培模式，将问题一一解决。在强调自主创新的今天，中国科学界面临着盲目跟风、盗版重复和低水平重复的硬伤考验。而袁隆平的经历告诉我们,唯有独立思考、大胆创新,坚持实践出真知,才有可能跨进科学的殿堂。每一位科学工作者都应该以袁隆平为榜样,敢于质疑权威,勇于在艰苦环境下挑战权威,将祖国的科研经费用在刀刃上,而不是挥霍在简单重复上。

持续不懈的奋斗精神

从1961年开始产生研究杂交水稻的想法到1976年杂交水稻在全国推广,历时15年,在这段时间里,袁隆平承受了李森科主义的学术打压,但是通过实践坚持了孟德尔的遗传学说;由于安江农校简陋的学术条件,袁隆平自费远赴北京,虚心求教,并坚持阅读晦涩的英文原著《遗传学研究》;为了寻找雄性不育株,袁隆平和夫人邓哲顶着7月的骄阳,在田间寻找了3年,而找到雄性不育株的那次,更是连续寻找了16天;在十年浩劫期间,袁隆平的试验田两次被毁,在沉重的打击和无耻的暗算下,袁隆平仍苦笑着继续自己的研究。

在研究杂交水稻的初始阶段,由于政治气候关系,不仅没有国际上的学术交流,国内的资源共享也非常有限,袁隆平能依靠的只有实践与对英文原著的借鉴。而杂交水稻的研究因为农作物的季节性,注定了其长期性和艰苦性,袁隆平数十年的坚持,无数次的在失败面前起身,无数次提出新观点,论证,失败,再论证,再失败……一次次枯燥的循环并没有摧垮袁隆平的信心,反而使他更加坚定了前进的方向。

而袁隆平的奋斗精神更加弥足珍贵的地方表现在杂交水稻成功培育以后。1979年名声大振的袁隆平面对高产早稻新组合"威优49"的一片溢美之词自揭其短,指出这个品种还存在抗性较差、生育期较长的缺点,随后又一如既往地投身田间,全身心投入改进工作中。"三系法"取得成功以后,袁隆平敏锐地察觉到未来的杂交水稻发展必须要走向更加稳定和高效的"两系"甚至"一系",于是他提出全新的"袁隆平思路"。有好心人说:"作为著名科学家,万一搞砸了,岂不坏了名声?"袁隆平说:"搞科研如同跳高,跳过了一个高度,又有新的高度在等你。要是不跳,早晚要落在后头,即使跳不过,也可为后人积累经验,个人的荣辱又算得了什么!"铿锵有力的话语不仅是袁隆平的一生写照,也是社会主义荣辱观的核心价值体现,在国家和人民利益面前,个人的荣辱不值一提,这是我国科学工作者所应恪守的原则。

精诚团结的协作精神

即使在最困难的时候，袁隆平也并不是单枪匹马搞研究，他身边始终围绕着一群有着同样愿景、怀有相同志向的亲人、学生以及朋友，正是这种协作精神，才使得杂交水稻在农学水平并不高的中国出现，在经费不充足、科研条件不完备的袁隆平团队出现。

李必湖和尹华奇是袁隆平最早的搭档，作为袁隆平的学生，这两个徒弟起初对杂交水稻的认识并不深刻，但是凭着吃苦耐劳的作风很快融入到袁隆平的研究中。袁隆平对这两个门外汉也没有嫌弃，而是倾自己所学将他们迅速带入门，将自己的资料和观点毫无保留地与他们共享，而袁隆平的协作精神也收到了良好的回报。1970年袁隆平赴北京查找资料，留守海南岛的李必湖和尹华奇则令人惊喜地找到了培养“三系”的关键——“雄性不育野生稻”(“野败”)作为给袁隆平的最好礼物。

在“野败”找到以后，另一个重要人物加入了袁隆平团队，这就是为“两系法”立下汗马功劳的罗孝和。在海南岛南繁育种所培养的团队默契在科研上也得到了回馈，在得到了袁隆平提供的“野败”后，罗孝和协助袁隆平解决了杂交水稻中诸如优势原理、不育系选育、优势组合选配等疑难问题，并且在1981年作为籼型杂交水稻的主要研究人与袁隆平一起领取了国家特等发明奖，又在2001年以第一功臣的身份摘取国家科技进步一等奖。

罗孝和在古稀之年回首一生时感慨：“没有袁隆平老师的指导就没有我的今天。”而袁隆平的回应是：“罗孝和是杂交水稻事业的功臣，三系法的主将，两系法的元勋。”在习惯了保守、闭门造车的学界，袁隆平的协作精神无疑给我们提供了一种新的思路。如果在协作的道路上走到最后，肯定会双赢。

大公无私的奉献精神

最开始展现袁隆平过人胸襟的是其对待“野败”的态度，“野败”是三系法的突破口，是将这一最新实验材料封闭起来，还是让更多的科研人员一起协作攻关，袁隆平毫不犹豫地选择了后者。在海南基地袁隆平毫无保留地向全国各地的科技人员报告了“野败”的发现，并且无私地将“野败”提供给大家。白天在田垄间操作，晚上向大家授课，就这样，全国的科研人员被迅速带入了杂交水稻的最前沿。由此培养了一大批罗孝和般的杂交水稻专家。罗孝和曾回忆：“袁先生在科研事业中，没有门户之见，我便是他五湖四海的受益者。”

袁隆平曾在湖南农业大学、中南大学、东北农业大学等5校担任导师，所培养的学生大多数被他推荐到国外留学。而他指导的第一个博士后则是一名印度学者。有人问，你培养的人才都飞走了，心血不是白费了么？袁隆平这么回答："优秀人才的成长需要广阔的自由天地，都窝在我手下，怎么能超过我呢？"

海阔凭鱼跃，天高任鸟飞。正是因为袁隆平有这样宽广的胸怀，才使得我国杂交水稻事业迅猛发展，人才层出不穷。科学的发展，乃至于整个国家的发展，都需要带头者有这样的胸襟与气魄，方能创造长江后浪推前浪的盛况。

赤胆忠心的爱国精神

从事杂交水稻研究40年来，袁隆平始终站在杂交水稻研究的最前沿，引领着杂交水稻的新走向，成为后来者学习和推崇的楷模，堪称科技史上的一个奇迹。那么推动袁隆平在科技前沿不断奋斗不断进步的原动力究竟是什么？袁隆平有自己的回答："成绩和荣誉归功于祖国，祖国的利益高于一切。"

杂交水稻产于中国，有偶然性，也有其必然性，中国是人口大国，中国的粮食问题如果得不到解决，将会直接导致政治问题，并且引发全世界的骚乱。作为一个心忧祖国的学者，袁隆平深刻地理解粮食问题对于中国的重要，他毅然投身这个最关键的问题，在枯燥乏味的田垄中一埋头就是几十年。伴随着袁隆平从青春到古稀，这几十年里中国的粮食问题得到了解决，中国将杂交水稻这一沉甸甸的宝物交给了世界，世界的粮食问题得到了解决。腰背佝偻了，头发花白了，中国农村的水稻却更高大了——这是袁隆平的40年，是一个为了祖国呕心沥血的知识分子的40年，是一个值得所有人学习的40年，是一个值得铭刻在共和国史册上的40年。

(选自《中国乡村发现》2010年第9期)

任鸿隽的科学人生

张　丁

回溯中国现代科学事业发展史，就不能不提到任鸿隽。任鸿隽是我国第一个综合性科学团体中国科学社的主要创办者和领导者，也是第一个综合性科学刊物《科学》杂志的创办人之一。他毕生追求科学救国的梦想,曾担任北京大学教授、中华教育文化基金董事会干事长、东南大学副校长、四川大学校长、中央研究院总干事等职。

革命救国起家

任鸿隽(1886—1961),字叔永,1886年12月20日出生于四川省垫江县(今属重庆市)。他6岁入私塾,饱读四书五经。后入书院,兼学算学,在书院月考中曾12次蝉联第一名。1904年参加最后科举考试,在万余名童生中获得第三名,中了秀才。随后进入重庆府中学堂学习物理、化学、地理、教育学、心理学等新知识。毕业后在中小学校教了一年书。1907年初,怀揣教书积累的200块大洋,辞别家人,乘船顺江东下,进入上海中国公学高等预科甲班读书。

中国公学是20世纪初中国留日学生创办的一所进步学校,革命气氛浓厚,被认为是革命党的大本营。任鸿隽进校后第一件事就是剪了辫子。他的同学中不乏大名鼎鼎的人物:胡适、朱经农、但懋辛、朱芾煌、苏明藻等。在中国公学仅一年,受当时留学风潮的影响,任鸿隽于1908年初东渡日本,次年秋考入日本东京高等工业学校,成了官费留学生。第二年他加入了同盟会,担任过四川分会的书记和会长,与各省分会负责人共同参与总会事务。当时在中国留日学生中,许多人认为从事暗杀是最好的革命手段。在目睹同乡好友喻培伦、黄复生被炸弹炸伤后,任鸿隽选择了应用化学专业,为了将来能够制造出高级的炸弹。“可是想不到革命进行意外的快,我的学校尚未毕业,而辛亥革命已经成功了。”于是,他与其他很多青年志士一样,满怀报效祖国之心,毅然踏上归程,“最后乃抛弃一切书籍行李,挈小箱萧然上船,为归国投军之举,尤平生未有之乐事也”。

1911年旧历十月初,任鸿隽回到上海,受邀担任总统府秘书处总务组秘书。元旦前一天,任鸿隽等人搭乘孙中山的花车到达南京。1912年2月5日,任鸿隽给远在四川的大哥等人写了一封家书,讲道:“先生(指孙中山——引者注)因约隽到宁,为司秘书,刀笔鞅掌(形容事务繁杂——引者注),瞬过一月,不及作书告家,至为歉也。”当时临时总统府成立仅仅一个月左右,秘书处工作甚为繁忙,如孙中山就职后颁布的《告前方将士文》、《咨参议会文》、《祭明孝陵文》等均出自任鸿隽的手笔,以至于他连给家里写信的时间都没有。

1912年2月13日孙中山辞去中华民国临时大总统职务,3月10日袁世凯在北京就职。眼前发生的一切,改变了任鸿隽当时的政治理想,他决定到国外留学,将来再以所学报效国家。这年冬,他作为首批"稽勋生"(作为对辛亥革命有功人员的一种奖励,由官费资助出国留学,为革命储备人才——引者注)之一,踏上了去美国的轮船。

科学救国的实践

1912年圣诞节前后,任鸿隽和11位"稽勋生"一起抵达美国。他与杨杏佛两人选择了康奈尔大学,任鸿隽依然就读化学专业。到美不久,凭借扎实的国学基础和出色的文笔,任鸿隽很快成为《留美学生年报》的主笔之一。1914年,年报改为季报,他出任主编。

1914年6月10日,在美国康奈尔大学留学的几个中国学生,晚餐后聚集在大同俱乐部廊檐下闲谈,谈到世界形势正风云变幻,都希望能为祖国做点什么。有人提出,中国所缺乏的莫过于科学,我们为什么不能刊行一种杂志来向中国介绍科学呢?这个提议立即得到在场人士的赞同。随即,任鸿隽根据大家的讨论意见执笔起草了一个《缘起》。在这个《缘起》上签名的有胡明复、赵元任、周仁、秉志、章元善、过探先、金邦正、杨杏佛、任鸿隽等。

因为要发行杂志,所以要组织科学社。当时,科学社并无正式组织,暂时采取公司形式,入社需交5元股金,作为刊行《科学》杂志的资本。不到几个月,社员即发展到70余人,股金筹集到500余元,同时,杂志的稿件也准备了3期。1915年1月,《科学》创刊号由上海商务印书馆出版发行。这也是我国第一次采用西式标点排版的正式出版物。

任鸿隽执笔撰写了激情洋溢的《发刊词》,指出:"世界强国,其民权国力之发展,必与其学术思想之进步为平行线,而学术荒芜之国无幸焉。"大声疾呼:"继兹以往,代兴于神州学术之林,而为芸芸众生所托命者,其唯科学乎,其唯科学乎!"

这篇《发刊词》全面阐述了科学的社会功能,突出宣扬了科学救国的思想,最早同时举起民主与科学的旗帜,应该是五四时期倡导德先生与赛先生的前奏曲。科学史专家樊洪业认为,在《科学》创刊以前,中国人使用"科学"一词,是理解为与传统儒学相对的西方的分"科"之学,"科学"一词在中国的相对规范化,即始于《科学》杂志。《科学》杂志从1915年1月创刊,共出版《科学》月刊32卷、增刊1卷,1951年停刊。

《科学》杂志创刊不久,社中同仁便感觉到要谋求中国科学的发达,单单发行一种杂志是不够的,因此建议把它改组为学会性质的组织。1915年10

月25日,中国科学社正式成立。任鸿隽任董事长兼社长,赵元任任书记,胡明复任会计,他们和秉志、周仁五人组成第一届董事会,杨杏佛为编辑部部长。同时,确定每年的10月25日为中国科学社成立纪念日。

中国科学社作为一个私人组织的学术团体,开始是以英国的皇家学会为楷模的。它除了向国人介绍科学知识以外,还注重进行科学研究,并为国民的公益事业服务。社员从1914年的35人,发展到1949年的3776人,绝大多数是国内从事科学工作与工程技术有成绩的人才,如竺可祯、茅以升、李四光、姜立夫、严济慈、陈省身、吴大猷、吴有训、裴文中、侯德榜、梁思成、叶企孙等,还有一些政界要人、世界级的名人如蔡元培、马君武、徐世昌、黎元洪、熊克武、范源濂、张謇、爱迪生等分别被聘为特别社员、赞助社员或名誉社员。

新中国成立后,随着形势变化,任鸿隽等把苦心经营的中国科学社的事业全部交给国家:1952年2月,黄海化学工业研究社改名为"中国科学院工业化学研究所";1953年初,《科学画报》移交给上海市科普协会;1954年,中国科学社生物研究所中所有标本、仪器及工作人员分别移交给中国科学院生物、动物及植物三个研究所;1956年2月初,中国科学社决定将明复图书馆全部图书、馆舍设备、购书基金等捐献给国家;当年秋,中国科学社所属中国科学图书仪器公司中的印刷厂合并到中国科学院所属的科学出版社,人员和机器全部迁到北京;1957年初,中国科学图书仪器公司所属编辑部合并到上海科技出版社,仪器部分合并到上海量具工具厂;1959年,中国科学社所有的现存房屋、财产(其中包括存款、公债、现金计83542.79元)、书籍、设备等,一并捐献给政府。1960年5月4日,与上海市科协办妥一切移交事项,中国科学社宣告结束。

任鸿隽曾长期担任中华教育文化基金董事会(以下简称中基会)干事长一职,为推动中国教育文化的发展作出了突出贡献。中基会是1924年9月18日在北京成立的,主要是管理使用美国第二次退还的庚子赔款,发展中国的教育文化事业。从1928年开始,任鸿隽主持开展了一系列文化教育活动,如拨款建设北平图书馆(今国家图书馆的前身),成立社会调查所,组织编译委员会,在大学中设置"科学教席",开展土壤调查,与尚志学会合办静生生物调查所,资助中国科学社、地质调查所、黄海化工研究社、中国营造学社、青岛观象台、广东植物研究所和若干所大学,等等。

任鸿隽还是著名的教育家。1916年他于美国康奈尔大学毕业,获得学士学位。随后又考进哥伦比亚大学攻读化学专业,1918年毕业,获硕士学位。同年秋返国。1920年他应蔡元培之邀,就任北京大学化学系教授。不久,北洋政府教育总长范源濂又委任他兼教育部专门教育司司长。但未及一年,范源濂因故离职,他也随之辞职。1923年应邀去南京,任国立东南大学副校长,成为著名教育家郭秉文的助手。1925年,因不满学校新旧两派斗争而辞职,回家闭门著述《科学概论》一书。

1935年8月,任鸿隽被南京政府委任为国立四川大学校长。他到四川大学后,大刀阔斧进行改革,筹措了300万元,开始兴建图书馆、文学院、理学院、法学院、农学院、实验室、大礼堂、体育馆等基础设施;还厘定课程,延聘教授,整顿学风等。

1936年他辞去中基会干事长职务,专心从事四川大学的校务和建设,期望经三五年的努力,使该校跻身于全国一流大学之林。正当他在事业上蓬勃发展之际,他的夫人陈衡哲(时任川大历史系教授)因连续著文抨击四川政治社会,遭到四川上层社会的不满和忌恨,引起对她的激烈攻击。此事迁怒到任鸿隽,使他壮志难酬,1937年6月被迫辞去四川大学校长职务,仍回中基会并从事编译工作。对他的辞职,当时《独立评论》上有一段记述:"任鸿隽先生此次坚决辞去国立四川大学校长职务,使我们关心高等教育的人都很惋惜。他在川大的两年,真可以说是用全副精力建立了一个簇新的四川大学。我们深信,他这两年努力种下的种子,不久一定可以显现出很好的结果。"

伉俪共谱文坛佳话

陈衡哲(1890—1976),笔名莎菲,湖南衡东人,生于江苏常州。祖父陈梅村是清朝进士、翰林院庶吉士,父亲也担任过清朝的官吏。陈衡哲自幼受到良好的教育,聪慧好学,深受父母喜爱。1914年清华学堂招收留美女学生,经过考试,她以全国第二名的成绩进入美国瓦沙女子大学专修西洋历史,兼学西洋文学。1918年获文学学士学位后,又进入芝加哥大学继续学习,获硕士学位。1920年回国,任北京大学历史系教授,也是北京大学第一位女教授。后在东南大学历史系、四川大学历史系当过教授。1927年至1933年,陈衡哲曾先后四次代表中国出席太平洋国际学术会议。她出版的学术专著有《文艺复兴小史》、《欧洲文艺复兴小史》、《西洋史》等。陈衡哲还是中国现代文学史上第一代女作家,出版过短篇小说集《小雨点》、《西风》,散文《衡哲散文集》等。

陈衡哲原本是一个抱定终身不嫁想法的独身主义者。1915年夏,当时正在康奈尔大学学习的任鸿隽作为《留美学生季报》的主编，收到作者"莎菲"的来稿《来因女士传》，任鸿隽读来兴味盎然，认定作者很有小说天才，于当年《季报》秋季号上编发了这篇文章。紧接着，任鸿隽向"莎菲"约稿，两人开始了通信。

1916年暑假期间，任鸿隽邀几位科学社的朋友到伊萨卡郊游荡舟，座间除了梅光迪、杨杏佛、唐钺等老朋友外，还有一位新朋友——陈衡哲。这是任、陈两人首次会面，任鸿隽在《五十自述》中回忆："遂一见如故，爱慕之情与日俱深，四年后乃订终身之约焉。"

任鸿隽和陈衡哲做了四年的朋友，于1920年两人都回国后，在南京订婚，进而结为夫妇。后来陈衡哲在写给三姐的一封家书中透露了任鸿隽当时的想法："他对于我们的结婚有两个大愿望。其一是因为他对于旧家庭实在不满意，所以愿自己组织一个小家庭，俾种种梦想可以实现。其二是因为他深信我尚有一点文学的天才，欲为我预备一个清静安闲的小家庭，俾我得一心一意的去发达我的天才。"

胡适与任鸿隽在上海中国公学读书时是同班，两人还有相互唱和的诗缘。1912年任鸿隽赴美留学选择康奈尔大学也有好友胡适已先在该校的缘故。1917年春，任鸿隽从康奈尔大学毕业，进入哥伦比亚大学读研究生，又与胡适同校。这里与陈衡哲就读的瓦沙女子大学坐火车只需要3个小时，寒假期间，任鸿隽约上胡适，专程前往拜访陈衡哲。三人成了很要好的朋友，常常有书信往来。

据陈衡哲《任叔永先生不朽》一文回忆：1915年前后，在留美中国学生中，激荡着两起文化革新运动。其一是白话文运动，提倡人是胡适；其二是科学救国运动，提倡人是任鸿隽。陈衡哲率先实践白话文写作，1917年在《留美学生季报》上发表了白话小说《一日》，比鲁迅的《狂人日记》还要早一年；1918年又在《新青年》上发表了新诗《人家说我发了痴》。陈衡哲以实际行动支持白话文运动，被胡适称为新文学"最早的同志"。

胡适在后来出版的中国第一部白话文诗集《尝试集》中，有《我们三个朋友》之作，以新诗的形式表现了他与任鸿隽、陈衡哲之间情同手足的挚友关系，被传为文坛的一段佳话。他们三个人在以后的漫长岁月中，或相聚笑谈，如沐春风；或书信往来，诗词唱和。

1949年，任鸿隽作为特邀代表，到北京出席了第一届中国人民政治协商会议和开国大典。新中国成立后，历任中央文化教育委员会委员、华东文化教育委员会委员、第二、三届全国政协委员、上海市科协副主席、上海图书馆馆长等职。1961 年 11 月 9 日病逝于上海。

(选自《百年潮》2007 年第 3 期)

公众的科学观

史蒂芬·霍金

史蒂芬·霍金(1942—　),英国理论物理学家。牛津大学毕业,剑桥大学哲学博士。剑桥大学引力物理学教授,主要从事宇宙学和黑洞理论的研究。从 20 多岁起,因患有渐进性神经疾病,一直困在轮椅上艰难地从事科学研究。

不管我们喜欢不喜欢,我们生活其中的世界在过去 100 年间遭受到剧烈的变化,看来在下个世纪这种变化还要更厉害。有些人宁愿停止这些变化,回到他们认为是更纯洁单纯的年代。但是,正如历史所昭示的,过去并非那么美好。过去对于少数特权者而言是不坏,尽管甚至他们也享受不到现代医药,妇女生育是高度危险的。但是,对于绝大多数人,生活是肮脏、野蛮而短暂的。

无论如何,即便人们向往也不可能把时钟扳回到过去。知识和技术不能就这么被忘却。人们也不能阻止将来的进步。即便所有政府都把研究经费停止(而且现任政府在这一点上做得十分地道),竞争的力量仍然会把技术向前推进。况且,人们不可能阻止头脑去思维基础科学,不管这些人是否得到报酬。防止进一步发展的唯一方法是压迫任何新生事物的全球独裁政府,但是人类的创造力和天才是如此之顽强,即便是这样的政府也无可奈何。充其量不过把变化的速度降低而已。

如果我们都同意说,无法阻止科学技术去改变我们的世界,至少要尽量保证它们引起在正确方向上的变化。在一个民主社会中,这意味着公众需要对科学有基本的理解,这样做出决定才能是消息灵通的,而不会只受少数专家的操纵。现今公众对待科学的态度相当矛盾。人们希望科学技术新发展继续导致生活水平的稳定提高,另一方面由于不理解而不信任科学。一位在实验室中制造佛朗克斯坦机器人的发疯科学家的卡通人物便是这种不信任的明证。这也是支持绿党的一个背景因素。但是公众对科学,尤其是天文学兴趣盎然,这可从诸如《宇宙》电视系列片和科学幻想对大量观众的吸引力而看出。

如何利用这些兴趣向公众提供必需的科学背景，使之在诸如酸雨、温室效应、核武器和遗传工程方面作出真知灼见的决定？很清楚，根本的问题是中学基础教育。可惜中学的科学教育既枯燥又乏味。孩子们依赖死记硬背蒙混过关，根本不知道科学和他们周围世界有何相关。此外，通常需要方程才能学会科学。尽管方程是描述数学思想的简明而精确的方法和手段，大部分人对之敬而远之。当我最近写一部通俗著作时，有人提出忠告说，每放进一个方程都会使销售量减半。我引进了一个方程，即爱因斯坦著名的方程，$E=mc^2$。也许没有这个方程的话我能多卖出一倍数量的书。

科学家和工程师喜欢用方程的形式表达他们的思想，因为他们需要数量的准确值。但对于我们中的其他人，定性地掌握科学概念已经足够，这些概念只要通过语言和图解而不必用方程即能表达。

人们在学校中学的科学可提供一个基本框架。但是现在科学进步的节奏如此之迅速，在人们离开学校或大学之后总有新的进展。我在中学时从未学过分子生物学或晶体管，而遗传工程和计算机却是最有可能改变我们将来生活方式的两种发展。有关科学的通俗著作和杂志文章可以帮助我们知悉新发展，但是哪怕是最成功的通俗著作也只为人口中的一小部分阅读。只有电视才能触及真正广大的观众。电视中有一些非常好的科学节目，但是还有些人把科学奇迹简单地描述成魔术，而没有进行解释或者指出它们如何和科学观念的框架一致。科学节目的电视制作者应当意识到，他们不仅有娱乐公众而且有教育公众的责任。

在最近的将来，什么是公众在和科学相关的问题上应做的决定呢？迄今为止最紧急的应是有关核武器的决定。其他的全球问题，诸如食物供给或者温室效应则是相对迟缓的，但是核战争意味着地球的全人类在几天内被消灭。冷战结束带来的东西方紧张关系的缓解表明，核战争的恐惧已从公众意识中退出。但是只要还存在把全球人口消灭许多遍的武器，这种危险仍然在那里。在前苏联和美国的核武器仍然把北半球的主要城市作为毁灭目标。只要电脑出点差错或者掌握这些武器的人员不服从命令就足以引发全球战争。更令人忧虑的是现在有些弱国也得到了核武器。强国的行为相对负责任一些，但是一些弱国如利比亚或伊拉克、巴基斯坦或甚至阿塞拜疆的诚信就不够高。这些国家能在不久获得的实际的核武器本身并不太可怕，尽管能炸死几百万人，这些武器仍然是相当落后的。其真正的危险在于两个小国家之间的核战争会把具有大量核储备的强国卷进去。公众意识到这种危险性，并迫使所有政府同意大量裁军是非常重要的。把所有核武器销毁也许是不现实的,但是我们可以减少武器的数量以减轻危险。

如果我们避免了核战争,仍然存在把我们消灭的其他危险。有人讲过一个恶毒的笑话,说我们之所以未被外星人文明所接触,是因为当他们的文明达到我们的阶段时先把自己消灭。但是我对公众的意识有充分的信任,那就是相信我们能够证明这个笑话是荒谬的。

(节选自《霍金讲演录》,杜欣欣、吴忠超译,湖南科学技术出版社,2001年)

地球在转动

伽利略

昨天我们决定在今天碰头,把那些自然规律的性质和功用谈谈清楚,并且尽量地谈得详细一点。关于自然规律,到目前为止,一方面有拥护亚里士多德和托勒密立场的人提出的那些,另一方面还有哥白尼体系的信徒提出的那些。由于哥白尼把地球放在运动的天体中间,说地球是像行星一样的一个球,所以我们的讨论不妨从考察逍遥学派攻击哥白尼这个假设不能成立的理由开始,看看他们提出些什么论证,论证的效力究竟多大。

在我们的时代,的确有些新的事情和新观察到的现象,如果亚里士多德现在还活着的话,我敢说他一定会改变自己的看法。这一点我们从他自己的哲学论述方式上,也会很容易地推论出来,因为他在书上说天不变等等,是由于没有人看见天上产生过新东西,也没有看见什么旧东西消失,言下之意,他好像在告诉我们,如果他看见了这类事情,他就会作出相反的结论;他这样把感觉经验放在自然理性之上是很对的。如果他不重视感觉经验,他就不会根据没有人看见过天有变化而推断天不变了。

如果我们是在讨论法律上或者古典文学上的一个论点,其中不存在什么正确和错误的问题,那么也许可以把我们的信心寄托在作者的信心、辩才和丰富经验上,并且指望他在这方面的卓越成就能使他把他的立论讲得娓娓动听,而且人们不妨认为这是最好的陈述。但是自然科学的结论必须是正确的、必然的,不以人们的意志为转移的,我们讨论时就得小心,不要使自己为错误辩护;因为在这里,任何一个平凡的人,只要他碰巧找到了真理,那么1000个狄摩西尼和1000个亚里士多德都要陷于困境。所以,辛普利邱,如果你还存在着一种想法或者希望,以为会有什么比我们有学问得多、渊博得多、博览得多的人，能够不理会自然界的实况，把错误说成真理，那你还是断了念头吧。

亚里士多德承认，由于距离太远很难看见天体上的情形，而且承认，哪一个人的眼睛能更清楚地描绘它们，就能更有把握地从哲学上论述它们。现在多谢有了望远镜，我已经能够使天体离我们比离亚里士多德近三四十倍，因此能够辨别出天体上的许多事情，都是亚里士多德所没有看见的；别的不谈，单是这些太阳黑子就是他绝对看不到的。所以我们要比亚里士多德更有把握地对待天体和太阳。

某些现在还健在的先生们，有一次去听某博士在一所有名的大学里演讲，这位博士听见有人把望远镜形容一番，可是自己还没有见过，就说这个发明是从亚里士多德那里学来的。他叫人把一本课本拿来，在书中某处找到关于天上的星星为什么白天可以在一口深井里看得见的理由。这时候那位博士就说："你们看，这里的井就代表管子；这里的浓厚气体就是发明玻璃镜片的根据。"最后他还谈到光线穿过比较浓厚和黑暗的透明液体使视力加强的道理。

实际的情形并不完全如此。你说说，如果亚里士多德当时在场，听见那位博士把他说成是望远镜的发明者，他是不是会比那些嘲笑那位博士和他那些解释的人，感到更加气愤呢？你难道会怀疑，如果亚里士多德能看到天上的那些新发现，他将改变自己的意见，并修正自己的著作，使之能包括那些最合理的学说吗？那些浅薄到非要坚持他曾经说过的一切话的鄙陋的人，难道他不会抛弃他们吗？怎么说呢？如果亚里士多德是他们所想象的那种人，他将是顽固不化、头脑固执、不可理喻的人，一个专横的人，把一切别的人都当作笨牛，把他自己的意志当作命令，而凌驾于感觉、经验和自然界本身之上。给亚里士多德戴上权威和王冠的，是他的那些信徒，他自己并没有窃取这种权威地位，或者据为己有。由于披着别人的外衣藏起来比公开出头露面方便得多，他们变得非常怯懦，不敢越出亚里士多德一步；他们宁可随便地否定他们亲眼看见的天上那些变化，而不肯动亚里士多德的天界一根毫毛。

（节选自伽利略《关于托勒密和哥白尼两大世界体系的对话》，1632 年）

科学万岁

高尔基

尊敬的公民们!

我认为,在使人类获得社会教养方面,没有什么东西比艺术和科学的力量更奇妙、更富有创造力;而且,我还想这样说——因为大家都知道,我总还算得上是一位艺术家,我真诚地自觉地把科学放在教育问题的首位。

因为,艺术是感情的,它总是容易屈从于创作者思想的个性,它太依赖于人们称之为"情绪"的这一东西。正因为如此,它极少是真正自由的,它极少能超越个性、阶级、民族偏见、种族偏见的强大影响所形成的强大壁垒。

而实验科学则是在精密观察所得的知识和经验的肥土沃壤中产生和发展起来的,它们以数学的铁一般的逻辑作为先导,因而完全摆脱了艺术无法摆脱的这些影响。就其精神实质来说,实验科学是国际性的,是属于全人类的。我们可以说俄国艺术、德国艺术或意大利艺术,但世界上却只有一种四海皆同的自然科学,正是这种科学给我们的思想插上翅膀,使它在宇宙的神秘王国里到处翱翔,探隐索微,解开生活的悲剧之谜。科学为世界打开了通向团结、自由和美的道路。

俄国民主此刻正和精密科学一起走向新生,而俄国民主又需要用精密科学来加以充实,这一点无需由我向你们进行论证。克·阿·基米亚泽夫——一位著名的科学家、极为正直的人——整个一生都坚持不懈地断言:"未来属于科学和民主。"

这是一个伟大的真理。而我则深信:民主只有和科学携手并行,才会有未来。

人们必须懂得,他们生活在其中的天地正是科学为他们创造出来的;他们应该知道,在田野里采撷花朵的先生并非游手好闲,而是为村里培养农学家的人;他们也须了解,他们身穿的棉布衬衣是纺织厂生产出来的,而纺织厂没有数学知识就根本不可能建造起来;大夫开的药也是科学家含辛茹苦劳动的成果。人们要知道,世界上就是有这么一个知识阶层,在为他们的生活不知疲倦地用脑操劳……请允许我沉溺于幻想——我这样做,是因为我深信,没有什么幻想是人类的意志和才智不能改造为现实的。

我幻想着建设一座"科学城"……在这里,科学家天天用自己的睿智、无畏的眼光探索着我们星球周围的奥秘；在这里，科学家像铁匠和宝石匠一样锻炼、雕刻着世界的全部经验，并把这些经验变成行之有效的学说，变成进一步探求真理的武器。

在这座科学城里，科学家将沐浴在自由和独立的阳光之中，沐浴在激发创造力的阳光之中，而他们的工作则将在这个国家造成一种热爱知识的空气，将在人民中间唤起对知识的力量和美的热烈感情。

我相信，对知识分子来说，民主具有与他所从事的那门科学同样的重要性；我也知道，民主是热爱科学的。我想这样说：在你们集体的意志中孕育着俄国在精神上的新生。

我们需要学习怎样生活，怎样工作，怎样热爱我们的劳动。我们应该懂得，劳动不是强加在我们意志上的东西，劳动是生活意志的自由表现，而在自由的劳动中，正如在爱情中一样，蕴含着崇高的快乐。必须懂得这一点，而只有精密科学才能帮助我们懂得这一点，只有用科学的精神来充实我们自己，我们才能逐步治愈我们的严重创伤。

自由展翅的科学上升得越高，它的视野就越宽广，科学知识应用于生活实际的可能就越充分。正如我们大家都知道的那样，在自然界，没有什么东西比人脑更奇妙，没有什么东西比思维更美好，没有什么东西比科学研究的成果更可宝贵。

科学万岁！

（选自《自然》杂志 1917 年第 5、6 期合刊）

应有格物致知精神

丁肇中

我非常荣幸地接受《瞭望》周刊授予我的“情系中华”征文特别荣誉奖。我父亲是受中国传统教育长大的，我受的教育的一部分是传统教育，一部分是西方教育。缅怀我的父亲，我写了《怀念》这篇文章。多年来，我在学校里接触到不少中国学生，因此，我想借这个机会向大家谈谈学习自然科学的中国学生应该怎样了解自然科学。

在中国传统教育里，最重要的书是“四书”。“四书”之一的《大学》里这样说：一个人教育的出发点是“格物”和“致知”。就是说，从探察物体而得到知识。用这个名词描写现代学术发展是再适当也没有了。现代学术的基础就是实地的探察,就是我们现在所谓的实验。

但是传统的中国教育并不重视真正的格物和致知。这可能是因为传统教育的目的并不是寻求新知识,而是适应一个固定的社会制度。《大学》本身就说,格物致知的目的,是使人能达到诚意、正心、修身、齐家、治国和田地,从而追求儒家的最高理想——平天下。因为这样,格物致知的真正意义被埋没了。

大家都知道明朝的大理论家王阳明,他的思想可以代表传统儒家对实验的态度。有一天王阳明要依照《大学》的指示,先从"格物"做起。他决定要"格"院子里的竹子。于是他搬了一条凳子坐在院子里,面对着竹子硬想了七天,结果因为头痛而宣告失败。这位先生明明是把探察外界误认为探讨自己。

王阳明的观点,在当时的社会环境里是可以理解的。因为儒家传统的看法认为天下有不变的真理,而真理是"圣人"从内心领悟的。圣人知道真理以后,就传给一般人。所以经书上的道理是可"推之于四海,传之于万世"的。这种观点,经验告诉我们,是不能适用于现在的世界的。

我是研究科学的人,所以先让我谈谈实验精神在科学上的重要性。

科学进展的历史告诉我们,新的知识只能通过实地实验而得到,不是由自我检讨或哲理的清谈就可求到的。

实验的过程不是消极的观察,而是积极的、有计划的探测。比如,我们要知道竹子的性质,就要特别栽种竹树,以研究它生长的过程,要把叶子切下来拿到显微镜下去观察,绝不是袖手旁观就可以得到知识的。

实验的过程不是毫无选择的测量,它需要有小心具体的计划。特别重要的,是要有一个适当的目标,以作为整个探索过程的向导。至于这目标怎样选定,就要靠实验者的判断力和灵感。一个成功的实验需要的是眼光、勇气和毅力。

由此我们可以了解,为什么基本知识上的突破是不常有的事情。我们也可以了解,为什么历史上学术的进展只靠很少数的人关键性的发现。

在今天,王阳明的思想还在继续地支配着一些中国读书人的头脑。因为这个文化背景,中国学生大部偏向于理论而轻视实验,偏向于抽象的思维而不愿动手。中国学生往往念功课成绩很好,考试都得近100分,但是面临着需要主意的研究工作时,就常常不知所措了。

在这方面,我有个人的经验为证。我是受传统教育长大的。到美国大学念物理的时候,起先以为只要很"用功",什么都遵照老师的指导,就可以一帆风顺了，但是事实并不是这样。一开始做研究便马上发现不能光靠教师，需要自己做主张、出主意。当时因为事先没有准备，不知吃了多少苦。最使我彷徨恐慌的，是当时的唯一办法——以埋头读书应付一切，对于实际的需要毫无帮助。

我觉得真正的格物致知精神，不但是在研究学术中不可缺少，而且在应付今天的世界环境中也是不可少的。在今天一般的教育里，我们需要培养实验的精神。就是说，不管研究科学，研究人文学，或者在个人行动上，我们都要保留一个怀疑求真的态度，要靠实践来发现事物的真相。现在世界和社会的环境变化得很快。世界上不同文化的交流也越来越密切。我们不能盲目地接受过去认为的真理，也不能等待“学术权威”的指示。我们要自己有判断力。在环境激变的今天，我们应该重新体会到几千年前经书里说的格物致知真正的意义。这意义有两个方面：第一，寻求真理的唯一途径是对事物客观的探索；第二，探索的过程不是消极的袖手旁观，而是有想象力的有计划的探索。希望我们这一代对于格物和致知有新的认识和思考，使得实验精神真正地变成中国文化的一部分。

（节选自《散文选刊》1999 年第 2 期）

科学与幻想

让·加泰尼奥

第一个问题要弄清楚，科幻小说是否能真正预测到未来的科学发现。无疑，许多科幻作家对此是深信不疑的，儒勒·凡尔纳也许是第一位。也肯定存在一些丰富的轶事来证明某个科幻故事是走在科学或技术革新前面的。在此领域内，由此产生出期待科幻进行预言的普遍倾向。罗伯特·海因莱因在一篇评论中，很好地解释了现实中的真实情况：一方面，“科幻作家们‘预言了’如此多的事情，预示了那么多将来存在的可能性，以至于其中的一些预言必须能得到实现，有时，其精确程度甚至令人目瞪口呆”；而另一方面，这些所谓的预言从总体上来说乃作家们依照科学运动的潮流、仅仅是通过推论而得出的结果。儒勒·凡尔钠在写作他小说中最“科学的”那些作品时，比如《从地球到月球》，他也并未进行同其他作家不一样的活动。雅克·贝尔热埃强调，出色的科幻必须以其广泛的知识面为前提来帮助作者们，他这样认为没有错。雨果·根斯巴克充分证明了这一点，他的《Ralph 124C41＋》直接来自于他在电力方面的知识:在他这情况下,人们可以使用“预言”这个词。

科学或技术与虚构(该词对于大部分的科幻作者来说是恰当的)这两个领域之间的恒定的相互关系并不排斥那些与现实中的科学完全脱节的故事。其他的,比如现代史诗中的那些科学成见显得十分绝对化。在此,我们接触到了第二个问题,即有关作者对科学的态度问题。从儒勒·凡尔纳时代起,在占据主导地位的意识形态内,它就是历史的原动力和崇拜的对象。对它给我们所带来的好处的范围产生质疑是很自然的事情;一直到两次世界大战期间,人们仍然对人类因为有了科学从而得以实现的一切津津乐道。但是,20年代,在科幻领域内,已经流露出了对科学进步的反抗倾向,这以下的问题形式:人在期间能够实现一切的宇宙是什么?阿西莫夫经常谈论的“坎贝尔式革命”、“社会的”科学幻想的出现,从根本上来说是这样的:哪怕是不言而喻的惊人的科学或技术发现的可能必然性,都有待于研究,甚至有待于确定它们所属的界限。

这样,此后成为问题所在的人文科学不断增强的重要性得到了很好的解释——在此,必须再提及扎米亚京和赫胥黎的影响。人种学、社会学、语言学,成为科幻领域的尖端科学——如同在很多方面它们在集体精神状态中所表现的那样。又因为,在这个领域,真实性和核实的可能性并不是作为绝对要求被提出来的,所以,在人们心中占据优势的印象是,今天的科幻故事和以前的科幻故事相比,与科学显得较为吻合些……现实的情况是:作家们所维系的与科学世界的联系,在精确的学科中,则要松散得多;而且,特别是新一代作者们(至少在美国如此,但是,也许还有其他作家,比如波兰人斯塔尼斯拉斯·勒姆即可为证)更为关心的是拓展科幻领域,而不是保持对其科学来源的忠诚;因此,科学不再是作者兴趣的一个中心点,通常属于外围,对一位作者来说,最基本的是提出一个宇宙观,而不是停留在与现代世界的接触上。因此,科学曾以在科幻文学中所占据的位置的确已经衰落了;难以肯定是否必须为此感到悲哀。

(选自黎先耀主编《现代人的智慧》,科学普及出版社,1999年)

✻ 名言荟萃

1. 穷则变，变则通，通则久。（《周易》）
2. 工欲善其事，必先利其器。（《论语》）
3. 有无相生，难易相成。（《老子》）
4. 权，然后知轻重；度，然后知长短。（《孟子》）
5. 不登高山，不知天之高也；不临深溪，不知地之厚。（《荀子》）
6. 流水不腐，户枢不蠹。（《吕氏春秋》）
7. 失之毫厘，谬以千里。（司马迁）
8. 夫耳闻之，不如目见之；目见之，不如足践之；足践之不如手辨之。（刘向）
9. 凡事预则立，不预则废。（《礼记》）
10. 循序而渐进，熟读而精思。（朱熹）
11. 善疑者，不疑人之所疑，而疑人之所不疑。（方以智）
12. 一壶之醪，不能味一河之水；一杯之水，不能熄车薪之火。（朱舜水）
13. 知是行之始，行是知之成。（王守仁）
14. 人类总得不断地总结经验，有所发现，有所发明，有所创造，有所前进。（毛泽东）
15. 只有忠实于事实，才能忠实于真理。（周恩来）
16. “难”也是如此，面对悬崖峭壁，一百年也看不出一条缝来，但用斧凿，能进一寸进一寸，得进一尺进一尺，不断积累，飞跃必来，突破随之。（华罗庚）
17. 科学的灵感，决不是坐等可以等来的。如果说，科学领域的发现有什么偶然的机遇的话，那么这种“偶然的机遇”只能给那些有准备的人，给那些善于独立思考的人，给那些具有锲而不舍的精神的人，而不会给懒汉。（华罗庚）

18. 我爱我师,我更爱真理。(〔古希腊〕亚里士多德)

19. 在科学上没有平坦的大道,只有不畏艰险沿着陡峭山路攀登的人,才有希望达到光辉的顶点。(〔德〕马克思)

20. 真理的大海,让未发现的一切事物躺卧在我的眼前,任我去探寻。(〔英〕牛顿)

21. 套上镣铐,不可能作出标新立异的发明。(〔法〕约里奥·居里)

22. 我们在享受着他人的发明给我们带来的巨大益处,我们也必须乐于用自己的发明去为他人服务。(〔美〕富兰克林)

23. 我的人生哲学是工作,我要揭示大自然的奥妙,为人类造福。(〔美〕爱迪生)

24. 我平生从来没有做出过一次偶然的发明。我的一切发明都是经过深思熟虑和严格试验的结果。(〔美〕爱迪生)

25. 科学的态度就是批判的态度。(〔奥地利〕波普尔)

26. 想别人不敢想的,你已经成功了一半;做别人不敢做的,你就会成功另一半。(〔美〕爱因斯坦)

27. 过去现在和将来都永远美好的东西,那便是真理。最深刻的真理,是最平凡的真理。(〔俄〕列夫·托尔斯泰)

28. 要学会做科学中的粗活。要研究事实,对比事实,积聚事实。(〔俄〕巴甫洛夫)

29. 通向谬误的道路有千条,通向真理的大道只有一条。(〔法〕卢梭)

30. 人的天职在勇于探索真理。(〔波兰〕哥白尼)

第三部分　实践体验

1. 最近某些高校将“风水学”纳入选修课程,你如何看待这一现象?你觉得科学与"迷信"有多远?

2. "我爱我师,我更爱真理"。你赞同这一观点吗?为什么?

3. 质疑"假如给我一个支点,我就能撬起地球"。结合网上最近流行的论述,谈谈你的认识。

阿基米德不仅是个理论家,也是个实践家,他一生热衷于将其科学发现应用于实践,从而把两者结合起来。在埃及,公元前一千五百年前左右,就有人用杠杆来抬起重物,不过人们不知道它的道理。阿基米德潜心研究了这个现象并发现了杠杆原理。阿基米德曾说过:假如"给我一个支点,我能撬动地球。"

阿基米德无可争议的是古代希腊文明所产生的最伟大的数学家及科学家,他在诸多科学领域所作出的突出贡献,使他赢得同时代人的高度尊敬。

因此,他的"给我一个支点,我能撬动地球"这句话流传了上千年,可是,阿基米德说的这句话真的能实现吗?

我们假定有这么一个无限大的平面,假定这个面的引力和地球一样,假定有一根可以无限延长的杠杆,而且杠杆强度也无限大,没有挠度。

好了,如果以上假设都成立了,看看一个人能否撬动地球。

地球的质量是60万亿亿吨,地球的半径是6370公里,如果一个人的体重是100公斤的话,地球的质量是一个人的600万亿亿倍,如果支点与和地球相切的切点距离为6370公里,那么,人如果要想撬动地球,杠杆的长端距离支点的距离为3.822万亿亿亿公里,如果要撬动地球一毫米的话,人需要移动60亿亿米,如果人的移动速度为1000米每秒,一年有31536000秒,撬动地球一毫米需要0.190258亿年。

结论是:在假定条件都成立的情况下,人在一生中根本撬动不了地球一毫米。

第八单元　人 与 社 会

第一部分　主题解读

人离不开社会，就像鱼儿离不开水。社会由个人组成，个人也不能脱离社会。人的本质就在于社会性，你的欢乐与苦恼，幸福与不幸，和你与社会的关系直接相关。正确的认识社会，学会做事，学会合作，是促进生存发展最重要的条件。

正确地认识社会是适应社会的前提，只有适应了社会的发展需求，才能更好地改造社会。要做到这一点，首先要树立科学的人生观，也就是树立正确的人生理想、人生目的和人生态度，而对人的价值的理解是人生观的核心。人的价值是社会价值与自我价值的统一，学会科学处理人与社会的关系，才能实现个人自我价值和社会价值的和谐统一，协调发展。

两千多年前，孔子提出了社会“大同”的理想，今天党和国家又提出了构建社会主义和谐社会的目标。和谐社会的构建主要包括三个方面，即人与自然的和谐、人与人的和谐和人与社会的和谐。其中，“人与社会的和谐是构建和谐社会的核心，这是因为人不但有自然属性，还具有社会属性，既有独立的自我，但同时又是社会的一份子。所以人与社会的关系是个体利益与整体利益之间的关系，人与社会的和谐就是个体利益与整体利益之间的和谐。人与自然的和谐、人与人的和谐都必须建立在人与社会和谐的基础之上。”

一、认 识 社 会

（一）什么是社会

马克思主义认为，社会是人类生活的共同体，本质上是生产关系的总和，是以共同的物质生产活动为基础而相互联系的人们的有机总体。人们通过生产关系派生各种社会关系，构成社会，并在一定的行为规范指导下从事活动，使社会藉以正常运转和延续发展。

对社会的把握有三个基本的方面：

第一，社会是历史的产物。任何一个社会都是处于一定历史发展阶段的社会，是具有自身特征的社会。正如马克思所说，“古代社会、封建社会和资产阶级社会就是这样的生产关系的总和，而其中每一个生产关系的总和同时又标志着人类历史发展中的一个特殊阶段。”

第二，社会不是单个人的简单堆积或相加，而是人们相互交往的产物，是全部社会关系的总和。

第三，人的交往首先是发生在生产、分配、交换、消费中的经济交往，因此，人与人之间最基本的、决定其他一切关系的是生产关系。生产关系是社会的基础和本质，是不以人的意志为转移的客观物质关系。

（二）人与社会的关系

人具有自然属性和社会属性，自然性反映人的动物性，而社会性是人的本质属性，来自于后天的教化，是人在社会生活中通过环境教化和自我努力，改造自然属性而获得的作为人而存在的内在规定性。个人与社会是相互依存，相互制约，相互促进，对立统一的关系。

1. 相互对立统一

个人与社会的对立性主要表现为个性与共性的关系。一般地说，每个人都希望使自己的需求得到满足，这就是个性。个性是丰富多彩的，俗话说：“人上一百，千奇百怪。”而社会是人的社会关系的总和，是众多个性相约束的综合体，必须要有一定的共性才能共存。因此，共性有约束个性的要求，而个性则希望摆脱共性的束缚，两者之间必然会有冲突。反过来说，个人的本质属性是社会性，个人的发展必须以社会生活为基础，任何个人必然要以一定的社会关系作为生存的前提，即个性与共性又是统一的。事实上，要在个性与共性之间找到一个平衡点，既做一个独立自由的人，又是一个社会所需要的人。

2. 相互促进依存

个人与社会相互依存，互为前提。一方面，每个人都处于社会关系之中，社会生产为个人提供各种衣食住行的必需品，社会进步还为个人发展提供广阔的空间和条件，满足和提升人们日益增长的物质文化需要；另一方面，社会发展离不开个人的努力，任何一个社会的存在和发展，都是个人及其集体努力的结果，一切个人活动的总和构成社会的整体运动及其发展。

3. 相互制约权衡

个人生存于社会之中,必然要受各种社会关系的制约,人生价值的实现必然要在社会的制约之下,达到自我价值和社会价值的和谐统一;社会又是人的社会,社会是人们所创造并为人的生存和发展而创造的特殊方式。人通过改造社会而实现人生价值,社会通过人的改造而不断发展前进。

(三) 高职学生如何正确认识社会

1. 树立正确的世界观、人生观和价值观

世界观是人们对客观世界的总的看法和基本观点,影响和决定着每个人的生活与活动,是人们的思想认识中最根本的内容。人们决定和处理一切问题的看法和观点,都来自他的世界观。

人生观是对人生目的、价值和道路的根本观点和态度,它决定一个人的人生走向,也就是为什么活着的问题。人的思想和行动,不论自觉与不自觉,总是受到某种人生观的指导。

价值观是衡量不同事物价值标准的基本看法,就是用什么样的标准判断事物是否具有价值以及价值的大小、优劣。

世界观、人生观与价值观是人最基本、最重要的精神支柱,三者互相渗透、相辅相成,决定你的理想信念,指导你的人生实践,支配你的价值判断。拥有正确的世界观、人生观与价值观,才能正确认识社会。

2. 提高自身认识能力,掌握正确认识方法

认识能力的高低决定了应对社会问题的能力的高低。在学生时代,普遍存在心智不成熟、社会交际面窄、学习生活环境单一等特点,限制了他们认识社会的能力。要正确认识社会,提高解决问题的能力,应当尽可能地参与社会实践,增强对社会的了解,在此基础上,扩大视野,深化认识,掌握正确处理问题的能力。

3. 立足专业知识,熟悉社会环境

学习是学生的天职。高职学生要熟练掌握专业知识和技能,才能得到社会的认可,有效地参与社会竞争。你必须要为自己的社会角色进行定位,要求自己成为一个对社会有用的人,并按照社会规范行动,才能最大限度地实现自己的愿望。要尽量避免的,是在自己不能满足社会需要的情况下,对社会有过多不合理的指责和要求,甚至做一些不正确的事,以至于影响自己的前途。

总之,要学会实事求是地认识社会,力戒以自我功利为导向,用偏执的心态看待社会问题,人为地夸大社会阴暗面,怀疑抹杀社会光明面,在要求

解决社会问题时急于求成，或者在寻求解决方法时只满足于评头论足，却不能置身其中，从自我做起的态度。这些做法都不利于个人的成长。

二、适应社会

人本身很复杂，由人构成的社会就更复杂。但复杂并不可怕，因为人的一生不但是一个不断适应社会的过程，也是一个不断改造社会的过程，只要你积极参与，就能够在不断的适应和改造过程中逐渐形成正确的世界观、人生观、价值观，从而游刃有余地生活。

（一）校园环境与社会生态

环境是指与人类生产和生活有关的各种自然因素和社会因素的总和，通常包括自然环境和社会环境两部分。自然环境指的是源于自然的物质和能量的总和；社会环境指的是人改变了自然环境的原来面貌而形成的新环境。人是环境的产物。人类通过自身的活动在不断地改造环境，环境对人类的心理和生理也存在不同程度的影响。

与整个社会环境相比较，校园环境有以下几方面特征：

首先，从构成因素看，校园环境主要由教师、学生、课堂、寝室、图书馆等因素构成，成分较为单一，它们的关系约定俗成、根深蒂固，都是以营造良好的学习氛围为出发点，从而使校园环境比社会环境更为单纯。而社会环境中的每个人都有自己的社会角色，环境构成复杂，没有统一的出发点，其复杂性与多变性较为突出。

其次，从人际关系看，校园环境中的人际关系主要是师生和同学关系，主要用尊师重道、诚实守信、坦诚相待等原则加以维护。社会环境中的人际关系错综复杂，由于彼此之间的利益牵制等因素，使人际关系变化莫测。

最后，从生存法则看，努力学习、提升素质、服务社会就是校园的生存法则，校园竞争大多来自学习与素质的竞争。而在社会环境中，“优胜劣汰，适者生存”是其主要的生存法则。

（二）实践能力培养与社会生存法则

人如何应对社会环境，就是人的社会适应性，它是人的主体能动性的反映。人是社会的人，应该努力适应社会，但这种适应不是简单、机械、被动的适应，而是积极主动的适应，“物竞天择，适者生存”是适应社会的法则。

懂得和善于“适应”者，往往事业成功，人生圆满；反之则碌碌无为，难有建树。一个学富五车、满腹经纶的人，如果其思想认识与社会要求格格不入,有严重的心理障碍,就不能与社会很好地融合,学识和才华就难有用武之地,只能被白白地浪费掉。如果他在思想认识、个性特征或态度方面与社会进行相应的调整,以与社会要求大体一致,就能将学识和才华贡献给社会,并实现自己的人生价值。

对高职学生来说,积极参加社会实践是增强社会适应力的有效途径。校园与社会的较大差异,往往使初入社会的学生产生强烈的不适应感,造成心理上的困惑、迷茫和无所适从。参与一定规模的社会实践,可以使自己对社会的复杂性有一定的感知和认识,在思想和心理上对社会现象、社会矛盾,乃至不良社会风气产生一定的耐受性,进而用正确的态度去化解冲突,减少走向社会的困惑和迷茫。另外,通过社会实践,还可以了解到社会对人才的需求以及自身的缺陷,以便更好地规划学习活动和职业生涯,最终达到适应社会、立足社会的目的。具体来说,要注意以下几个方面的问题:

1. 转换角色 适应环境

校园环境是经过加工的秩序化环境,职业环境是自然的未经设计的环境;学生生活是浪漫的、职场生活是现实的。显然,两者之间有不小的差异。要想更好地适应社会,高职学生必须及时转换角色,认识到校园环境与社会环境间的巨大悬殊,调整自我定位,迈出适应社会的第一步。

2. 夯实基础 提升素质

无论社会变化多么剧烈复杂,个人能力与素质是让你立于不败之地的基本保障。我们很难要求社会为你而变,但可以不变应万变。专业知识和实践技能是我们的核心竞争力,是适应社会生存的基础,夯实这个基础,就能做到以不变应万变。在思想道德素质过硬的前提下,重视对自己的创新能力,实践能力和创业精神的培养,就为自己打造了适应社会的资本。

3. 抗压耐挫 保持心态

“不经历风雨,怎能见彩虹”,“胜人者有利,自胜者强”;轻言放弃,永远不会有成功。良好的心态是决定成败的重要因素,对刚出校门的学生来说,适应社会的过程不可能一帆风顺,在遇到压力与挫折不能轻言放弃,要坚强地面对,相信自己总能渡过难关,这是成熟的表现,也是制胜的法宝。

4. 总结修正 完善自我

“失败乃成功之母。”在压力与挫折面前,要善于总结与修正错误,以避免重蹈覆辙。修正的过程,就是不断完善自我的过程。

5. 勇担责任 懂得感恩

感恩是具有责任感的一种表现,懂得感恩说明对自己与他人的关系有着正确的认识，学会报恩就是因此而产生的一种责任感。一个有强烈的社会责任感的人，是为社会及他人所欢迎与信赖的人。

三、奉献社会

《中共中央关于加强党的执政能力的决定》第一次明确提出了要构建社会主义和谐社会，社会主义和谐社会具有丰富内涵。社会主义和谐社会是社会主义民主得到充分发扬，依法治国基本方略得到真切落实，各方面积极因素得到广泛调动的社会；是社会各方面的利益关系得到完善协调，人民内部矛盾和其他社会矛盾得到正确处理，社会公平正义得到切实维护和实现的社会；是全社会互帮互助、诚实守信，全体人民平等友善、融洽相处的社会；是一切有利于社会进步的创造愿望得到尊重，创造活动得到支持，创造才能得到发挥，创造成果得到肯定的社会；是社会组织机制健全，社会管理完善，社会秩序良好，人民群众安居乐业，社会保持安定团结的社会；是生产发展、生活富裕、生态良好的社会。其基本特征可概括为：民主法治、公平正义、诚信友爱、充满活力、安定有序、人与自然和谐相处。

构建社会主义和谐社会，是中国社会发展的新目标，全社会都应为之付出艰辛的努力。高职学生是富有朝气、创造性和生命力的一个群体，理应承担更多的社会责任，将构建社会主义和谐社会作为自己的社会理想。虽然我们现在还很稚嫩，仍应从自身做起，从小事做起。“勿傲、勿躁、勿怠”，珍惜时间，刻苦学习，不断增强竞争能力，时刻准备报效国家，报效人民，为构建和谐社会做贡献，并在此过程中实现自我价值与社会价值的统一。

自我价值是对个人的生存和发展所具有的价值，表现为对自身需要的满足程度。社会价值指个人的活动对社会及他人所具有的价值，以对社会和他人的贡献为衡量尺度。自我价值和社会价值是两个侧面，共同构成人生价值的矛盾统一体。作为高职学生，要实现自我价值和社会价值的统一，必须做到以下几点。

首先要奉行集体主义价值观。集体主义价值观体现了社会凝聚力和时代合理性。从根本上说，社会进步和个人发展是统一的；从个人来说，推动社会进步与自我发展也是统一的，在集体主义价值观的指导下，可以将两者结合起来。

其次要拟定科学的职业生涯规划。高职学生对职业生涯的合理规划，就是实现自我价值和社会价值的“里程表”。凡事“预则立，不预则废”，科学的职业规划可以充分地认识自我,不断提高自我,明确奋斗目标,增强发展的目的性与计划性,从而激发个人潜能,增加实现自我价值和社会价值的几率。

最后要贯彻落实科学发展观思想。科学发展观是当前统领经济社会发展全局的重要指导思想,也是全面建设小康社会和建设社会主义现代化国家的重要指导思想,更是实现自我价值和社会价值相统一的行动指南。高职学生只有坚持科学发展观,努力学习专业理论知识,掌握专业实践操作技能,健全综合素质,保持健康的心理状态,才能真正实现自我价值和社会价值的统一,成为一个有价值的人,一个社会所需要的人。

第二部分 扩展阅读

欢迎来到现实社会——给初涉社会的学生们的忠告

万斯·史密斯

祝贺你们,毕业生,欢迎来到现实社会!这里没有寒暑假,圣诞节的假期也不会像以前那样从12月24日夜晚直到包裹节日礼品的纸张脱落为止。

你所要学的课程是很艰难的,难以预告何时开课。为了帮助你进入社会,一些先行者已经积累了许多有益的建议和忠告。好好地遵循这些忠告吧,它们可比你所学的那些法语副词有用得多。

在这个现实社会里:

千万别理睬那些寻找"慷慨大度的同宿者"的广告,你自己可能就没有那么"慷慨大度"。

每天下班后和你的那些朋友们喝酒闲聊可不是好事。注意你的上司可不干这事,这就是为什么他能当头,其他人只能当下手的原因。

不要为你的汽车装设新的立体声音响,别花冤枉钱。相反,买一张标签贴在汽车窗玻璃上,上书"音响装置已被盗"。

买一个带闹铃的钟,以便按时叫醒你。

可别和被她父亲称为"公主"的小姐约会,她可能真的自以为是公主呢。也别和上街买东西仍然跟着父母转的男人约会,父母不能跟一辈子。

没有人会把一辆没有任何毛病的汽车转手卖掉。

千万别相信你的房主会在你搬进后再修缮房屋。

人寿保险确实适合于已婚夫妇,但是最大受益者还是保险公司。

如果你不喜欢你现在的工作,要么辞职不干,要么就闭嘴不言。

如果你被邀参加一个婚礼,记住送上一件小小的礼品。否则别指望轮到你结婚时会宾客盈门。

世上没有一种能够自行清洗的炉灶,不论干什么事总是有许多善后的工作要做。

对小人物要友好些,别太傲了,因为你现在也只是个小人物。

年轻的少女,留心点,可别以为一个人看上去像你父亲,就会像你父亲那样待你。年轻的小伙,先注意对方的戒指戴在哪个手指上,然后再打主意。

和想要录用你的老板面谈时,千万不要嘴里嚼着口香糖,要规矩点。

从现在开始决定在你的墓碑上该写上什么:"他一生很喜欢自己选择的事业",还是"他工作报酬很高,但他恨这个工作"。

千万不要因为自己已经到了结婚的年龄而草率结婚。要找一个能和你心心相印,终身厮守的伴侣。

每个人都有孤独的时候,要学会如何忍受孤独,这样你才会成熟起来。

如果你是个明智的人,就一定会承认和正视上述的问题。

好好学吧,这要有耐心。

(选自《职业技术(上半月)》2005年第12期)

当代中国问题的复杂性(节选)

姚　洋

环顾当下的中国,我们可以看到多股势力的冲撞和较量。最明显的,是对建立一个公平、公正社会的诉求;除了核心的新自由主义经济学家,从上层的政府官员,到知识界和底层的老百姓,几乎所有的人都认为,社会公正是现阶段中国的一个大问题。比这股力量更激进的,是对过去四分之一世纪市场化的清算要求,它在政界和学界当中都有广泛的影响。相比之下,自由主义的声音要弱得多。经过四分之一世纪的狂飙突进,我们的确到了反思的时候,问题在于,我们是回到过去,还是继续目前的市场化,抑或还有第三条道路？完全回到计划经济时代是不可能的。老百姓尽管对现状可能有这样或那样的不满,但多数人心里都明白,自己是从改革开放中得到好处的。然而,听任目前的状态发展下去也是不行的。我们已经取得了伟大的成就,但也必须承认存在的问题。回顾过去四分之一世纪的历史,我们发现,我们大体上走过了一条正确的路线。这不是当初设计的结果,而是我们根据国内外形势适时调整的结果。我同意黄平的意见,中国的经验具备世界意义。摆在我们面前的问题是,如何在总结我们过去经验的基础上,为世界做出更大的贡献？我认为,我们的贡献,必须是在思想上的。世界各国之间的竞争,最终是思想贡献之争。结合中国当下的形势,中国思想界最急迫的任务,是建立一个融合当代世界价值观念的新的社会公正理论。我认为,这个公正理论要解决三个层次的问题。

在第一层次上,它要明确什么样的权利是必须平等地分配给个人并受到国家的保护的。过去四分之一世纪的历史,可以看作是权利从国家向个人转移的过程,它的基本趋势是值得充分肯定的,而且也被实践证明是对中国经济和社会的进步起到了积极的推动作用。但是,个人权利和国家控制之间是否存在一个边界？由于计划经济时代所留下的经验,国家控制基本上被等同于国家凌驾于公民之上的垄断;然而,国家控制也可以成为增强公民能力的手段。比如,我们在计划经济时代通过社会动员成功地解决了农村地区的基础医疗服务问题。社会动员意味着国家要限制一部分人的自由权利,因此是一种国家控制。即使撇开社会动员这样的激烈形式不论,国家为了实现一定的社会目标也必须对个人权利实施一定的控制。这里的关键是,国家控制的目标是什么。如果我们相信自由至上主义者,认为个人权利先于国家而存在,国家就仅仅是个人权利的被动保护者,它对个人权利的控制因此也就失去了合法性。但是,如果我们把个人的发展而不是个人的权利作为终极目标,则国家就必须介入到对个人权利的定义中来。这种定义当然不能是任意的,否则我们就完全回到过去了。我们要确立一个边界,在这个边界之内,国家可以对个人权利进行分配,在这个边界之外,国家的角色就只能是被动的。换言之,我们要确立一个有限但积极的国家的界限。

在此之上,我们要解决的第二层次的问题是:一个积极的国家如何对社会进行干预？在过去的四分之一世纪里,我们所秉持的原则是“发展第一,兼顾公平”,这实际上是功利主义的原则,即强调总体经济增长,而忽视个体福利的提高。围绕着这个原则,我们取得了巨大的经济成就,但社会问题却凸现出来,一部分人的发展远落后于整体经济水平的提高。我们是继续坚持功利主义的原则,还是回到马克思关于"人的解放"的思想,把注意力拉回到对个体发展的关注上?在这里,阿玛蒂亚·森的关于发展即实现个人自由的思想和马克思的"人的解放"的思想是一脉相承的。这个思想的核心是个人的"能力"这个概念。所谓个人的"能力",指的是一个人从事有意义活动所必不可少的功能组合,如知识、健康、基本收入等等。具备基本能力是一个人实现自我价值和贡献于社会的基础,它不要求事事的平等,而只要求国家为个人提供攀登社会阶梯的条件。而且,并不是所有人都需要国家来提供这些能力的,那些家庭背景好的、自我条件高的或是运气好的人不需要国家的帮助,而那些家庭背景差的、自我条件低的或运气不好的人却需要。如果我们把我们的公正理论定位在以个体发展为目标的基础之上,国家就必须照顾到第二类人的要求。当然,这里也有一个度的问题。如果一个自身条件较差的学生一定要上北大、清华,或者一个出生在山东的学生一定要和一个出生在北京的学生得到一样的升学待遇,国家是否应该满足他们的要求?要解决像这样的问题,我们就必须确定什么是个人的"基本能力",并应该得到国家的帮助。"基本能力"是一个和发展阶段有关的相对概念,就现阶段的中国而言,基本的医疗保健、基础教育、就业和基本养老应该是优先考虑的内容。

我们的公正理论的第三个层次,是如何处理提高效率和提高公民能力之间的关系。对于中国这样一个收入水平还很低的国家,提高效率、促进社会财富的增长,仍然是一个极其重要的课题。我们以往习惯将公平和效率对立起来,但是,公平和效率在两层意义上是一致的。第一,提高效率本身是公平之一种。试想,在一个没有发展的社会里,公平还有什么意义呢?那可能是一个谁也不会嫉妒谁的社会,但每个人又都生活在不快和不自由之中。第二,如果平等仅仅限于个人能力领域,而不是无限地扩大到所有领域,平等和效率之间不仅没有矛盾,而且还会有利于效率的提高,因为个人能力的增强意味着社会人力资源的提高,而后者又提高效率。如果上述两点成立,则所谓"公平与效率之间的冲突"问题就转化为对个人基本能力的界定问题。

面对中国当代问题的复杂性,我们需要理性的思考和讨论。走极端是容易做到的,而且可以吸引眼球和听众。但是,一个对社会负责任的知识分子,是不应该以眼球和听众的多寡为导向的,也不应该比试谁的观点更极端;如果是这样,中国知识分子就真会像甘阳所指责的那样,发生集体堕落了。中国要对世界做出较大的贡献,就需要中国知识分子具备世界的眼界。

事实上,从世界的高度来反观中国,我们会发现,许多所谓的激进思想不过是他人的牙惠而已。只有以世界的眼光来看待中国,我们才能发现中国对世界的贡献之所在。

(选自杨河主编《北大学者思想实录·社科卷》,北京大学出版社,2008 年)

应付环境和改变自己

王　力

一个人不能时时刻刻都和环境相宜。当环境恶劣的时候,我们不是设法来应付环境,就是设法改变自己,使自己去适应环境。适应和应付不同,适应是把自己去迎合环境,往往是顺着潮流,成为识时务的俊杰。但是"识时务者为俊杰"这一句格言早已成了"不讲气节","没有操守"的别名。于是志士仁人总不肯改变自己来迁就环境,并且在积极方面,还要改造环境,来迁就自己。这样一来,就变成应付环境了。

但是,应付环境不都是好事。譬如大势所趋,成了不可挽回的局面的时候,如果硬要挽回,就非弄到一败涂地不止。所谓"顺天者昌,逆天者亡",天似无凭而实有凭,它所凭的就是人心中的真理。"天视自我民视,天听自我民听。"民视民听的天意是应该"顺"的;若用现代的话来说,就是应该"适应"的,不是应该设法来应付的。

适应是一种觉悟,应付却是一种手段。为了应付,往往不是以真理为前提,而是以利害为前提。眼看目前的难关过不了,就勉强委屈一下自己,以求渡过难关。这样,就往往是头痛医头,脚痛医脚,一个难关渡过去了,就以为天下从此太平,自己可以高枕无忧。却不知道若非彻底觉悟,彻底改变了自己,仍旧是难关重重的。

为了应付,又往往不择手段。一方面勉强委屈自己,另一方面却仍旧露出了狰狞的本来面目,以求破除障碍,或对抗潮流。这样的应付环境,竟是缘木求鱼。因为只讲应付,不知痛悔前非,真正的改变自己,结果一切应付的劳力都会成为白费的。

君子之过,如日月之食。改变自己并不是没有操守,而是非常光明正大的事。问题在乎彻底改变了自己之后,对于现有的利益不免大大的牺牲,若不是大智大勇、见义忘利的人,很难做到这一步。然而,改变自己是最简单最有效的办法;舍此不图,徒见其越应付,环境越恶劣,难关越多,终于无法应付而后已。

（选自《龙虫并雕斋琐语》，商务印书馆，2002 年）

找寻称意的小社会

舒国治

40 多年前，我家巷子底有个面摊，主人是个退伍军人，摊子旁悬挂着一面小黑板，他无事时便会以粉笔写些警句，我最早看到“君子坦荡荡，小人常戚戚”的名句便是在那面小黑板上。

两块钱一碗阳春面，能获得热骨头汤混合着面汤两者的香味，更有一种“外食”打破每日家中饭桌的沉闷享乐感，于我，这碗面已然太满足了。但我观察，有不少大人来此不是吃面，是来聊上几句。是啊，他们见着灯光，见着面锅的沸腾水汽，便自然往这儿靠近；既来了，便同老板讲几句话。有的说：“我最喜欢吃你下的面，尤其是下得比较生时，更好吃。”有的说别的，与面条不相干。我发现这样的人还不少，有的站着说，有的索性拉了凳子坐下。那是在上世纪 80 年代，人人没事，我们那条巷子大伙皆夜不闭户，这么一个小小面摊，也竟成了绝佳的沙龙。

一个社会愈闲，愈有颇多的人每天必去同样的地方。如北京有些公园，每天总有很多的人，一天中最长的时间就耗在那儿。成都的茶馆亦是如此。

近日有人开始谈论退休后的每日生活。其中说及每日下午应在何处坐坐、应与哪些朋友碰碰。这是多么大的一个课题！就说上海好了，恁大的都市，但该去哪里呢？我回答不出。

所谓称意的小社会，是你在那里吃饭、喝茶、交际、娱乐等皆感到很优游自在。但真说到自在，更牵涉到人，也就是朋友。或者说，要生活在你所喜欢相处的人众之旁。要常常可以碰上或遭遇令你愉悦、产生趣味，或使你放松、使你简略、教你闲散的人或事态。人便是要往那类情境靠近，有时甚至要开创那种情境。

我小时常梦想，所有的孩子们暑假皆自省城返回家乡，大伙住在大房子里，一个大家庭，吃饭时每人陆续地自楼上或后院深处的房间走下来，聚于一堂，闹哄哄地吃。不远处的客厅与花园还偶传来唱京戏的声音。不管是下午或是半夜，永远有点心吃，你想吃绿豆汤或是冰西瓜或是馄饨或是粽子或是油饼，随时皆有。此种大家庭的人气，永远在你身旁不远处，你绝对不会寂寞。你依然可以窝在自己的房间几十个小时不出来,只为了埋头读你那读了一半的《红楼梦》,你依然乐意独处,乃你知道人群的温热原来就在几步路之外。还有,你乐意有热闹感,但你希望它是一种太平美乐时代之氛围,你并不渴求与人无休止的交接,但不像你居住在苦寒荒凉的美国,只要见有一人远远骑马而来,说什么也不想放他走。

人从自己的空间出来,到外头张望别人,是生存的需要。小自一个面摊或一棵大树下三张板凳,大到一整个城市的各处广场皆如,随时有园游会,都可以抚慰人的寂寞,但何样尺寸最称己意,也唯有各人自己揣摩了。

(选自《国际金融报》2007 年 11 月 9 日)

愤怒的葡萄(节选)

斯坦贝克

第十九章

从前加利福尼亚是属于墨西哥的,土地属于墨西哥人;后来有一大群衣衫褴褛的、疯狂的美国人蜂拥而来。他们对土地的欲望非常强烈,于是他们就强占了这带地方——霸占了萨特的土地,格雷罗的土地,把他们的领地强占了,分割成许多块,大家吵吵闹闹,争夺了一番,这些疯狂的、饿狼似的人,用枪守住了他们霸占的地方。他们盖起了住房和仓库,犁开了土地,种上了庄稼,这些东西都是财产,财产就是主权所有的东西。

墨西哥人很软弱,而且都吃饱了肚子。他们不能抵抗,因为他们无论对于什么东西都不像那些美国人追求土地那样,有一股狂热的劲头。

日子久了,霸占者就不算是霸占者,都成了主人;他们的儿女长大了,又在这土地上生儿育女。于是他们原来那种追求耕地、追求水土、追求天空、追求茂盛的青草、追求肥大的薯类的欲望消失了,他们再也没有那种凶猛的、难熬的、急切的渴望了。这些东西他们全都有了,因此他们再也不知道这些事情的来历了。他们再也没有那种揪心的欲望,再也不贪图一英亩肥沃的土地和犁田的犁头,再也不贪图种子和在空中转动的风车了。他们再也不起早贪黑,不再只等天一亮就到田地里去,不再在天还不亮的时候就惊醒过来,倾听困倦的鸟儿首先发出的吱吱喳喳的叫声和房屋四周清早的风声了。这些情况已经变了,收成以美元计算,地价是本钱加上利息,庄稼还没种下,就有买卖预先成交了。于是歉收和水灾旱灾都不再是死一些人的问题，而只是金钱的损失了。他们对钱的欲望越大，对土地的爱好就越淡薄，他们当初追求土地的那股凶劲也由于追求利息心切而减退了，于是他们终于根本就不成其为庄稼人，而只是买卖农产品的小老板，他们成了一些小生产者，必须预售产品，才能进行生产。这么一来，那些不善做买卖的庄稼人就把他们的土地输给那些精明的老板了。无论你多么聪明，无论你多么爱你的土地和庄稼，如果你不会做买卖，那就不能幸存。日子久了，商人就成了土地的主人，农场越来越大，数目却越来越少了。

于是农业变成了工业，土地的业主们采取了罗马的办法，虽然他们并不知道那是怎么回事。他们从国外运来奴隶，虽然他们并不把他们叫做奴隶，有中国人、日本人、墨西哥人、菲律宾人。商人们说，那些人吃大米和豆子，他们需要不大。他们如果拿到太多的工资，也不知怎么处置。瞎，你看他们怎么过日子吧。看他们吃什么东西吧。如果他们不老实，那就把他们驱逐出境好了。

年年月月，农场老是越来越大，土地的业主们老是越来越少。守在农村经营庄稼的农户简直少得可怜。从国外运来的农奴挨打挨饿，受着恐吓，终于有些人回老家去了，有些人变得很凶，结果被人打死，或是驱逐出境了。农场还是越来越大，土地的业主们却越来越少。

农作物也起了变化。原来种粮食的地方改种了果树，低地上种了蔬菜，供应世界各地，有莴苣、卷心菜、菊芋和马铃薯——这些都是要弯着腰种植的作物。农民使用镰刀、耕犁和草耙的时候，都可以站着干活，但是他在成行的莴苣之间却只能像甲壳虫似的爬行，在成行的棉花之间只能弯着腰，拖着那长口袋走，在卷心菜地上只能像一个苦行僧似的跪着走。

后来土地的业主们再也不在农场上工作了。他们在纸上经营农场：他们忘记了土地，忘记了它的气味和感觉，他们只记得自己是土地的业主，只记得他们的盈亏。有些农场大得出奇，竟至无法想象它们的大小，需要一组一组的簿记员计算利息和盈亏；需要许多化验员化验土壤，增添肥料；需要一些工头监视那些弯着腰干活的人是否卖尽力气，在那些农作物的行列中拼命地迅速走动。于是那种农场主实际上就成了一个做买卖的老板，开着一家店铺。他付工资给干活的人，买食物给他们，又把钱收回来。这些时候，他们干脆就不付工资，连账也不要记了。这些农场用赊账的办法供给食物。工人可以靠干活吃饭；等他把活干完了之后，他也许会发觉他反而欠了公司的账。业主们不但不在农场工作，他们还有许多人根本就没有看见过自己所拥有的农场。

于是失去土地的农民都被吸引到西部来了——有从堪萨斯来的,有从俄克拉何马来的,有从得克萨斯来的,有从新墨西哥来的,还有从内华达来和阿肯色来的许多人家和一伙一伙的人,他们都是被风沙和拖拉机撵出来的。一车一车的人,一个一个的车队,大家都是无家可归,饿着肚子。两万人,五万人,十万人,二十万人。他们饿着肚子,焦虑不安,川流不息地越过高山。他们都像蚂蚁似的东奔西窜、急于想找工作——无论是扛、是推、是拉、是摘、是割。什么都干,无论多重的东西都背,只为了混饭吃。孩子们饿着肚子。我们没有地方住。像蚂蚁似的到处乱窜,要找工作,混饭吃,最要紧的是找耕种的土地。

……

一个无家可归、饥肠辘辘的人开着车在路上走着,带着他的妻子坐在他身边,瘦小的孩子们坐在后面的座位上,他看到那些休耕地,就会觉得它可以出产粮食,不会想到它能产生盈利,这个人就会想到一片休耕地不顾那些瘦小的孩子们的死活,真是一种罪过、荒废的耕地更是罪大恶极。这样的人开着车在路上走着:就会受到每一块土地的诱惑,心里不由得产生一种欲望,想把这些地据为己有,使它们长出东西来,给他的孩子们长点气力,使他的妻子获得一点享受。这种诱惑经常在他眼前。那些田地刺激着他,公司的沟渠里有很好的水畅流着,那对他也是一种刺激。

到了南方,他又看见金黄色的橙子在树上垂着,小小的金黄色橙子在那深绿色的树上垂着;背着鸟枪的看守在界线上巡逻,不许任何人摘一只橙子给他那瘦小的孩子吃,而这些橙子如果卖不出大价钱,是要大批丢弃的。

他把他那辆破汽车开到市镇上。他到各处农场去东奔西窜,寻找工作。我们到什么地方过夜呢?

欧,河边上有胡佛村,那里有一大批俄克老乡呢。

于是他把他那辆破汽车开到胡佛村。以后他就不用再探询了,因为每个市镇的附近都有一个胡佛村。

那破破烂烂的村镇是紧靠着水边的;大家住的是帐篷,或是草盖的棚子,纸壳做的房子,乌七八糟的一大堆。那个人把他的一家人开到这个村子里,成为胡佛村的居民——这种村子一律都叫做胡佛村。新来的人尽量在离水近的地方支起帐篷来;如果没有帐篷,他就到市镇上的垃圾堆那里去找一些旧纸板来,盖一所硬纸壳的房子。天一下雨,这种房子就会泡得稀烂,被雨水冲走。他在胡佛村住下来,再到乡下去东窜西奔地找工作,他手头那一点钱就在找工作的时候买汽油花掉了。到了晚上,男人们都聚在一起谈天。他们蹲在地上。谈着他们所见到的土地。

……

全州各地的胡佛村里，人们都在叽叽喳喳地闲聊着。

然后就有警察来驱逐他们——武装的警官们突然袭击这些难民的居留地。滚开吧。这是卫生部的命令。你们住的这个地方有碍卫生。

我们上哪儿去呢？

那我们管不着。我们奉命来把你们从这里赶走。半个小时之内，我们就要放火烧掉这些棚子了。

这带地方有斑疹伤寒在流行。你们难道要叫它到处传染吗？

我们奉命来赶你们走。喂，快走吧！过半个小时，我们就要烧掉这个地方。

过了半小时。那些纸壳房子和茅草棚冒起了浓烟，冲向天空，人们坐上了汽车在公路上奔驰，要寻找另一个胡佛村。

同时在堪萨斯和阿肯色、在俄克拉何马和得克萨斯和新墨西哥各地，拖拉机还要开到农场上，把佃户们赶出来。

加利福尼亚已经来了三十万人，而且还有更多的人要来。加利福尼亚的路上挤满了这些急得发疯的人，他们都像蚂蚁似的到处乱跑，要找活干，无论是拉、是推、是扛，只要是工作就行。一个人扛的东西，有五双胳膊伸出来接；一个人吃的东西，有五口人张开嘴来要吃。

那些大业主在骚乱中难免要失去他们的土地，他们懂得历史，有读历史的眼光，懂得这么一个大道理：财产集中在太少的人手中时，就会被人夺去。还有一个连带的事实：大多数人到了饥寒交迫的时候，他们就会用武力夺取他们所需要的东西。还有一个自古以来的历史上早已证明的小小的事实，也在尖声叫喊：镇压的结果必定徒然加强被镇压者的力量，使他们团结起来。大业主们忽视了历史上的这三种呼声。土地越来越落入少数人手中，被剥夺土地的人越来越多，于是大业主们竭尽全力，进行镇压。他们花了许多钱买军火和毒气来保护他们的大产业，还派出许多暗探到各处去侦察叛乱的阴谋，企图把它扑灭。经济的变化没有人理会，变化的计划没有人顾到；他们所考虑的只是摧毁叛乱的方法，而叛乱的原因却在继续发展。

使人失业的拖拉机，代替人力运输的输送工具、生产的机器，全都增加了；越来越多的家庭在公路上流亡，他们都要从那些大片的地产上寻找面包屑，眼巴巴地对路旁的土地怀着欲望。大业主们组织了联合会来保护他们的产业，他们开会讨论办法，要采取恐吓、屠杀和施放毒气的手段。同时他们经常会害怕一个领头人——三十万人如果在一个领袖之下行动起来,那就一切都完蛋了。三十万人饿着肚子,穷得要命。如果他们觉悟起来,这些土地就会变成他们的了,全世界的一切毒气和枪械都挡不住他们。大业主们因为有了那些产业,便丧失了人的理智,一方面太胆大,一方面又太胆小,于是他们就奔向毁灭的路,用尽一切镇压的手段,最后无非使他们自己归于毁灭。他们采用暴力,袭击胡佛村,派警官到那破烂的居留地去大摇大摆地巡逻,他们用一切手段对付那些难民。结果是每一次行动都只能使他们自己毁灭的日子推迟一点,同时却使那无可逃避的下场更加肯定了。

第二十五章

加利福尼亚的春天是美丽的。漫山遍野开着果树的香花,像一片粉色和白色相间的浅水海面。多节的老葡萄藤上新生的卷须像瀑布似的披散下来,裹住了主干。碧绿的山头浑圆而又柔软,像女人的乳房一般。在种菜的平地上有长达一英里的成行的浅绿色莴苣和纺锤一般的小小的花揶菜,还有绿里带白的神奇的蓟菜。

随后树上的叶子展开了,果树上落下花瓣,把地面铺成了粉红色和白色。花蕊越长越大,颜色也渐渐变深了:有樱桃和苹果,有桃子和梨子,还有把花包在果实里的无花果。全加利福尼亚的农产品都在迅速地成熟起来,果实长得沉甸甸的,果实的重量压得树枝下垂,底下必须支起小小的撑竿才行。

这样的丰产是靠一些有知识、有学问、有技术的人得到的,这些人对种子进行实验,他们不断地改进增产的技术,尽量设法使植物的根部能抵抗住地上的无数敌人:霉菌、虫害、锈病和枯萎病。这些人仔仔细细、坚持不懈地研究,力求把种子和根部改良到尽善尽美的地步。有些化学专家给树木洒涂除虫药水,用硫磺熏葡萄,割除果树上腐烂和有病害、有霉菌的部分。还有些预防病害的医生,他们在果园的边缘地带搜寻果蝇和日本甲虫,对有虫害的树木进行检疫和隔离,把那些树拔去烧掉,这都是些有学问的人。最聪明的是给幼树和小藤接枝的人,因为他们的工作又精密又细巧,跟外科医生的手术一样,他们必须具有外科医生的妙手和细心,才能把树皮削去,把接枝放好,把刀口包扎得不透气。这都是些了不起的人。

培植果园的工人们沿着一行行的果木走动着,他们把春天的杂草拔掉,埋在地里使泥土肥沃,他们把地面掘松,使表面的一层土壤能够保住水分,又挖成一些小坑,准备灌溉,还把杂草的根锄掉,不让它们吸去树木的水分。

果实时时都在长大，葡萄藤上的花一长串一长串地开放了。在这成长的季节，天气渐渐热起来，叶子变成了深绿色。梅子像绿色的小鸟蛋似的，长成长形，枝条让果实压弯了，坠在撑竿上，又硬又小的梨子成形了，桃子上也开始长出了绒毛。葡萄花洒落下细小的花瓣，那些又小又硬的小珠子变成了绿色的纽扣，那些纽扣又渐渐地大起来，在田地上工作的人们——小果园的主人——眼巴巴地望着，盘算着。这一年的出产一定是丰富的。于是人们高兴了，因为根据他们的经验，丰产是有把握的。他们用自己的知识把世界都改变了，把又矮又瘦的小麦变得又大又丰产了。小小的酸苹果也长得又大又甜。在果树中间生长着的老葡萄树，原来只能把它那小小的果实让鸟儿啄来吃，现在它却成了母树，嫁接了无数的新品种，有红的和黑的，绿的和淡红的，紫的和黄的，每一种都有各自的香味。在实验农场工作的人们培养出新品种的水果来了，油桃和几十种梅子，还有薄壳的核桃。他们不断地选种，接枝、变种，忙个不停，老催着自己苦干，也催着土地增产。

最初是樱桃熟了。一毛五一磅。糟糕，这样的价格，连采摘的工钱都不够呀。黑樱桃和红樱桃，又大又甜，让鸟儿把每一颗都吃掉了一半，黄蜂又嗡嗡地钻到鸟儿啄成的洞里去。果核落到地下，跟那粘在核上的破碎的黑果皮一起干掉。

紫色的梅子成熟起来，味道变甜了。哎呀！我们没法子采摘，也不能把它晒干，用硫磺熏制。我们出不起工资，无论工资多么低也没办法。于是紫色的梅子铺满了地面。先是果皮有些发皱，成群的苍蝇飞来大吃特吃，山野里充满了果实腐烂的气味。果肉变成了黑色，全部的收成都在地上糟蹋了。

梨子也长得又黄又软了。五块钱一吨。五块钱就能收购四十箱，每箱装五十磅；花了工钱修剪枝条、喷杀虫药，还花了工钱培植果园——现在又要采摘、装箱、装车，把水果送交罐头厂，都要花钱——结果四十箱却只能卖五块钱，这可办不到。于是这种黄色的果子就沉甸甸地落到地上，摔出果汁来了。黄蜂钻进柔软的果肉里，到处散发着发酵和腐烂的气味。

还有葡萄——我们不能酿成好酒，大家都买不起好酒了。把葡萄都割下来吧，不管是好的、烂的、虫吃过的葡萄，都摘下来。连梗子带脏土和烂葡萄都在一起挤汁吧。

这么一来，酒桶就有霉菌和蚁酸了。

加上硫磺和丹宁酸吧。

发酵的气味并不是清香的葡萄酒气，而是腐烂的气味和药味。

啊,也好。这里面反正有酒的成分。总可以叫人喝醉的。

小农们眼看着债务像潮水一般向他们涌来。他们给果树喷过药水,可是没有收成可卖,他们修剪过枝叶,接过枝,却连果子都收摘不起。那些有学问的人费尽了心力,而果实却只好在地下腐烂,酒桶里腐臭的果汁散发着难闻的气味。尝尝酒——一点葡萄香味也没有,只有硫磺、丹宁酸和酒精的味道。

这种小小的果园,一到第二年,就要归并到大地产里去,因为债务会把园主逼死的。

这种葡萄园将要归银行经营。只有大业主才能生存下去,因为他们也开着罐头厂。四个梨子削了皮,对半切开,煮一煮装在罐头里,只要一毛五的成本。而且罐头不会坏。尽可以保存好几年。

腐烂的气息弥漫了全州,而清香的气味反而成了这个地方的苦难。那些能接枝,能改良种子,使它又大又丰产的人却想不出办法来,使饥饿的人吃到他们的产品。那些创造世界上新品种水果的人,创造不出一种制度来,使人们吃到他们的水果。于是衰败的气象笼罩了全州,像一场大难一般。

为了保持高价,葡萄的根和果树的根的繁殖作用必须加以破坏。这实在是世间最不幸、最痛心的事情。一车一车的橙子堆在地上被丢弃。人们从几英里外赶了来,要拿这些橙子,但这是办不到的事。如果让他们驾着车来白白地拾去,人家还肯出两毛钱买一打吗?于是拿橡皮管的人们把火油浇在那些橙子上,他们对这种罪行感到愤怒,也生那些来拿橙子的人的气。千千万万饥饿的人需要这些橙子——却偏有人把火油浇在那堆积成山的金黄的橙子上。

腐烂的气息弥漫了全国。

咖啡在船上当作燃料,玉米被人烧来取暖,火倒是很旺。把土豆大量地抛到河里,岸上还派人看守着,不让饥饿的人来打捞。把猪宰杀了埋起来,让它烂掉,渗入地里。

这里有一种无处投诉的罪行。这里有一种眼泪不足以象征的悲哀。这里有一种极大的失败,足以使我们一切的成就都垮台。肥沃的土地,笔直的一排一排的树,坚实的树干,成熟的果实,全都完蛋了。患糙皮病快死的孩子们非死不可,因为农场老板得不到橙子的利润。验尸员在验尸证书上必须填上“营养不良致死”,因为食物只好任其腐烂,非强制着使它腐烂不可。

人们拿了网来,在河里打捞土豆,看守的人便把他们拦住,人们开了破汽车来拾取丢弃了的橙子,但是火油却已经浇上了。于是人们静静地站着，眼看着土豆顺水漂流，听着惨叫的猪被人在干水沟里杀掉，用生石灰掩埋起来，眼看着堆积成山的橙子坍下去，变成一片腐烂的泥浆，于是人们的眼里看到了一场失败；饥饿的人眼里闪着一股越来越强烈的怒火。愤怒的葡萄充塞着人们的心灵，在那里成长起来，结得沉甸甸的，准备着收获期的到来。

（选自《愤怒的葡萄》，胡仲持译，上海译文出版社）

✻名言荟萃

1. 民惟邦本，本固邦宁。（《尚书》）
2. 与民偕乐，故能乐也。（《孟子》）
3. 民为贵，社稷次之，君为轻。（《孟子》）
4. 仁者，爱人。（《孟子》）
5. 民有常性，织而衣，耕而食，是谓同德。（《庄子》）
6. 民生在勤，勤则不匮。（《左传》）
7. 凡治国之道，必先富民。民富则易治也，民贫则难治也。（《管子》）
8. 长太息以掩涕兮，哀民生之多艰。（屈原）
9. 制国有常，利民为本。（司马迁）
10. 王者以民为天，而民以食为天。（班固）
11. 风声雨声读书声声声入耳；家事国事天下事事事关心。（顾宪成题东林书院）
12. 天下兴亡，匹夫有责。（顾炎武）
13. 世事洞明皆学问，人情练达即文章。（曹雪芹）
14. 苟利国家生死以，岂因祸福避趋之？（林则徐）
15. 各尽所知，使国家富强不受外侮，足以自立于地球之上。（詹天佑）
16. 民生是社会进化的重心。（孙中山）

17. 社会主义财富属于人民,社会主义的致富是全民共同致富。(邓小平)
18. 一个人最伤心的事情无过于良心的死灭,一个社会最伤心的现象无过于正义的沦亡。(郭沫若)
19. 人不能孤独地生活,他需要社会。(〔德〕歌德)
20. 人的本质并不是单个人所固有的抽象物,实际上,它是一切社会关系的总和。(〔德〕马克思)
21. 人来源于动物界这一事实已经决定了人永远不能摆脱兽性,所以问题永远只能在于摆脱的多些或者少些,在兽性或人性的程度上的差异。(〔德〕恩格斯)
22. 个人离开社会不可能得到幸福,正如植物离开土地而被扔到荒漠不可能生存一样。(〔俄〕列夫·托尔斯泰)
23. 创造人的是自然界,启迪和教育人的却是社会。(〔俄〕别林斯基)
24. 只有受过教育的诚心诚意的人才是有趣味的人,也只有他们才是社会所需要的。这样的人越多,天国来到人间也就越快。(〔俄〕契诃夫)
25. 集体的习惯,其力量更大于个人的习惯。因此如果有一个良好道德风气的社会环境,是最有利于培训好的社会公民的。(〔英〕培根)
26. 劳动受人推崇。为社会服务是很受人赞赏的道德理想。(〔美〕杜威)
27. 一个人对社会的价值首先取决于他的感情、思想和行动对增进人类利益有多大作用。(〔美〕爱因斯坦)
28. 人人生而平等;人人拥有造物主赋予的一些不可剥夺的权利,包括生活、自由和追求幸福的权利。(〔美〕杰斐逊)
29. 一个社会,只有当他把真理公之于众时,才会强而有力。(〔法〕左拉)
30. 社会繁荣意味着人民幸福,公民自由,民族强盛。(〔法〕雨果)

第三部分　实践体验

一、召开主题班会，指导学生分组策划一次主题鲜明、富有趣味性的集体活动，并选择一个认同度最高的予以实施（提示：主题活动方式有参观、访问、调查、实验、采访、宣传、义务劳动、公益服务等；活动组织形式有个人活动、小组活动、班组活动、学校活动等。活动主题应围绕"认识社会、适应社会、奉献社会"设计。）。

二、处事能力测试

下面每一个问题都设计了一种具体的社会生活情景，并且列出4个备选方案。请你设身处地地考虑一下，如果你面临这一情景，你的表现将与哪一个方案更符合，请把它前面的字母代号圈出来。

1. 在聚餐会上，如果你与多数同桌的人素不相识，你怎么办？

   A. 显得心神不宁，左顾右盼。

   B. 静听别人的谈话。

   C. 只与相识的人高谈阔论。

   D. 神态自如地参与大家的讨论。

2. 觉得自己与协同工作的人在性格和想法方面合不来时，你怎么办？

   A. 委曲求全，尽量凑合下去。

   B. 故意找理由，与他吵架，迫使领导解决。

   C. 向领导汇报他的短处，要求领导调离他。

   D. 尽量谅解，实在不行，则向领导如实说明，等候机会解决。

3. 在公共汽车上，你无意踩了别人一脚，别人对你骂个不停，你怎么办？

   A. 只当没听见，任他骂去。

   B. 与他对骂，不惜大吵一架。

   C. 推说别人挤了自己才踩到他的，不应该怪罪自己。

   D. 请他原谅，同时提醒他骂人是不文明的。

4. 在电影院看电影时，你的领坐旁若无人地讲话，使你感到讨厌，你怎么办？

   A. 希望别人能出面向他们提意见或他们自己停止。

B. 严厉地指责他们。

C. 叫服务员来制止他们。

D. 有礼貌地请他们别再讲话。

5. 你辛苦地干完工作,自以为干得不错,不料领导很不满意,你怎么办?

A. 不做声地听领导埋怨,但心中十分委屈。

B. 拂袖而去,认为自己不应受埋怨。

C. 解释因客观条件限制,自己无法做得更好。

D. 注意自己做得不够的地方,以便今后改正。

6. 你买了一架崭新的照相机,自己还未用过,但有个朋友向你借,你怎么办?

A. 借给他,但是满腹牢骚。

B. 脸色很难看,使朋友不得不改口。

C. 骗他说自己已经借给别人了。

D. 告诉他自己要试拍一下,检查了照相机的性能后,再借给他。

7. 当你正在埋头干一件事,一位朋友上门来找你倾诉苦恼,你怎么办?

A. 放下手中工作,耐心倾听。

B. 很不耐烦,流露出不想听的神态。

C. 似听非听,脑子里还在想自己的事情。

D. 向他解释,同他另约时间。

8. 在你知道了别人的一些隐私之后,你怎么办?

A. 觉得好奇,但尽量不去传给别人听。

B. 忍不住,会很快告诉其他人。

C. 当其他人谈起的时候,也会附和着一起谈。

D. 根本没有想要让其他人知道。

9. 星期天,你忙了一整天,把房间全部打扫干净,你的妻子回家后,却指责你没及时烧饭,你会怎么样?

A. 心理很气,但仍勉强地去烧饭。

B. 发脾气,骂妻子自私,要妻子自己去烧饭。

C. 气得当晚不吃饭。

D. 向妻子解释,然后邀请妻子一起出去吃饭。

10. 当你搬到一个新的住处,周围邻居都不认识,显得较冷淡,你怎么办?

A. 尽量避免与邻居交往。

B. 故意现出自己是很强硬的,让大家有种敬畏感。

C. 视邻居以后对自己的态度再行事。

D. 主动与邻居打招呼,表现出友好的姿态。

11. 如果有人经常要麻烦你做一件事,你却很忙,你怎么办?

A. 尽量避开他。

B. 告诉他很忙,不要再来麻烦了。

C. 敷衍他。

D. 尽自己能力帮忙,有困难时再向他说明情况。

12. 一位朋友向你借了几元钱,但以后一直没还,好像不记得这件事了,你怎么办?

A. 今后再也不借钱给他。

B. 提醒他曾借过钱。

C. 向他借同等数额的钱,作为抵消。

D. 就当没这回事。

13. 在餐馆里你买了一份饭菜,发觉味道太咸,你怎么办?

A. 向同桌人发牢骚。

B. 粗鲁地责骂厨师无能。

C. 默默地吃下去。

D. 平静地问服务员,能否处理一下,使菜变得淡些,如不能,则吃下去。

14. 一位热情的服务员为了使你买到满意的东西,向你介绍了所有的商品,但你都不满意,你怎么办?

A. 买一件你并不想买的东西。

B. 说这些商品质量不好,是卖不掉的东西。

C. 向他道歉,说是朋友托买的东西,一定要朋友满意才能买。

D. 说声"谢谢",然后离去。

[计分与评价]

统计你所圈各个字母的次数,找出你自己选择次数最多的字母代号。

如果选择答案A的次数最多,说明处事过于消极,凡事与世无争,心中却不一定服气,对任何有争论性的事你都不愿意表态,希望他人做决定或者承担责任。当人们了解你的时候,也许同情你,但以后又会产生反感。

如果选择答案B的次数最多,说明处事能力较差,不善于待人接物,往往属于好斗型,遇不顺心的事情容易暴跳如雷,甚至粗鲁地骂人。表面看来,你颇有权威地占上风,其实得不到他人对你的尊重,结果是使人们憎恶你或害怕和疏远你。

如果选择答案C的次数最多,说明具有一定的处事态度和所需要的克制能力,能把怨气或不满情绪隐藏起来,比前面两种人更善于处理人与人之间的关系,只是有时为人不够真诚坦率,结果是使人们感到你有时表现得比较虚伪或不能完全理解你。

如果选择答案D的次数最多,说明有积极的处事态度,遇事表现出较强的克制能力,尊重他人,对人诚恳坦率,不喜欢虚伪和装模作样。结果是人们尊重你,愿意和你交往,建立友谊关系。

(肖永春、齐亚丽编著《成功心理素质训练》,复旦大学出版社)

三、根据案例展开讨论

案例:

《南风窗》曾刊载一篇读者来信,是议论邵阳一起残疾人烧死城管干部事件的。这位残疾人以一辆摩的谋生,但他没有注册,一位城管干部就把他的摩的没收了。他交了罚款之后,又继续经营,城管干部又来没收。几次下来,他在忿恨之下把一桶汽油浇在城管干部身上,并点着火,烧死了城管干部。当地政府认定城管干部因公殉职,追认他为烈士。《南风窗》的读者来信认为,邵阳市政府此举是极其不道德的。残疾人生活没有着落,仅靠经营摩的维持生计,城管干部三番五次对他进行罚款,本身就是不对的,授予他烈士称号更是有辱"烈士"的含义。

四、鼓励学生加入一个学生社团,担任一个职务,按分工职责认真做好工作。要求提交一份报告,说明你在该团体中所扮演的角色,评价自己的工作业绩、工作态度、交流沟通能力、组织协调能力和团队精神。

第九单元　社交礼仪

第一部分　主题解读

“泱泱华夏”积淀了上下五千年的悠久文化，“礼仪之邦”反映着中华民族的谦和与包容，“礼尚往来”造就了炎黄子孙的友好与和睦。古人云，“不学礼，无以立”。就是说，不学“礼”、不懂“礼”，就无法在社会中立身。

随着年龄的成长，人际交往范围的不断扩大，社交礼仪成为日常生活中不可或缺的内容。掌握和运用好社交礼仪知识，不仅是现代社会文明人必备的基本素质，也是现代社会交际和事业成功的重要条件。

社交礼仪展现一个人的教养、风度和魅力，却不是一种孤立的外在表现，社交礼仪体现的是细节，展现的是素质。播下行为的种子，你会收获习惯；播下习惯的种子，你会收获性格；播下性格的种子，你会收获一生的命运。

一、社交礼仪概述

(一) 社交礼仪的含义

社交礼仪泛指人们在社会交往活动过程中应当共同遵守的行为规范和准则，具体表现为礼貌、礼节、仪表、仪式等。

所谓“礼貌”，是指人们在交往过程中以庄严和顺之仪容表示敬重和友善的行为方式，是使自己和别人都感到愉悦的行为举止和内在修养。按东汉经学家赵岐的解释：“礼者，接之以礼也；貌者，颜色和顺，有乐贤之容。”意思是说，在社会交往中，待人处事要文雅有礼，言谈举止要恭谨谦虚。礼貌体现一个时代的道德风尚和行为规范，是文化层次、文明程度和道德水平的具体表现，也是礼仪的基础。虽然世界各地在礼貌的表现形式上有所不同，但尊敬、友爱的本质是一致的。因此，在生活中注意修养，懂得体谅别人，愿意帮助别人,表示尊重别人的人,就是有礼貌的人。

所谓"礼节",指礼仪节度,是人们在社会交往过程中表达致意、问候、祝愿等行为的惯用形式,属于外在的行为规范,是礼貌在语言、行为、仪态等方面的具体体现。礼节包括待人接物、应对进退的方式,招呼和致意的形式,社交场合的仪表、举止、风度等。礼节是社会文明(行为文明)的重要组成部分。在阶级社会中,针对不同阶级和阶层规定有与其地位相应的礼节,所谓"进退有度,尊卑有别",具有明显的等级制度色彩。现代的礼节则是在平等互尊基础上的行为规矩,它虽然不是法律,却具有不成文"法"的性质,是社会交往中必须遵循的行为规范。

所谓"仪表",指人的外表,包括容貌、服饰、姿态、谈吐、举止等,是礼仪的重要组成部分。通常所说的"仪表美"是一个综合概念,分为"外在美"和"内在美"。前者是指人的容貌、形体和体态的协调优美,可因装扮或与环境的协调而形成;后者指通过人的面部表情和体态变化所表现出的高尚内心世界和积极向上的生命力,是一种深层次的美,是仪表美的本质。

所谓"仪式",指礼的秩序形式,是为了表示敬意或隆重而在一定场合举行的、有专门程序的规范化活动,如婚礼、丧礼、颁奖礼或签字仪式等。仪式是用一套约定俗成的程序、方式表现律己、敬人的行为,是用于比较正式或重大事件的礼仪程式。

从礼仪媒介看,可将社交礼仪分为语言类、身体语言类、饰物类、酒宴类礼仪等。其中,"语言类礼仪"是指通过书面语或口语方式表达的礼仪;"饰物类礼仪"是指由服饰、化妆美容或通过各种物品方式表达的礼仪:"酒宴类礼仪"则是通过宴饮方式表达的礼仪。

(二)社交礼仪的重要性

"富者有礼高雅,贫者有礼免辱,父子有礼慈孝,兄弟有礼和睦,夫妻有礼情长,朋友有礼义笃,社会有礼祥和。"对个人而言,礼仪是思想道德水平、文化修养、交际能力的外在表现;对社会来说,礼仪是社会文明程度、道德风尚和生活习惯的反映。

社交礼仪的重要性主要表现为:

1. 良好的社交礼仪有益于信息交流

信息交流也叫资源共享。良好的社交礼仪有助于达成人与人、组织与组织之间的沟通,从而有利于信息资源的交流共享。

2. 良好的社交礼仪有益于美化形象

在社会交往中,良好的个人形象有助于建立亲切感和信任感,便于和他人形成沟通，而良好的社交礼仪是树立良好的个人形象的必备武器。人们习惯于根据仪表和举止对交往对象进行初步评价和形成某种印象，从而决定与之交往的态度和方式。好的评价和印象对人际交往的成败和人际关系融洽与否起着重要作用。这充分显示了社交礼仪在美化形象时的作用。但是良好的礼仪举止是发自内心的，须以长期的读书习礼为基础。古人云："知书达理。"即要通过学习来通达礼仪，以具备良好的修养与气质，在举手投足之间自然地绽放出来。

3. 良好的社交礼仪有益于协调关系

良好的社交礼仪有助于建立良好的关系，得到真诚的情感回报。在很多情况下，社交是为了建立某种利益合作关系，当关系建立之后，要学会保持和增进，以免予人以有利则来，无利则去的印象。在这种时候，情感的长期而真诚的投入就十分重要，从而将利益关系转化为情感联系，架设起友谊的桥梁。社交礼仪的良好与否，其实就在于真诚还是虚假。发自内心的礼仪表达可以协调人际关系，营造一个和谐友善的氛围，有助于建立和发展相互尊重和友好合作的关系。

4. 良好的社交礼仪有益于构建和谐

古语云"人无礼则不生，事无礼则不成，国家无礼则不宁"(《荀子·修身》)。礼仪是文明的标志，良好的社交礼仪能有效地消除彼此的隔阂，增进双方的感情，达到人与人之间和谐相处的局面。

(三) 社交礼仪的原则

社交礼仪应遵循的原则是：

1. 真诚守信

真诚是一种实事求是的态度，是真诚待人的表现，诚善于心，表里如一，才能赢得理解与信任。古语又云："忠信，礼之本也"(《礼记·礼器》)"与朋友交，言而有信"(《论语·学而》)真诚守信是人际交往中最重要的品质。在社交场合，要守时、守约，要做到：言必信，行必果。

2. 平等适度

在社会交际中，平等表现为不要骄狂放纵、我行我素，不要自以为是、厚此薄彼，不要目中无人、以貌取人，更不要趋炎附势、欺善怕恶等，而是时时处处以平等谦虚态度待人。适度则是要把握交往的分寸，根据具体情境使用相应的礼仪，要彬彬有礼，不要低三下四；要热情大方，不要轻浮谄谀；自尊而不自负，坦诚而不粗鲁，活泼而不轻浮。

3. 宽容谦和

“海纳百川,有容乃大”。宽容就是对不同的人生观、价值观及个性差异等给予理解和尊重。“大智者谦和,大善者宽容,只有小智者咄咄逼人,小善者斤斤计较”。在交往时,要胸怀宽广,以德报怨,严于律己,谦和待人,有助于扩大自己的交往空间,也有助于消除人际间的紧张和矛盾。

4. 自尊自律

自尊就是自我尊重,自律就是自我约束。不自尊的人得不到别人的尊重,不自律的人就会放纵自己的行为,这两者都是人际交往的严重障碍,既破坏了自己的形象,也得不到别人的信任。

二、校园社交礼仪

(一)校园社交礼仪的内容

一名优秀的高素质高职学生,不仅应有崇高的理想、信念和较高的文化知识水平,还应有高度文明的行为素质。高校社交礼仪就是学生文明行为素质的体现,有三个方面的内容。

1. 交往礼仪

校园的人际交往主要体现在教师与学生、学生与学生之间。场合不同,对象有异,礼仪和礼节也应有所区别,才能保证交往的顺利进行,营造工作和学习的良好氛围。按以上界定,校园交往礼仪又分为两类:

师生交往礼仪。老师既是传道授业解惑之人,一般也是长者,学生对待老师,应以“尊重”为礼仪的基础,应见面礼貌招呼,交谈使用敬语,虚心接受批评指点等。反之,学生是接受教育的人,年龄较小,老师对待学生,当以“爱护”为礼仪基础,应热情坦诚,知无不言,言无不尽,行为上保持一定的距离。

同学交往礼仪。在大学里,同学交往的范围、频率都十分紧密,而且同学交往所产生的友谊具有较长的发展性,是人生的财富;同时属于平辈交往。因此,同学交往的礼仪原则应当排除家庭背景、社会关系,将其建立在共同学习和生活的人生经历的基础上,而以“平”字为基石。要做到诚实守信、平和谦逊、相互尊重、宽宏大度。

2. 课堂礼仪

良好的课堂礼仪能够营造良好的教学氛围,保障教学过程的顺利高效,还能增进师生间的感情。从学生层面上讲,应遵循课前礼貌问候,课间举手提问、坐姿端正、安静端庄、积极参与教学及课后礼貌辞行的行为准则。

3. 生活礼仪

大学校园生活更利于彰显个性与自由，但在内容上仍涉及衣、食、住、行四个方面。着装礼仪应遵循环境适应原则、身份对称原则、经济配套原则及年龄区分原则。进餐礼仪须遵守购餐自觉排队、用餐拒绝浪费、餐后用具归位等原则。寝室住宿礼仪要注意讲卫生、爱清洁、爱护公共设施、遵守作息时间、节约用水用电、保持环境安静、禁止留宿异性等原则。在校园活动时，应举止文明、爱护环境、遵守校规校纪等。

(二) 高职学生求职应聘社交礼仪

1. 求职简历礼仪

一份吸引人的简历，是获取面试机会的敲门砖。写一份"动人"的简历，是求职者的首要任务。简历制作须符合相应的礼仪规范，遵循三大原则：语言精练、实事求是、含金量高。正文包括三部分：1. 基本情况介绍。2. 学历情况概述：学习历程、在校期间获奖情况、爱好和特长、参加过的社会实践活动、所任职务、承担的任务等。3. 工作经历：包括曾经工作过的单位名称、个人职位、工作成绩、培训情况、职务变化情况等。

2. 求职仪表礼仪

应聘者的外在形象是留给主考官的第一印象，在一定程度上会影响录用。一般说来，恰当的着装能够弥补自身条件的不足，树立独特的气质，使你脱颖而出。求职仪表礼仪应遵循四项基本原则：着装协调统一、款式简洁大方、仪容清新淡雅、态度谦和自信。男生面试最好穿正式的西装，遵循着装"三一律原则"，即服装、领带和皮鞋的颜色一致或接近，以黑色为宜。注意脸部清洁，胡须要刮干净，头发梳理整齐。简练的衣着能给人以精力充沛，内心阳光积极的感觉。女生面试时的着装要简洁、大方、合体，职业套装是最简单，也是最合适的选择；可以化淡妆，但要给人清新恬淡的感觉。

3. 求职面试礼仪

(1)要正视对方：和对方谈话时，要正视对方的眼睛和眉毛之间的部位，即使边上有其他人，也要和对方有目光接触，显得沉着有把握。(2)要学会倾听：倾听是一种很重要的礼节，好的交谈建立在"倾听"的基础上。从态度上说，倾听是对对方的尊重；从交流上说，不会倾听就不能回答适当。因此，当对方说话时，要集中精力，认真地听，记住说话的重点，既显得态度认真诚恳，回答时也才能做到有的放矢。(3)要善于交谈：面试时的回答首先切忌情绪冲动，有明显的语言攻击性；因为主考官的问题往往就是要诱发你的情绪反应,以考察你的心理状态和日常表现。其次要直接正面地回答提问,不要兜圈子回避问题,也不能说不着边际的废话,这都会暴露你的弱点。你可以做到的是用适中的语速、温和的语气进行回答,最好能够做到主题突出、语言简练、口齿清晰、反应敏锐等。(4)要注意细节:这主要指身体语言细节,包括举止、体态、手势和面目表情等,它是一个人的习惯、修养及为人处事基本态度的自然流露。

三、社交技巧

(一) 社交的必备能力

社会人际关系远比校园复杂。大学生步入社会后,要与各种各样的人打交道,能否正确有效地处理与各种人的关系,不仅影响一个人对环境的适应,也影响着工作效能、心理健康、生活质量和事业成就。良好的社交能力具备以下几方面的内容:

1. 口头表达能力:指用语言阐明观点、意见或表达感情的能力。要想别人了解、重视你,更好地发挥才能,前提是要表达自己,这取决于出色的表达能力。

2. 灵活应变能力:要善于通过社会交往随时调整知识、能力结构和思想行为方式,使自己始终处于主动地位。

3. 沟通合作能力。在日常生活中,要学会理解人,关心人,主动与人交往,敢于面对与自己不同的人,特别要避免因为来自边远的地区、相貌不好看或经历不如别人而封闭自己。要知道,以诚待人,善于沟通,是消除误会、树立自信,建立与他人的合作关系,从而走向成功的良方。

4. 心理承受能力。与学校相比,进入社会后的生活环境、工作条件、人际关系都会发生很大变化,难免使心存幻想、踌躇满志的毕业生产生心理反差与冲突,对此要有一定的心理准备,以增强心理承受能力,尽快与外部环境取得认同。

5. 社会适应能力:适应社会和改造社会是对立统一的两个方面。适应社会是为了担当社会赋予的职责和使命。适者生存,生存是为了发展。对社会、对环境的适应,是主动的、积极的适应,不是消极的接受,更不是对消极现象的认同,这样才能在走向社会后缩短适应时间,在社会交际中游刃有余。

(二) 提高社交能力的有效途径

1. 熟知社交礼仪。广泛地了解和掌握社交礼仪,有助于从容应对各种社交场合，从复杂的环境中脱颖而出。

2. 善于换位思考。换位思考就是要求想人所想，理解至上。人与人之间的谅解是一种宽容，一种理解的升华。每个人都有被“冒犯”、“误解”的时候，对此耿耿于怀，就会有解不开的“疙瘩”。如果能深入体察对方的内心，或许能达成谅解。一般说来，只要不涉及原则问题，都是可以谅解的。

3. 真诚欣赏他人。真诚待人，学会欣赏，“择其善者而从之，其不善者而改之”。能真诚地欣赏他人，就能取长补短；善于欣赏他人，就会虚心学习。看起来是褒奖了他人，其实是提高了自己。

4. 保持谦和宽容。谦和使人平易近人，宽容让人豁达开朗。保持谦和宽容的态度，容易拉近彼此的距离。宽容别人，就是宽容自己。多一点宽容，就会多一点空间；多一份谦和，就会多一份支持。

5. 学会交流沟通。耐心地倾听，恰当的回应；对合理的表示赞同，对不合理的表达异议，这样的交流沟通方式也是双方所向往的。

第二部分　扩展阅读

求职面试的举止礼仪

李　敏

一家医疗机构为了选拔护士长进行了一次面试。一位应试者在笔试中是佼佼者，但在面试过程中，她不但拍桌子，脚不断地敲打地板，身体还时不时地扭动。她认为自己很有希望，但结果却落选了。

她为什么会落选呢？原因就是她缺乏职业化的举止。

许多面试者往往只注重衣着和话语，而忽略了胜过有声语言的形体语言。职业化的举止，就是一种无声却胜过有声的形体语言。形体语言是指人的动作和举止，包括姿态、体态、手势和面目表情。

在面试中，面试者应该特别注意自己的站姿、坐姿、走姿、握手和表情等。

站姿给人的印象非常重要。人们往往认为其简单而忽略它的重要性。站立应当身体挺直、舒展、收腹，眼睛平视前方，手臂自然下垂。这样的站姿给人一种端正、庄重、稳定、朝气蓬勃的感觉。如果站立时歪头、扭腰、斜伸着腿,会给人留下轻浮、没有教养的印象。

面试时的坐,不要贪图舒服。许多人养成了瘫坐的习惯,在面试一下子就表现出来了。正确的坐姿从入座开始,入座的动作要轻而缓,不要随意拖拉椅子,身体不要前后左右晃动,背部要与椅背平行,沉着地安静地坐下。落座后,上身要保持直立状态,既不前倾,也不后仰。双手自然下垂,肩部放松,五指并拢。男女的坐姿还有一定的区别:男士可以微分双脚,这样给人以自信、豁达的感觉,双手可以随意放置;女士一般要并拢双膝,或者小腿交叉端坐,这样,给人端庄、矜持的感觉,双手一般要放在膝盖上。

以下这些做法是应该避免的:

拖拉椅子,发出很大的声音。

一屁股坐在椅子上。

坐在椅子上,耷拉着肩膀,含胸驼背,给人萎靡不振的感觉。

半躺半坐,男的跷着二郎腿,女的双膝分开、叉开腿等,给人放肆和缺乏教养的感觉。

坐在椅子上,脚或者腿自觉不自觉地颤动或晃动。

面试时重要的是自信。这种自信可以通过你的走姿表现出来。现在,越来越多的公司强烈地意识到走姿的重要性。自信的走姿应该是,身体重心稍微前倾,挺胸收腹,上身保持正直,双手自然前后摆动,脚步要轻而稳,两眼平视前方。步伐要稳健,步履自然,有节奏感。需要注意的是,如果同行的有公司的职员或接待小姐,你不要走在他们前面,应该走在他们的斜后方,距离一米左右。

每个人都会有一些属于自己的习惯动作,比如说,挠头、揉眼睛、玩儿手指、双手交叉在胸前等,若是在平时,你尽可以去做,但在面试时,都要省略,它们会分散人的注意力,给招聘者留下不好的印象。

有句古话"此时无声胜有声"。用你无声的、职业化的举止,向招聘者表明"我是最适合的人选"。

(选自李敏编著《生活中的礼仪》,黄河出版社,2005 年)

礼仪之邦　文明之忧

中　南

“礼仪之邦”形象受损

“中国人,便后请冲水”,“请安静”,“请不要随地吐痰”……这种仅以简体中文标出的警示牌,正在中国人出境游的主要目的地国——法国、德国、日本、泰国、新加坡等地频现。当大批游客成为中国的最新出口品时,“中国人”却成了不文明、粗鲁的代名词。

一部分内地游客出国的时候,经常做出一些不文明的行为,如随处抛丢垃圾,随地吐痰、擤鼻涕;无视禁烟标志想吸就吸;乘坐公共交通工具时争抢拥挤,购物、参观时插队加塞;在公共场所高声接打电话、呼朋唤友、猜拳行令、扎堆吵闹;大庭广众之下脱去鞋袜、赤膊袒胸;说话脏字连篇,举止粗鲁专横等等。而内地民众国内游时常见十大不文明行为,也同出国时大致相同。这种种不文明行为,无疑有损中国“礼仪之邦”的形象。

曾留学英国的王原:印象里是中国人到哪儿相机都咔嚓个不停,不管在厕所门口、地铁入口,还是根本不允许拍照的地方。英国人对此的反应是,“中国人真憨直”;或者,“中国人的行为不可思议”。

提升软实力杜绝不文明

2006年8月8日,中央精神文明建设指导委员会下发了通知,指出从整体上看,中国公民的文明素质和快速发展的旅游业还不相适应,与中国的国际地位不适应。为此,提升中国公民旅游文明素质,是增强中国软实力,塑造中国公民良好国际形象的迫切需要。

有评论者指出,自1952年的“爱国卫生运动”和1981年的“五讲四美三热爱”活动之后,又一场自上而下的生活习惯改良运动在中国大地展开。所不同的是,前两次是社会内部的运动,而这一次是因国际交往而起。中国政府把这次行动与提升国家软实力与国际地位相提并论。

中国人为何“无礼”

泱泱礼仪之邦,何以在最基础的礼仪方面出现问题?

国际关系学院文化与传播系教授郭小聪:历史的拐点出现在明中叶以

后。唐宋以前,中华文化是优雅的代名词,中国是礼仪输出国。史载中国商人到东南亚去,被看作来自礼仪之邦的人上人,甚至免费食宿。日本和朝鲜对中华文化的模仿亦步亦趋。明中叶以后,随着人口增多,游民越来越多,社会问题无法在家族内部解决,游民们组成秘密教门、会党、行帮、商帮等"江湖组织",社会生活日益粗俗化、江湖化。

今天中国人显得"无礼"的另一个原因,是传统生活方式与现代社会的冲突。就如农村人不适应城市交通规则、随地吐痰、大声说话、赤膊一样。在田野上长大的人如同自然之子,自由自在,与物相融。但在城市,高度集中的陌生人群就不得不被各种复杂的规则所限制。

美国孟菲斯大学历史系教授孙隆基:"缺乏公共空间的基本礼貌"的原因是国人对婴儿排泄习惯的训练太过随便。在传统时代,一般让孩子穿"开裆裤",可以随时随地大小便。受这种教育长大的人,当众擤鼻涕、挖鼻屎、搓身上的老泥,在人群中放屁,吃饭时将骨头吐在桌子上,把公共场所当作随便可以丢垃圾的地方,不守时间,不守规则,对身体的动作不去控制等,就都不奇怪了。"将'粪便'任意地倒入客观世界的倾向还包括:在公共场所,动辄毫无节制地将怒气和敌意发泄在陌生人身上,以及一种克制不住的侮辱别人的冲动。"孙隆基在《中国文化的深层结构》一书中写道。

上海复旦大学教授葛剑雄:"文革之前很斯文的中学生,参加过几次武斗和抄家,再上山下乡一圈,随地吐痰和国骂就都学会了。你一说他,他说工农兵都这样。"

文化支撑礼义廉耻

"少一些文明公约,多一些具体指导。"国际关系学院文化与传播系教授郭小聪认为。郭小聪更认为,礼仪的背后要有文化的支撑。"文化影响与政治、军事、经济不同,不是国家机器可以有效控制的。文化更多地蕴含于民众心里。而'文化'一个令人神往的特征是,它很少像军事、经济因素那样引起国家间的紧张、嫉妒甚至怀恨。比如我们不会嫉妒有莎士比亚的英国。""有让世界心向往之的精神创造的民族才会获得别人的尊重,而且这种创造常常会让本民族的文明水准获得大幅提升。"

中国素有礼仪之邦之称,中国的传统美德,教导国民知所"礼义廉耻",提倡"三省吾身","人贵有自知之明";国家主席胡锦涛今年三月更提出树立"八荣八耻"的社会主义荣辱观,这也是把发扬中国传统美德同当今实际相结合的重要举措，这次在中国公民旅游文明上的自揭其短，是这一政策的延伸。同时，这也是中央政府及国民自信的表现：中国物质文明及精神文明正在快速发展中，有问题有缺点并不可怕，揭露矛盾正是解决矛盾的前提，中国完全有能力解决。

（选自《钱江晚报》2006 年 9 月 29 日）

良好的人际关系靠的是人格

李艳苓

宏志的妈妈是个要强的女人，家里外面都特别能干。上大学是她童年的梦，遗憾的是中学毕业时正赶上动乱年代，她没有机会考大学。结婚生孩子后她就把圆大学梦的希望寄托在儿子宏志身上。

童年的宏志聪明伶俐，十分惹人喜爱，妈妈视他为掌上珍宝，生活上的事都为他做，小学快毕业时还要帮他系鞋带。读初中时，每天早晨妈妈给他装书包，每晚给他洗脚……妈妈这样做，一是心疼他，怕他累着；二是怕他做不好；三是想省出时间让他学习。宏志没让妈妈失望，学习成绩一直不错。妈妈满足了，因为儿子非常有希望考上大学。但是，随着年龄的增长，宏志的一些言行也曾令妈妈伤心。他不知道关心人，又特别任性，欲望不能满足时便大发脾气，甚至摔东西，绝食。父母生病时他不但不能关心照顾父母，还要求父母为他做这做那，稍有怠慢便发脾气。尽管如此，只要宏志考回一个优秀的成绩，妈妈一肚子的辛酸立即消失。

高中毕业后，他考入省内的一所大学。入学后，他感到明显的不适应，主要是人际关系处不好，尤其是与同寝室的同学关系很紧张。寝室的卫生他从不打扫，别人打扫完他又不注意保持。他有时回来晚了，别的同学睡下了，他依旧不管不顾地弄出很大声响来。他不懂得“己所不欲，勿施于人”的道理，自我中心的习惯早已养成。他认为同学们应该像他妈妈那样围着他转，照顾他。他妈妈回忆说，四年来他从未给父母买过一件礼物，而他每次回家，打开背包总是掏出十几双脏袜子和几件脏衣裤。每隔几周妈妈还要去一趟学校，替他里里外外打扫一番，这时他总是躺在床上心安理得地听着音乐。四年的大学生活他感受最多的是同学们的白眼和冷淡，心情总是不好。他讨厌这些同学，讨厌学校，对学习也失去了兴趣。四年的大学生活留给他的是不愉快的回忆。毕业后，父母通过关系帮他安排了一份令人羡慕的工作,但是,走上工作岗位后,他的烦恼更多。他的工作能力低下又不肯努力,对自己的约束力也差,部门的领导不愿意要他,同事们也不愿与他共事。他感到压抑,他为之苦恼,但又不能改变自己。后来他生病了,胸痛,胸闷,胃痛,时常腹泻,有时头痛,有时背痛,总之,周身不适。他请病假去医院看病,能做的检查都做了,但是没查出病,后来在别人的建议下,妈妈陪他走进了心理门诊。经过咨询和测验,他被诊断为“隐匿性抑郁症”。

爱孩子是人的天性,然而,过度关爱却会影响孩子的心理健康。宏志的例子再次证明了这一点。受到父母过度关爱的孩子,从父母那里体验了无限的关怀和爱护,似乎是在无忧无虑中长大,然而,正是这种无忧无虑限制了孩子自身许多能力的开发,导致他们长大后无法适应社会环境。

过度关爱会阻碍孩子自身能力的锻炼和发挥。过度关爱孩子的父母过分不相信孩子的能力,在他们眼里孩子什么事情都做不好,因此,他们养成了包办代替的习惯,亲自动手为孩子做每一件事情,亲自动脑替孩子拿每一个主意。渐渐地,孩子习惯了这种模式,无论遇到什么事,无论事情怎样小,自己既不动手,也不动脑,而是心安理得地找父母代办。结果,自身的能力得不到锻炼和发挥,而越是得不到锻炼,就越是什么都做不好,父母也就越是什么都不放心,形成恶性循环。

这些孩子走向社会后,会发现自己在很多方面能力欠缺,在生活和工作中屡屡受挫。在挫折面前,如果他们不能鼓起勇气补上这一课,便会被强烈的自卑感压倒,导致心理障碍。受到过度关爱的孩子的自卑是潜在的,这种自卑不是来自父母的直接否定,而是随着他们走向社会,由于自身能力的缺乏而到处碰壁后萌生的。

过度关爱会培养孩子自我中心的个性。过度关爱孩子的父母总是把过多的精力放在孩子身上,他们总是竭尽全力去满足孩子的需要。从父母的态度中,孩子体验到自己是被父母宠爱的,自己是这个家庭的中心,逐渐地,孩子习惯于这种中心地位,他们把周围人对自己的关心和照顾看成是理所应当的。他们重视自己的需求,忽视他人的利益,只想索取,不知付出,并且逐渐变得自私自利,唯我独尊。然而,他们不可能永远只与父母生活在一起,当他们走出父母的羽翼,去与别人交往时,习惯性地去寻求被宠爱感,显然这是不可能的,于是,他们感到自己受到了冷落,感到周围人是那么冷漠,不温暖,自己是那么不被重视。良好的人际关系往往靠的不是技巧,而是人格,而在父母过度关爱下长大的孩子恰恰形成了难以与别人融洽相处的人格。长久的人际关系不良，必然影响心理健康。

（选自《少年儿童研究》2006年第9期）

中国人：你的信任去了哪里？

葛红兵

陌生人是“大灰狼”？

上海有个调查，上海居民仅有不到2%的受访者表示会让陌生人进家门。

这是什么意思呢？是人与人之间的不信任。“陌生人都是坏人。”或者直白一点儿说吧，98%的受访者倾向于认为“陌生人”更大的可能是“坏人”。

这种把陌生人看做“大灰狼”的想法，是怎么植入大伙儿的脑壳里去的呢？

成年人都有自己的判断么？没有。他们是被媒体的各种报道吓坏了，媒体报道一个“陌生人”的大灰狼故事，他们就放大成98%的陌生人都是大灰狼。

少年人呢？他们被灌输得非常可怕。

多年前，我坐公交车，邻座是一个小男孩，我们同路接近一个小时，我对他为什么坐一个小时车上学好奇，就问他。第一次问，他看看我不回答，第二次问，他看看我起身头也不回地走开了。这个小男孩是怎么了？为什么就不能和一个陌生人好好说话？正经八百地回答一下陌生人的问题？闲话一下？他为什么对陌生人那么恐惧？

因为他们从小就被教育成了这样的人：不相信陌生人的人。

我不知道我们这个国家未来会是什么样子。

我看到的是以前我们把自己和邻居、朋友、同事以及所有自由人都看做是好人，所以，我们只是把坏人关进监狱，监狱外的我们倾向于认为都是好人。

1995年，我还在南京读博士的时候，我上公路招手搭车回南通，还有卡车司机免费让我搭车，现在呢？

现在，我们把自己关在笼子里，装保险门，装防盗栅，我们把家武装得像监狱。我们认为这个世界上只有自己是好人。所以，我们把自己关在保险门和防盗栅的后面，而外面的都是“坏人”。

我们不仅自己这样看,还把这个想法灌输给我们的孩子,让他们也这样看。

他乡反倒似故乡。

常常回忆起在英国的时光。我背包旅行,在怀特岛,路上经常看见居民把自己做的蜂蜜、甜点,自产的蔬菜等放在路边,没有人值守,只有一只碗。如果你需要那些东西,只要往碗里放上一镑、两镑,你就可以把东西拿走了。

这是对路人怎样的一种信任?

在剑桥做访问学者,常常忘记了带证件。但是,跑到哪儿,我只要说自己是访问学者,就没有不信任的。整个剑桥镇,几乎看不见防盗门和防盗栅,家家户户,门就对着街,都是落地玻璃门,院门是象征性的,房门也是象征性的。

我在路上走,到处看门牌号,总有人主动出来,问我是不是迷路了。

在怀特岛上旅行的时候,我常常招手搭顺风车。我要说的是,多数开车人会主动问我去哪里,然后绕路送我去。我搭车六次,几乎次次如此。

对于他们来说,我是一个陌生人,而且是一个异国的陌生人。可是他们却没有不信任,相反把信任给了我!

信任——世界上最好的财富。

对比一下,在自己的国土上做"陌生人"和在异国他乡做"陌生人"的遭际,我真的很想问:中国人,你的信任去了哪里?

我想,我们不仅仅要学会提防,也要学会信任。

我在丽江骑马,一个纳西族马夫介绍说,马互相在路上遇见,有的会互相打招呼。两匹不认识的马相遇,还会互相招呼一下,何况是人呢?同类动物互相遇见,会亲热地招呼,不见得就会互相提防,而我们是人啊!人难道不比动物更聪明,想不出互相信任的法子吗?

信任是一种财富,你拥有它,就先把它分给别人,和别人分享。信任是这样一种财富,只要你不断地施舍给别人,不断地把它送出去,你就得到的越多。

世界上哪里还有比这个更好的财物,你送出去的越多,得到的就越多?

拥有并分享这个财富吧,不要让你在信任的银行里是个赤贫的家伙。

信任一下陌生人,又何妨?要知道我们每个人都是"陌生人"。

亲爱的,陌生人,我们互相之间不是不能信任,也不是我们真的就是坏人,不值得信任。只是,我们互相给予的信任太少。让我们把信任银行里的支票兑现出来，互相赠与，那么我们在信任银行里的存款不仅不会变少，相反会更多。

（选自《当代文萃》2010 年第 2 期）

职场从“倒水”开始

苗向东

大学毕业前，我觉得堂堂大学生，干一个公司的文秘，应该绰绰有余。正好我们几个大学生毕业前到一家公司实习，公司安排我们做文秘。

在培训时，总经理语重心长地对我们说：“大学生要从倒水、泡茶开始学起，这里面可是大有学问。”一是态度问题，倒水、泡茶就是要有服务他人、服务老板的意识；二是技术问题，先倒与后倒，多倒与少倒，快倒与慢倒，上给下倒与下给上倒，前倨后恭倒与前恭后倨倒，笑着倒与绷着倒，转圈倒与固定倒，都大有讲究，都得把握。倒水、泡茶不一定能当 CEO，但当 CEO 首先要学会倒水、泡茶。他还提醒说刚出校门的大学毕业生也做不成其他什么事情，唯一能上手的也就是倒水、泡茶。当时我们并没有听进去，还认为这个总经理也太小瞧我们大学生了，我们可是有一腔热血，一肚子墨水的。

可是第一次倒水就让我丢了丑。我生性拙讷，原先就怕当官的。见了领导，总是很紧张，不禁会头上冒汗，心跳也加快。第一次给总经理倒茶，我拿起暖壶，那是上面有一个鸭子嘴般铁盖的那种，倒水时，撩开了上面的那个铁盖，一急，忘了拔出木塞，一倒，水冲开了木塞，“扑”的一声，注满杯后淌了一桌子，也溅了总经理身上一些。我急出一头汗，恨不得抽自己两个耳光。

又一次公司开例会，车间主任以上的干部都参加了，会议室的桌子是椭圆形的，总经理坐在正对门的位置，其余的人围着桌子满满地坐了一圈。由于天气较热，会刚开了一会儿，我见许多人杯中的水都喝得差不多了，就拿起暖瓶从身旁的车间主任开始倒水，按顺时针顺序给每个人的茶杯都加满了水。后来主任写了一个纸条，上面写着：“倒水应该从总经理开始倒！”我恍然大悟，后来再倒水时，我特意从总经理那儿开始倒水，转了一圈，给大家都倒满了。我想这次该不会再出差错了吧，谁知一圈下来，主任又用目光瞪我。事后主任又批评我，不是当秘书的料，太死，有点呆，连个水也不会倒，还能做什么呢？你先给总经理倒完水后，应该再给总经理左边的书记倒水，然后再给总经理右边的王副总……

确实连水也不会倒,还谈什么文韬武略治国平天下呢?真是羞煞人。此时在培训课上总经理说的话时时回荡在我耳边。

又一次召开比较大型的会议,总经理在作一个长篇报告。他放着一杯水,很长时间没喝,有些冷了,我便把半杯水倒掉,又续了半杯。不一会儿总经理读报告口渴了,拿过杯去就是一大口,可是水太烫,他差点吐出来,狠狠地瞪了我一眼。

后来我才明白,倒水续水的办法,在平时可以用,因为领导不忙,喝水是象征性的。大会上作报告,念着念着就口干舌燥,是真需要水喝,而且要大口喝水,所以不能太烫。

现在我才真正感觉到总经理说得很在理,确实"世事洞明皆学问,人情练达即文章"。就因为倒水、泡茶多少人青云直上重霄九,多少人倒霉背运下地狱。

于是对于倒水我不敢小看了,而是虚心地学习,认真地对待。工作了一段时间以后,我才慢慢懂得,原来倒水、泡茶里包含了大学问,蕴藏了太多的知识。比如给人泡茶前拿消过毒的茶杯让客人看见,倒茶水的量,大约控制在杯子的三分之二左右,这样不仅仅是显得对客人的尊重,而且以后续水也方便。拿杯子端茶水的时候,切勿用手拿捏客人喝水时嘴唇要接触到的位置,否则如果让客人看见了,让人家无从下口。对长辈或贵客,送茶水时应用双手捧杯,轻轻送到面前。切忌将刚刚倒入热茶水的水杯,直接递到客人手中。如客人面前没有茶几、桌子的情况下,可摆放凳子或其他物品代替。将茶杯摆放在客人的右前方,有把的杯子的把要指向客人的右后方。倒水续水时动作要轻,不能粗鲁动作过大,更不要将茶水溅到桌子、茶几上……

实习期间,我也没有什么大事可做,就好好地学习倒水、泡茶,后来终于因为倒水、泡茶合格了,而被这家公司留了下来。而我的其他不屑学习倒水、泡茶的同学,只好另谋高就了。

其实,成功的职场、人生也是如此,要学会从倒水、泡茶开始,注重一点一滴,一步一个脚印,并把它变成自己的大学问、拿手好戏,你的职场将步步为营,跳跃式发展。相反,如果看不起小事,干不好小事,好高骛远,最终会落个被淘汰的命运。

(选自《当代文萃》2010年第2期)

谈话中的你

金正昆

熟悉刘凤玲的人都知道,她并不是一个善于辞令的人,可什么人都和她谈得来,而且大家都喜欢她。如果深究起来,刘小姐的所长就是她在同别人谈话时,非常善于倾听。她总是面含微笑,神情专注地聆听着他人的一言一语,时不时只说一两句话,就能使对方在她的面前"感触颇多",知无不言,言无不尽。

刘小姐的好朋友孟伟的口才要强多了,但是不论是老朋友还是一面之交的人都与孟小姐"话不投机半句多。"这是因为孟小姐跟别人谈话时爱用一句"口头禅":"真的? 我怎么没有听说过?"正是这短短的几个字大大地伤害了他人的自尊心,遂使没有多少熟人爱同孟小姐在一块儿聊天。这两位小姐的一长一短,从正反两个方面告诉我们,在人际交往之中学习和运用一些谈话的艺术,并非无足轻重。

人们常说"言为心声"。在人际交往中,谈话既是人与人之间交流感情、增进了解的最重要的手段,又是讲究"听其言,观其行"的国人考察他人人品的标准之一。从社交礼仪的角度来讲,如欲在谈话中获得成功,即不但充分表达了自己的真实思想,而且给谈话中的另一方留下美好的印象,就必须"以己之心,度人之腹",始终如一地把克己敬人放在第一位。

在现实生活中,不可否认有许多人在人际交往中是以谈吐取人的,对待一面之交的人尤其是这样。要想使自己的谈吐显得高贵动人,即作为"说的一方"在谈话中取得成功,应努力做到声音美、语言美和态度美。

一位诗人曾经写过:在人世之间,没有比悦耳动听的声音更中听的东西,也没有比尖锐刺耳的声音更难听的东西。他的话充分说明了声音美在谈话中的重要意义。

要做到声音美,首先就要尽可能地在谈话时调低音量,原则上能使交谈的另一方听清自己的意思即为适度,这样做会比粗声大气高嗓门说话显得悦耳得多。

其次,音调要尽可能地柔美自然。虽说一个人音调的优劣出自天赋,然而却也离不开后天的影响。声音嘶哑乏力,或是尖锐刺耳,都与自我"放纵"有关。若经过科学训练,并注意随时调整,做到音调柔美并不太难。声音单调呆板当然不美,但拿腔拿调、过分追求所谓的抑扬顿挫,也会给人以华而不美的"做戏"的感觉。自然的音调也是美妙动听的,这一点必须认识到。

再次,发音要清晰易懂。发音不清晰,使人感到含糊难懂,就是我们通常所说的口齿不清。口齿不清的成因主要是说话人口吃、咬舌或是鼻音太重。口吃、咬舌者只要在讲话不急不躁,长句短说,能慢则慢,就不会影响到发音的清晰,而鼻音过重者存在的发音混浊的毛病也是可以自我治疗的。说话时鼻音过重,是因为用鼻腔说话。只要说话时克服紧张情绪,放松下腭,慢慢地张口说话,声音就不从鼻腔中改道而出了。

最后,发音的速度要不快不慢。发音速度过快,好像机枪扫射一样,会令人应接不暇,跟不上反应。发音速度过慢,如挤牙膏似的"嗯、嗯"、"啊、啊",也会使人着急,甚至丧失谈下去的兴趣。因此,在谈话时,唯有使自己发音的速度适中,每分钟讲120个字左右,才最适宜。

人道是"语为人镜",意即通过一个人谈话中所使用的语言这面"镜子",就可以了解其阅历、教养和志趣。

在人际交往中所使用的谈话用语应以亲切、自然为第一要旨。所谓亲切,是要求说话时遣词造句及其表述方式应处处使人感到诚实、坦率、平等、和谐、轻松、愉快。这种朴实无华、推心置腹的作风,有利于人与人之间的沟通,而且易于广结善缘。所谓自然,是要求在谈话时应尽量多使用一些明白晓畅的口语白话。这样做,既合乎人们的习惯,易于被理解、接受,还不会给人以卖弄做作之感。有人不明白这一点,或是有意要显得与众不同,喜欢将自己钟情的书面语言移花接木,生搬硬套到现实生活中,张口"不但,而且……",闭口"如果,……那么……",只会使人生厌。

在与两个或两个以上的人一同交谈时,应有意识地避免使用其中某些人听不懂的外文和方言土语。个别学生腔十足的小姐往往不分时间地点,动不动就甩出几句外文;老乡见老乡,虽不至于"两眼泪汪汪",在一起"温习"几句家乡话,对不少人也是一种享受。而在社交场合,则最好不要这么做,除非是在场的其他一切人对你使用的语言能够完全听得懂,否则就会使人产生被你有意疏远的感受,有时甚至还会因为语言隔阂而产生误解与抵触情绪。

比方说,近几年上海人喜欢用否定来表示肯定,正话反说。他们说的"不要太潇洒",实际上的意思是"好潇洒、好潇洒呀!"可这话不少外地人就听不懂,弄不好面对上海人用这句话进行的夸奖还会产生反感:"不让我太潇洒,难道只许你们上海人潇洒不成?!"

要使自己交谈时所用的语言亲切、自然，绝不是要求我们为了单方面追求“生动”，而降格以求，大量地使用脏字、粗话、俚语和黑话。有人片面地认为，只要多使用一点儿上述各种不洁的语言，就能神奇地缩短和其他人的距离，而且还会显得自己“见多识广”。他们把 10 元、100 元、1000 元、10000 元分别叫做“一张”、“一棵”、“一吨”、“一方”以“盘儿亮”、“条儿挺”自诩，从不忌谈“哥儿们找姐儿们套瓷”、“小蜜傍大款”之类。这不过只能证明自己格调不高。

受多种因素的制约，我们每个人在谈话时免不了会自觉不自觉地带出一两句自己的“口头禅”。有的“口头禅”不伤大雅，听多了充其量不过使人有点别扭了。可有的“口头禅”却会说者无心，听者有意，使自己的谈话对象产生错觉，或者被自己所伤害。

例如，下述“口头禅”都是应当自觉地弃而不用的。

“知道不?”“你懂吗？你。”它们教训人的口气十分明显，而且还会令人感到暗含轻视的意思。

“没什么了不起。”对谁都这么说的人是不是有点儿目空一切?

“是吗?”这是典型的“怀疑一切”的态度，会使谈话对象的自尊心深受伤害。

要做到语言美，除了谈话时的语言要亲切、自然之外，还应随时随地有意识地使用礼貌用语，这是文明人应具备的基本素养，也是以敬人之心赢得尊重的基本方式。

感谢他人时，要认真地说一声“非常感谢！麻烦你了。”

或是“你的帮助对我十分重要，我一定不会忘记。”不要说：“你不烦我吧?”或是“你没别的意思?”

万不得已，需暂时离去或打断对方时，应当首先说明：“对不起，我去取一些饮料，马上回来。”或是“抱歉得很，我可不可以暂时打断您一下。”不要显得若无其事。

拒绝别人赠送的礼品或敬上的香烟、酒水时，不宜直言相告“：我不喜欢！”“我最讨厌这玩意了。”而应以“不，谢谢了”作答。

“请”字最能体现我们对他人的敬意。在交谈中，万不得已使用祈使句时，加上一个“请”，像“请稍候”、“请您再说一下”、“请用茶”等等，命令的口气就轻得多了，而且不会让人感到生硬刺耳。

谈话要得以继续，并且产生较好的效果，适度地选用一些幽默风趣的语言，无疑会受益匪浅。幽默是一种文化素养，它是知识与阅历的集合。幽默的语言,既有趣可笑,又寓意深长。如能在谈话中适当地加以使用,不仅能够活跃气氛,而且能够启人心智,吸引听众,更好地与他人沟通和交流。

然而凡事都要有个限度,都要因人而异。即使用幽默的语言谈话更容易为人们所接受,并产生共鸣,也不可以无限量地以之"狂轰滥炸"。古人云:文武之道,一张一弛。谈话也是如此,该严肃则要严肃,该轻松则要轻松,不能无原则地把它当作相声、小品大赛的赛场,一味地指望"幽他一默"。

幽默也有高下之别。犯贫、逗闷、拿人开涮之类绝非幽默之正宗。把一个跛脚的人称作"金鸡独立",将一个胖子说成"浑身上下都是抛物线",见到一个牙黄的人便问人家"是不是买不起牙膏",可能也会博得某些人的庸俗一笑。但此种揭短的幽默伤人太深,只会使自己无意之间得罪了朋友。

态度美在谈话之中也是一个很重要的问题。其含义是指在谈话时语气、语态、神色、动作、表情都要专心致志,聚精会神,合乎规范,一心敬人。

谈话有赖于参与者的积极配合。有的人自恃口才出众,好为人师,一旦他到场,就把自己视为独一无二的主角,而把自己谈话的对象一律视为听众。这种人说起话来滔滔不绝,断然容不得别人开口。有些时候,为了显示自己的伶牙俐齿和见多识广,总爱用夸张和教训人的语气说话,甚至不惜危言耸听,不顾他人的喜怒哀乐。这种处处以自己为中心的人的如此做派,给人的只是傲慢、自私、放肆的印象。别看他们到了哪儿都讲得最多,倒还不如一言不发。他们的过错,是不懂得在谈话中还需要尊重别人。

任何有经验、有教养的人,只要张口与人交谈,都不会忽略了应当引起谈话对象的谈话兴趣。称道对方,关怀对方,对对方所说的一切洗耳恭听,表示出浓厚的兴致,都可以提高对方的谈话兴趣。这就是所谓的双向沟通的具体体现:你敬我一尺,我敬你一丈;你爱听我所说的一切,我还会不把你当成知音吗?

在谈话之中,以适当的动作来加重语气是允许的,但也不是从头到尾一直手舞足蹈,"舞台化"的倾向过于明显。尤其需要注意的是,在谈话的自始至终,都不允许作出某些明显的不尊重谈话对象的动作。揉眼睛、打哈欠、伸懒腰、搔头发、掏耳朵、修指甲、看钟表、玩弄手帕、整理服饰、活动腰身、跷起二郎腿后抱着膝盖儿直晃悠,……等等,这些动作都会使人感到自己心不在焉,傲慢无理。

与男士相比,女士与人谈天说地的兴趣更大一些,而且也更容易向人倾诉自己委屈、不幸和痛苦。跟知心朋友交流交流自己心中的小秘密,好似大哭一场或是拼命记日记、写信一样,都是渲泄感情的一种手段,有利于自己的心理平衡。可是也不能不分对象,逢人诉苦,见人抱怨,一个主题不讲上一百遍誓不罢休,甚至整日愁眉苦脸,提不起情绪。与人交谈时,“但见蹙蛾眉,不知心恨谁,不问则已,一问则痛哭失声,恩恩怨怨,悲悲戚戚。这种林黛玉式的人物写进《红楼梦》或是琼瑶的小说或许人见人爱,但在现实生活中是肯定不受欢迎的。因为人们在一般情况下谈话是为了使自己的生活更充实,更美好,而不是为了让别人的痛若与忧伤破坏自己的心情。孔夫子有一句名言:“君子坦荡荡,小人常戚戚。”各位朋友,为了自己的形象和自己的朋友,让我们尽量在与人谈话时克制一下自己的情绪吧!

有的人在谈话中得理不让人,没理也是有理,天生喜欢和别人抬杠。你说这件羊毛衫是花元买的,他却说:“谁说的? 明元明是角嘛。”你说陈凯歌执导的《霸王别姬》令人赏心悦目,值得一看,他又会说:“我一见那女主角就烦,就凭她那样,《霸王别姬》就好不到什么地方去。”个别时候,这些人为了捍卫所谓“真理”与“尊严”不惜与人争得面红耳赤,大伤和气。

还有的人不看眼色,不管什么事情都专好打破沙锅问到底,没有什么他不敢谈、不敢问的。不论是他人随口说出的一句话,还是个人隐私,他都敢于究根刨底,甚至“明知山有虎,偏向虎山行”,不怕揭开别人的伤疤。

这两种人在待人的态度可谓殊途同归:既不知道尊重别人,也不知道尊重自己。有他们在场,谈话往往会不欢而散。

谈话的长度,即自己每次“发言”所用的时间的长短,在总体上讲,宜短不宜长,通常自己讲一两分钟之后,就应相机把“讲坛”主动相让于他人。要是碰上个别人“发言”过久,或是意欲发表个人的见解,应耐心静候他人讲话结束之后,千万不要挺身而出,打断别人的讲话。

听人家讲话,就要让人家把话讲完,这是做人的一种基本教养。除非有紧急事件发生,就不能在别人讲得正起劲的时候,突然去打断他。假如打算对他的话加以补充,或与之探讨一番,首先要看看有无必要,其次要等到对方讲完话之后,无论如何不要抢着替人道出“结局”。

当谈话者超过两人,即与多人交谈时,应不时同其他的谈话对象都聊上几句,不要搞“酒逢知己千杯少,话不投机半句多”,论远近亲疏,凭衣帽或印象取人,对有的人一见如故,谈个不休;而对另外一些人则无言以对,不闻不问。这样的话,会使后者感到冷落,也会让其他的人觉得自己没有教养。

不让任何人变成“局外人”,这很重要。许多人一起聊天,难免有亲有疏,故此更应注意将其视为较为正式的场合,讲究以礼待人。不要在他人特别是原来不太熟悉的人对某一问题谈兴正浓,意犹未尽之时,表现出自己感到对方肤浅、庸俗,或是转而谈起自己感兴趣的问题,并有意引经据典,言必称子曰诗云,令人见笑,甚至让人感到"难受"。

参与多人交谈,对其他人的"脸面"一定要留有余地。尽可能地不要就无关紧要的"小是小非"问题抢白、挑剔别人,也没有必要为此与别人争得脸红脖子粗。作为一名有教养的女士,此刻务必要保持风度,不要无理狡辩,出言不逊,恶语伤人;或是极尽讽刺谩骂之能事,为了细枝末节而与人纠缠不休。试问,在这种状态下即便占了上风,是得大还是失大呢?

自己在参与多人交谈时,应表现出对他人的谈话内容兴趣很大,而不必介意其他无关大局的地方,没有必要对他人浓重的乡音、读错的某字、记错的日期等等当面指正。不要在某人侃侃而谈之时,突然转身与其他人窃窃私语,或是偷偷地凑到别人耳边小声说话。为了"风度"而摇头甩发,莫名其妙地暗笑,更是不当的行为,因为这样做都有可能使说话的人发生误会。如果确有必要提醒某位谈话对象留意其松开的裙扣、下滑的袜口或是嘴角的饭粒,应待其讲完话而无他人在场之时,不然就有故意使人难堪的嫌疑。

遇到自己的熟人正在一起交谈,如欲加入,应先征得同意,问一下":我能够有幸参加吗?"或"不打搅吧?"得到许可后,方可加入。加入之后,应甘当配角,不可自己一到,马上就要唱主角,而影响原交谈者的兴致。要是发现自己加入后,原交谈者提不起精神,说话吞吞吐吐,应及时退出,不要就是赖着不走,或偷偷"旁听"。

碰到有人希望加入自己的交谈,通常应来者不拒,对老熟人更应如此。要是确有私事,不宜由外人介入,应在"闯入者"介入时就婉言相告:"对不起,我们有点儿私事,想单独谈谈。"我们一会儿再谈好吗?"若同意他人加入了自己的谈话,就不要有意冷场,或是使用隐语、暗示,只说"半句话"。在谈话中长久地不言不语,不大可能被视为不善言辞,不是被当作对他人的谈话毫无兴趣,就是向在场的某人宣告其不受欢迎,这一态度理应避免。

社交场合的谈话属于自由交谈,而自由交谈的内容基本上是不受任何限制的。不过谈话的内容事关谈话的成功,而且体现着交谈者的品味与格调,故不可信口开河。

选择谈话的内容,应注重 3 个问题。一是要多谈一些谈话对象感兴趣的问题。跟一位大字不识一个的老大妈讨论"飞碟"存在与否,还不如谈谈她的子女或小孙子;女孩子关心美容、时装;男孩子爱好运动、兵器,关心国家大事;就其感兴趣的问题谈下去,定会使谈话对象非常开心,主动合作。

二是要多谈一些轻松愉快的问题。把快乐与人分享,把苦恼留给自己,这一做人的常识亦应在选择谈话内容时得到体现。要是总把自己的苦恼、不平挂在嘴边，把每次交谈都变成了“诉苦会”，有多少人真正爱听呢？

三是要主动回避格调不高的问题。个别人女士一扎堆，就爱对不在场的人说三道四：什么家长里短、人际纠葛、上司的好恶、同事的美丑、路人的衣饰、影星的绯闻、名人的功过，莫不敢言。这样关注别人的短长，是典型的缺乏教养和不务正业。此外，衰老、疾病、死亡、惨案、丑闻和色情故事谈起来既令人扫兴，也不吉利，同样应当回避。

不论自己在谈话时以什么问题“切入”，都要气量大一些。如自己所谈的问题过专、过深、过偏，不被谈话对象所接受，没有产生良好的反响；或是“我”字用得太多，把自己的宠物阿猫、阿狗当成了谈话的中心，而使谈话对象面露厌烦或不快之意时；应马上就此“打住”，不要依旧“继续”。察言观色，注意反应，适可而止，才最聪明。

有人出面插话或反驳自己时，应心平气和地与之讨论问题，摆事实，讲道理，不要恼羞成怒，恶语相加。发现个别人成心寻衅滋事，应以静制动，不予理睬。别人给你起了一个难听的“外号”，他头一次当面叫你，你若毫无反应，他可能会觉得自讨没趣，下不为例了。而你若用另一个更难听的“外号”回敬对方，没准此后你的这个“外号”就会跟你形影不离了。

在谈话之中，任何人都不可能总是处于“说”的位置上。要使交谈的双方双向交流畅通无阻，就必须善于倾听他人的谈话。从某种意义上来说，在社交圈中受大家欢迎的人，人人都爱与之交谈的人，并不仅仅在于他能说会道，而重要的是他会“听”。善于聆听的人，懂得“三人行，则必有我师”的道理，能够利用一切机会博采众长，丰富自己，而且能够留给别人讲礼貌的良好印象。

我们在交谈之中要想真正做到洗耳恭听，仅仅对人抱有尊敬之心还不够，必须把它落实在行动上，才不会南辕北辙。在他人讲话时，我们应尽可能地以柔和的目光注视着对方，以便与对方进行心灵上的交流与沟通。所有有社会经验的人都知道，眼神是一种最丰富的、可以包罗万象的表情，其重要性绝不亚于声音。在他人说话时，给予亲切慈祥或全神贯注的眼神，会使对方感受到无声的鼓励或赞许，因而可以自然而然地赢得其好感。而要是目光闪烁不定，或是可劲儿地东张西望，只会使说话者感受到侮辱和蔑视。

善于聆听的人光会运用眼神还远远不够，他还必须学会用动作和声音来呼应、配合正在“发言”的人。此时此刻，没有比“听众”的积极反馈更能使其“受宠若惊”的东西了。

在说话者谈到要点,或是其观点需要得到理解和支持时,应适时、适量地点一点头,或是简洁地表明一下自己的态度。比如说,可以在点头的同时发出一个“嗯”字,或者说一声:“对,是这样。”“没错!”“还真是这么一回事儿。”“我也有这种感觉。”

但切忌过分。要是把头点得像磕头虫似的,会令人无所适从。而要急欲表态,一张嘴却又止不住了,也会打断人家的思路。如自己的表态可能短不了,不妨待说话者说完再讲,届时只要有意识地在自己的“发言”中加上一句“正像你刚才所说的一样”,或是以肯定的语气引用、重复一下对方说话的要点,效果也错不了。

最高明的“听众”是善于向别人请教的人。凡人都有“好为人师”的愿望,如与人交谈时,能向其请教一两个他擅长且不避讳的问题,一定会使其自尊心得到莫大的满足。向宇航专家请教一下外层空间的开发利用问题,同国际问题专家讨论一下欧洲统一问题,对他们都是不费吹灰之力的。可是向人请教绝不能避实就虚,强人所难。要是强求一位电脑专家发表对《窗外》这部小说的见解,与硬逼一名作家介绍人造地球卫星的轨道计算一样,可能会是赶着鸭子上架,令人骑虎难下。

总之,在谈话之中没有必要刻意追求“语不惊人死不休”的轰动效应,也不应只图自个儿痛快而出口伤人。作为“说的一方”时,要善解人意;作为“听的一方”时,应毋忘敬人之心,这才是最重要的。

(选自金正昆《社交中的你》,高等教育出版社,1994 年)

✻名言荟萃

1. 不学礼,无以立。(《论语》)
2. 礼之用,和为贵。(《论语》)
3. 克己复礼为仁。一日克己复礼,天下归仁。(《论语》)
4. 君子以仁存心,以礼存心;仁者爱人,有礼者敬人。爱人者人恒爱之,敬人者人恒敬之。(《孟子》)

5. 恭者不侮人，俭者不夺人。(《孟子》)
6. 礼尚往来。往而不来，非礼也；来而不往，亦非礼也。(《礼记》)
7. 人有礼则安，无礼则危。(《礼记》)
8. 礼以行义，义以生利，利以平民，政之大节也。(《左传》)
9. 人无礼则不生，事无礼则不成，国家无礼则不宁。(《荀子》)
10. 礼者，人道之极也。(《荀子》)
11. 礼义廉耻，国之四维，四维不张，国乃灭亡。(《管子》)
12. 仓廪实而知礼节，衣食足而知荣辱。(《管子》)
13. 凡人之所以贵于禽兽者，以有礼也。(《晏子春秋》)
14. 安上治民，莫善于礼。(《孝经》)
15. 行合趋同，千里相从；行不合趋不同，对门不通。(《淮南子》)
16. 不患位之不尊，而患德之不崇；不耻禄之不伙，而耻智之不博。(张衡)
17. 以势交者，势倾则绝；以利交者，利穷则散。(王通)
18. 衣食以厚民生，礼义以养其心。(许衡)
19. 君子之修身也，内正其心，外正其容。(欧阳修)
20. 至于同学共处一堂，尤以互相亲爱，敬礼有加，庶可收切磋之效。(蔡元培)
21. 青年贵能自立，尤贵能与老人协力；老人能待人以德，人自会以德相报；你真心待人，人自亦以真心待你。(冯玉祥)
22. 礼节是所有规范中最微小却最稳定的规范。(〔法〕拉罗什福科)
23. 礼貌是博爱的花朵。不讲礼貌的人谈不上有博爱思想。(〔法〕茹贝尔)
24. 如果把礼仪看得比月亮还高，结果就会失去人与人真诚的信任。(〔英〕培根)
25. 礼仪是在他的一切别种美德之上加上一层藻饰，使它们对他具有效用，去为他获得一切和他接近的人的尊重与好感。(〔英〕洛克)
26. 礼仪不良有两种：第一种是忸怩羞怯；第二种是行为不检点和轻慢；要

避免这两种情形,就只有好好地遵守下面这条规则,就是,不要看不起自己,也不要看不起别人。(〔英〕约翰·洛克)

27. 在人与人的交往中,礼仪越周到越保险,运气也越好。(〔英〕托马斯·卡莱尔)

28. 礼貌是一个人自己的真实思想中进行选择的艺术。(〔美〕阿·史蒂文斯)

29. 礼貌使有礼貌的人喜悦,也使那些受人以礼貌相待的人们喜悦。(〔法〕孟德斯鸠)

30. 生命是短促的,然而尽管如此,人们还是有时间讲究礼仪。(〔美〕爱默生)

第三部分　实践体验

一、美国心理学家盖瑞·查普曼通过大量的事例研究表明,有五种道歉的语言和相应的道歉方式,是人们日常生活中和职场关系中使用频率最多并且发挥效果最好的

道歉语言之一:表达歉意。在你说“对不起”的时候,并不指望对方说“没关系”。

道歉语言之二:承认过错。“我错了”,有时候我们需要相互认错,彼此道歉。

道歉语言之三:弥补过失。“对不起”、“我错了”之后还要加上“我能做些什么来补偿你”。

道歉语言之四:真诚悔改。“我会努力不再做这样的事”,并制定改变的计划,一步步将其实现。

道歉语言之五:请求饶恕。渴望受损害的关系得到完全恢复。当然,饶恕的主动权在对方手中,你可能遭到拒绝。

查普曼说:“当道歉成为一种生活方式的时候,人类关系会很健康。”

看看你平常做到了哪些?回想你曾经和别人发生矛盾的情景,如果在矛盾发生前,一方说了上面的道歉语言,事情会有转机吗?

二、请根据自身情况，谈谈你做到真实的自己了吗？人生规划中的自己和现在状况中的自己还有哪些差距，还要做些什么来完善自己，做一个自己满意的“我”

三、组织学生模拟一个应聘现场并进行社交情景模拟综合练习，由同学自由选择扮演招聘者和应聘者并交换角色，体验合理运用所了解的技巧和注意事项和对方进行沟通，总结和交流实际运用的心得和体会

第十单元　敬 业 创 业

第一部分　主题解读

劳动是人的本质特征。在现代社会里，体现这一本质特征的主要方式是职业，每个人都应当有一份正当的、可用来谋生的职业。如果这份职业还可以满足他实现自我价值与社会价值的需求，令他愿意为之奉献终身，他就同时拥有了一份事业。把自己奉献给热爱的事业是有意义的。但是，如何对待自己的职业？如何才能拥有自己的事业？是值得思考的问题。

面对不断变化的社会需求和市场选择，面对严峻的就业形势，爱岗敬业的精神和态度，不但是对待一份职业所必须的，更是成就事业所必须的，是创业者必备的素养。

一、敬　　业

（一）敬业的含义

“敬”是尊敬、敬重，意味着高度重视、用心对待、优先考虑、全身心投入等。“业”可以涵概职业和事业，包括工作机会、岗位职责、事业成就、集体目标、社会价值等。敬业指发自内心的对工作的重视和对事业的热爱，并由此产生的为事业而积极奉献的精神、对事业的责任心和进取心、对工作精益求精和一丝不苟、对团体尽心尽力和对自己严格要求的精神。《礼记·学记》曾提出“敬业乐群”的要求，包括两个方面，第一是“执事敬”，就是办事认真，兢兢业业；第二是“居敬穷理”，即探求规律，掌握本领，成为行家里手。

敬业精神是职业道德的首要问题，是源自内心的力量和要求，以恪尽职守、意志坚强为核心。否则就难以应对工作中的挫折和打击，作出突出的成绩。

从个人层面说，敬业精神是工作能力的助推器，能创造更多的机会；敬业精神也是自我完善的内驱力，能永葆积极进取的意识。一句话，敬业精神是一种软实力，是立足职场、拓展事业的奠基石，是具有更强竞争力的精神保证。从集体层面说，敬业精神能增强企业的凝聚力，形成良好的职业氛围；敬业精神还能增强企业的竞争力，推动企业效益的最大化。敬业精神也能强化个人对企业的归属感和荣誉感，有助于个人自我价值和社会价值的实现。

(二) 爱岗敬业的基本素质与能力

(1) 遵纪守制。没有规矩，不成方圆。纪律约束和制度保障是形成集体凝聚力的基本保证。

(2) 尽职尽责。履行岗位职责是职业人的基本要求，也是实现自身价值的基本途径。

(3) 惜时高效。工作效率的高低是衡量敬业程度的重要指标，也是主人翁意识的表现。

(4) 抗压耐挫。成功的背后总是伴随着压力与挫折，要学会把压力变成动力，把挫折变成财富。

(5) 无私奉献。只有具有爱心的人，才能超越个人私欲，把集体利益置于首位。

(6) 积极进取。积极进取是催人奋进的妙方良药，能保持对工作的激情。

(7) 团结合作。岗位职责是必要分工的结果，但岗位职责的实现却依赖于良好的协调合作。团结合作是融入集体的保证，也是实现自身价值的前提。

二、创　业

(一) 创业的含义

创业指的是善于发现和捕捉机会，通过充分整合资源，创造出新产品或新服务，并实现其潜在价值的过程。它囊括了从创业意识产生、创业行为实施以及企业成长的各个阶段。首先，创业是一个复杂的创造过程——创造出某种有价值的新事物。这种新事物不仅对创业者有价值，对社会也有价值。价值属性是创业的重要社会属性，是创业的意义所在，要避免那种只利于个人，而有害于社会的创业行为；其次，创业要付出必要的时间和大量的精力。要创造有价值的新事物，完成创业过程并获得成功，必须付出极大的努力,成功的创业活动往往是在非常艰苦的环境下实现的;再次,创业要准备承担必然的风险。创业的风险程度取决于创业的领域和创业团队的资源储备,通常包括人力资源风险、市场风险、财务风险、技术风险、外部环境风险、合同风险、精神方面的风险等几个方面。创业者应具备超人的胆识,甘冒风险,勇于承担;最后,正确对待创业的回报。创业给予创业者的回报一般有两个方面,一是充分的人格独立,二是丰厚的物质财富。换言之,精神与物质回报是评价创业成功与否的两个基本尺度,缺一不可。但是,风险与回报是成正比的关系,创业者既要敢于收获,也要勇于承担。

(二) 创业的必备素质和能力

成功创业的必备条件包括两个方面:一是需要具备"天时、地利、人和"的外部环境,诸如对国家政策的解读,对市场环境的充分调研、对人力资源的优化配置、对创业前景的可行性分析等;二是需要具备"天行健,君子以自强不息"的内在条件,这是每一个创业者都应具备的,具体包含以下几个方面。

1. 强健的身体素质

创业过程充满艰辛,需要有旺盛的精力,经常参加体育锻炼,养成科学的作息习惯,增强体质,是创业成功的基础。

2. 健康的心理素质

创业必须具备健康的心理素质,才能正确看待创业过程中的挫折与失败,不但磨砺意志,而且走向成功。什么是健康的心理素质呢?首先要有创新意识,才能引发创新活动。其次是有独立自强的品质。独立自强的意识可以激发开拓创新的精神。第三是有坚强的意志。具备坚强意志的人,才能支配和调节自己的行为,激发奋斗热情,克服困难险阻,实现预定的目标。第四是强烈的竞争意识。在市场经济条件下,敢于竞争,才会有突破。最后是平和的心态。心态平和是良好心理承受力的体现,是创业成功的基础。

3. 较强的综合能力

创业是一种综合实践活动,必须具备较强的综合能力,包括三点主要内容,一,合理的知识结构与水平。包括在校期间获得的专业知识与技能,进入社会后获得的市场信息和产品开发知识,构成创业的知识与技能基础。二,较强的社交能力。在某种程度上,创业过程就是一种社交过程,社交能力的强弱对创业效率的高低有直接影响,良好的社交能力往往能产生事半功倍的效果。三,良好的行为习惯。个人行为习惯决定人际交往的和谐程度,而顺畅的人际关系是成功创业的制胜法宝之一。

三、职业生涯规划

(一) 职业生涯规划的含义

人类要生存、社会要发展,需要从事各种生产活动,有的做工、有的务农、有的行医、有的经商、有的执教等等,因此形成了各种职业。从社会角度看,职业是劳动者的社会身份;从国家角度看,职业是不同的社会分工;从个人角度看,劳动者通过职业承担一定的社会义务和责任,并获得相应的报酬。

正确的择业观要坚持社会需要和自我需要相结合,可行性与发展性相结合,兴趣与特长相结合,可胜任和有难度相结合等一系列原则,进而克服依赖和胆怯心理,勇敢地接受创业的挑战。要将这些原则落到实处,则有赖于有效的职业生涯规划,以帮助了解就业市场,确定职业发展方向,增强职业竞争力,发挥个人潜能,实现自我价值和社会价值。

所谓职业生涯规划,是对个人职业发展的系统规划,涉及选择职业,选择在什么地区和单位从事这种职业,以及准备担负什么职责等内容。一般来说,职业生涯规划建立在对个人、组织、社会等因素的科学分析和有效引导,以及对某人从事某一职业的主客观条件的分析、总结的基础之上。有效的职业生涯规划要对兴趣爱好、能力优势、性格特点综合分析与权衡,结合时代特点,根据职业倾向,确定最佳的职业奋斗目标,并做出行之有效的安排。简单地说,就是针对自己的特点和需要,作一份系统的终身职业安排,使起点适当,目标明确,然后踏踏实实地去落实。

(二) 高职学生如何规划职业生涯

高职学生的职业生涯规划要求学生客观认识自己的能力、兴趣、个性和价值观,深入了解各种职业、行业、环境的需求,以及取得成功的关键因素,提升完成职业生涯发展所必需的各项技能,然后制订可行的实施方案。

具体包括以下几个环节和内容:

1. 自我评估

了解自己,是进行职业生涯规划的基础。包括了解自己的兴趣、特长和性格,测试自己的学识、技能、智商和情商,评价自己的思维方式、思维方法、道德水准等。进行自我评估要真实客观,不能好高骛远,也不能妄自菲薄,才能选择适合的职业,确定合理的发展目标。

2. 环境分析

了解自己所处的外部环境条件,包括自然环境、政治环境、社会环境、经济环境等因素,了解所选择职业的处境和发展前景,明确职业可能带给自己的影响,以及环境对自己的要求等等。高职学生要通过参与社会实践,尽可能地了解与感兴趣的职业有关的社会环境,对未来的发展做到心中有数。

3. 确定目标

确定职业生涯规划的方向,要注意性格、兴趣、特长与所选职业的配合度,以及考察自己的环境与职业目标能否适应。合理、可行的目标决定职业发展中的行为和结果,是制定职业生涯规划的关键。

4. 制订方案

制订方案是安排职业生涯规划的实施策略和阶段性目标。在以上步骤的基础上,要制定详细的职业生涯行动计划与措施,将目标层层分解,并辅以相应的措施,以便分期进行,完成任务。

5. 反馈评估

反馈评估就是对规划随时进行检查和调整。现实社会存在种种不确定因素,导致实际执行会与原定规划有所偏差,因此要不断反省,并对规划目标和措施进行修正或调整,少走弯路。

第二部分　扩展阅读

青年在选择职业时的考虑

马克思

自然本身给动物规定了它应该遵循的活动范围,动物也就安分地在这个范围内活动,不试图越出这个范围,甚至不考虑有其他什么范围的存在。神也给人指定了共同的目标——使人类和他自己趋于高尚,但是,神要人自己去寻找可以达到这个目标的手段;神让人在社会上选择一个最适合于他、最能使他和社会都得到提高的地位。能有这样的选择是人比其他生物远为优越的地方,但是这同时也是可能毁灭人的一生、破坏他的一切计划并使他陷于不幸的行为。因此,认真地考虑这种选择——这无疑是开始走上生活道路而又不愿拿自己最重要的事业去碰运气的青年的首要责任。

每个人眼前都有一个目标,这个目标至少在他本人看来是伟大的,而且如果最深刻的信念,即内心深处的声音,认为这个目标是伟大的,那他实际上也是伟大的,因为神决不会使世人完全没有引导,神总是轻声而坚定地作启示。但是,这声音很容易被淹没;我们认为是灵感的东西可能须臾而生,同样可能须臾而逝。也许,我们的幻想油然而生,我们的感情激动起来,我们的眼前浮想联翩,我们狂热地追求我们以为是神本身给我们指出的目标;但是,我们梦寐以求的东西很快就使我们厌恶——于是我们的整个存在也就毁灭了。

因此,我们应当认真考虑:所选择的职业是不是真正使我们受到鼓舞?我们的内心是不是同意?我们受到的鼓舞是不是一种迷误?我们认为是神的召唤的东西是不是一种自欺?但是,不找出鼓舞的来源本身,我们怎么能认清这些呢?伟大的东西是光辉的,光辉则引起虚荣心,而虚荣心容易给人鼓舞或者是一种我们觉得是鼓舞的东西;但是,被名利弄得鬼迷心窍的人,理智已无法支配他,于是他一头栽进那不可抗拒的欲念驱使他去的地方;他已经不再自己选择他在社会上的地位,而听任偶然机会和幻想去决定它。

我们的使命绝不是求得一个最足以炫耀的职业,因为它不是那种使我们长期从事而始终不会情绪低落的职业,相反,我们很快就会觉得,我们的愿望没有得到满足,我们理想没有实现,我们就将怨天尤人。

但是,不只是虚荣心能够引起对这种或那种职业突然的热情。也许,我们自己也会用幻想把这种职业美化,把它美化成人生所能提供的至高无上的东西。我们没有仔细分析它,没有衡量它的全部份量,即它让我们承担的重大责任;我们只是从远处观察它,然而从远处观察是靠不住的。在这里,我们自己的理智不能给我们充当顾问,因为它既不是依靠经验,也不是依靠深入的观察,而是被感情欺骗,受幻想蒙蔽。然而,我们的目光应该投向哪里呢?在我们丧失理智的地方,谁来支持我们呢?是我们的父母,他们走过了漫长的生活道路,饱尝了人世的辛酸。——我们的心这样提醒我们。如果我们通过冷静的研究,认清所选择的职业的全部份量,了解它的困难以后,我们仍然对它充满热情,我们仍然爱它。觉得自己适合它,那时我们就应该选择它,那时我们既不会受热情的欺骗,也不会仓促从事。

但是,我们并不能总是能够选择我们自认为适合的职业;我们在社会上的关系,还在我们有能力对它们起决定性影响以前就已经在某种程度上开始确立了。

我们的体质常常威胁我们,可是任何人也不敢藐视它的权利。诚然,我们能够超越体质的限制,但这么一来,我们也就垮得更快;在这种情况下,我们就是冒险把大厦筑在松软的废墟上,我们的一生也就变成一场精神原则和肉体原则之间的不幸的斗争。但是,一个不能克服自身相互斗争的因素的人,又怎能抗拒生活的猛烈冲击,怎能安静地从事活动呢?然而只有从安静中才能产生伟大壮丽的事业,安静是唯一生长出成熟果实的土壤。尽管我们由于体质不适合我们的职业,不能持久地工作,而且工作起来也很少乐趣,但是,为了恪尽职守而牺牲自己幸福的思想激励着我们不顾体弱去努力工作。如果我们选择了力不能胜任的职业,那么,我们绝不能把它做好,我们很快就会自愧无能,并对自己说,我们是无用的人,是不能完成自己使命的社会成员。由此产生的必然结果就是妄自菲薄。还有比这更痛苦的感情吗?还有比这更难于靠外界的赐予来补偿的感情吗?妄自菲薄是一条毒蛇,它永远啮噬着我们心灵,吮吸着其中滋润生命的血液,注入厌世和绝望的毒液。如果我们错误地估计了自己的能力,以为能够胜任经过周密考虑而选定的职业,那么这种错误将使我们受到惩罚。即使不受到外界指责,我们也会感到比外界指责更为可怕的痛苦。

如果我们把这一切都考虑过了,如果我们生活的条件容许我们选择任何一种职业;那么我们就可以选择一种能使我们最有尊严的职业;选择一种建立在我们深信其正确的思想上的职业;选择一种给我们提供广阔场所来为人类进行活动、接近共同目标(对于这个目标来说,一切职业只不过是手段)即完美境地的职业。尊严就是最能使人高尚起来、使他的活动和他的一切努力具有崇高品质的东西,就是使他无可非议、受到众人钦佩并高于众人之上的东西。

但是,能给人以尊严的只有这样的职业,在从事这种职业时我们不是作为奴隶般的工具,而是在自己的领域内独立地进行创造;这种职业不需要有不体面的行动(哪怕只是表面上不体面的行动),甚至最优秀的人物也会怀着崇高的自豪感去从事它。最合乎这些要求的职业,并不一定是最高的职业,但总是最可取的职业。但是,正如有失尊严的职业会贬低我们一样,那种建立在我们后来认为是错误的思想上的职业也一定使我们感到压抑。

这里,我们除了自我欺骗,别无解救办法,而以自我欺骗来解救又是多么的糟糕!

那些不是干预生活本身,而是从事抽象真理研究的职业,对于还没有坚定的原则和牢固、不可动摇的信念的青年是最危险的。同时,如果这些职业在我们心里深深地扎下了根,如果我们能够为它们的支配思想牺牲生命、竭尽全力，这些职业看来似乎还是最高尚的。

这些职业能够使才能适合的人幸福，但也必定使那些不经考虑、凭一时冲动就仓促从事的人毁灭。相反，重视作为我们职业的基础的思想，会使我们在社会上占有较高的地位，提高我们本身的尊严，使我们的行为不可动摇。

一个选择了自己所珍视的职业的人，一想到他可能不称职时就会战战兢兢——这种人单是因为他在社会上所居地位是高尚的，他也就会使自己的行为保持高尚。

在选择职业时，我们应该遵循的主要指针是人类的幸福和我们自身的完美。不应认为，这两种利益是敌对的，互相冲突的，一种利益必须消灭另一种的；人类的天性本身就是这样的：人们只有为同时代人的完美、为他们的幸福而工作，才能使自己也过得完美。如果一个人只为自己劳动，他也许能够成为著名的学者、大哲人、卓越诗人，然而他永远不能成为完美无疵的伟大人物。

历史承认那些为共同目标劳动因而自己变得高尚的人是伟大人物；经验赞美那些为大多数人带来幸福的人是最幸福的人；宗教本身也教诲我们，人人敬仰的理想人物，就曾为人类牺牲了自己——有谁敢否定这类教诲呢？

如果我们选择了最能为人类福利而劳动的职业，那么，重担就不能把我们压倒，因为这是为大家而献身；那时我们所感到的就不是可怜的、有限的、自私的乐趣，我们的幸福将属于千百万人，我们的事业将默默地、但是永恒发挥作用地存在下去，面对我们的骨灰，高尚的人们将洒下热泪。

（选自《马克思恩格斯全集》第40卷，人民出版社，1972年）

敬业与乐业

梁启超

我这题目，是把《礼记》里头“敬业乐群”和《老子》里头“安其居，乐其业”那两句话，断章取义造出来的。我所说的是否与《礼记》、《老子》原意相合，不必深求；但我确信“敬业乐业”四个字，是人类生活的不二法门。

本题主眼，自然是在“敬”字、“乐”字。但必先有业，才有可敬、可乐的主体，理至易明。所以在讲演正文以前，先要说说有业之必要。

孔子说：“饱食终日，无所用心，难矣哉！”又说：“群居终日，言不及义，好行小慧，难矣哉！”孔子是一位教育大家，他心目中没有什么人不可教诲，独独对于这两种人便摇头叹气说道:“难!难!”可见人生一切毛病都有药可医,惟有无业游民,虽大圣人碰着他,也没有办法。

唐朝有一位名僧百丈禅师,他常常用一句格言教训弟子,说道:“一日不做事,一日不吃饭。”他每日除上堂说法之外,还要自己扫地、擦桌子、洗衣服,直到八十岁,日日如此。有一回,他的门生想替他服务,把他本日应做的工悄悄地都做了,这位言行相顾的老禅师,老实不客气,那一天便绝对地不肯吃饭。

我征引儒门、佛门这两段话,不外证明人人都要有正当职业,人人都要不断地劳作。倘若有人问我:“百行什么为先?万恶什么为首?”我便一点不迟疑答道:“百行业为先,万恶懒为首。”没有职业的懒人,简直是社会上蛀米虫,简直是“掠夺别人勤劳结果”的盗贼。我们对于这种人,是要彻底讨伐,万不能容赦的。……今日所讲,专为现在有职业及现在正做职业上预备的人——学生——说法,告诉他们对于自己现有的职业采取何种态度。

第一要敬业。敬字为古圣贤教人做人最简易、直捷的法门,可惜被后来有些人说得太精微,倒变了不适实用了。惟有朱子解得最好,他说:“主一无适便是敬。”用现在的话讲:凡做一件事,便忠于一件事,将全副精力集中到这事上头,一点不旁骛,便是敬。业有什么可敬呢?为什么该敬呢?人类一面为生活而劳动,一面也是为劳动而生活。人类既不是上帝特地制来充当消化面包的机器,自然该各人因自己的地位和才力,认定一件事去做。凡可以名为一件事的,其性质都是可敬。当大总统是一件事,拉黄包车也是一件事。事的名称,从俗人眼里看来,有高下;事的性质,从学理上解剖起来,并没有高下。只要当大总统的人,信得过我可以当大总统才去当,实实在在把总统当作一件正经事来做;拉黄包车的人,信得过我可以拉黄包车才去拉,实实在在把拉车当作一件正经事来做,便是人生合理的生活。这叫做职业的神圣。凡职业没有不是神圣的,所以凡职业没有不是可敬的。惟其如此,所以我们对于各种职业,没有什么分别拣择。总之,人生在世,是要天天劳作的。劳作便是功德,不劳作便是罪恶。至于我该做哪一种劳作呢?全看我的才能何如、境地何如。因自己的才能、境地,做一种劳作做到圆满,便是天地间第一等人。

怎样才能把一种劳作做到圆满呢?惟一的秘诀就是忠实,忠实从心理上发出来的便是敬。庄子记佝偻丈人承蜩的故事,说道:“虽天地之大,万物之多,而惟吾蜩翼之知。”凡做一件事,便把这件事看作我的生命,无论别的什么好处,到底不肯牺牲我现做的事来和他交换。我信得过我当木匠的做成一张好桌子,和你们当政治家的建设成一个共和国家同一价值;我信得过我当挑粪的把马桶收拾得干净,和你们当军人的打胜一支压境的敌军同一价值。大家同是替社会做事，你不必羡慕我，我不必羡慕你。怕的是我这件事做得不妥当，便对不起这一天里头所吃的饭。所以我做这事的时候，丝毫不肯分心到事外。曾文正说："坐这山，望那山，一事无成。"一个人对于自己的职业不敬，从学理方面说，便是亵渎职业之神圣；从事实方面说，一定把事情做糟了，结果自己害自己。所以敬业主义，于人生最为必要，又于人生最为有利。《庄子》上说："用志不纷，乃凝于神。"孔子说："素其位而行，不愿乎其外。"所说的敬业，不外这些道理。

第二要乐业。"做工好苦呀！"这种叹气的声音，无论何人都会常在口边流露出来。但我要问他："做工苦，难道不做工就不苦吗？"今日大热天气，我在这里喊破喉咙来讲，诸君扯直耳朵来听，有些人看着我们好苦；翻过来，倘若我们去赌钱、去吃酒，还不是一样淘神费力？难道又不苦？须知苦乐全在主观的心，不在客观的事。人生从出胎的那一秒钟起到绝气的那一秒钟止，除了睡觉以外，总不能把四肢、五官都搁起不用。只要一用，不是淘神，便是费力，劳苦总是免不掉的。会打算盘的人，只有从劳苦中找出快乐来。我想天下第一等苦人，莫过于无业游民，终日闲游浪荡，不知把自己的身子和心子摆在哪里才好，他们的日子真难过。第二等苦人，便是厌恶自己本业的人，这件事分明不能不做，却满肚子里不愿意做。不愿意做逃得了吗？到底不能。结果还是皱着眉头，哭丧着脸去做。这不是专门自己替自己开玩笑吗？我老实告诉你一句话："凡职业都是有趣味的，只要你肯继续做下去，趣味自然会发生。"为什么呢？第一、因为凡一件职业，总有许多层累、曲折，倘能身入其中，看他变化、进展的状态，最为亲切有味。第二、因为每一职业之成就，离不了奋斗；一步一步地奋斗前去，从刻苦中将快乐的分量加增。第三、职业性质，常常要和同业的人比较并进，好像赛球一般，因竞胜而得快感。第四、专心做一职业时，把许多游思、妄想杜绝了，省却无限闲烦闷。孔子说："知之者不如好之者，好之者不如乐之者。"人生能从自己职业中领略出趣味，生活才有价值。孔子自述生平，说道："其为人也，发愤忘食，乐以忘忧，不知老之将至云尔。"这种生活，真算得人类理想的生活了。

我生平受用的有两句话：一是"责任心"，二是"趣味"。我自己常常力求这两句话之实现与调和，又常常把这两句话向我的朋友强聒不舍。今天所讲，敬业即是责任心，乐业即是趣味。我深信人类合理的生活应该如此，我盼望诸君和我一同受用！

（选自《饮冰室合集》第十四册，上海书局，1941年）

专家与通人

雷海宗

专家是近年来的一个流行名词,凡受高等教育的人都希望能成专家。专家的时髦性可说是今日学术界的最大流弊。学问分门别类,除因人的精力有限之外,乃是为求研究的便利,并非说各门之间真有深渊相隔。学问全境就是一种对于宇宙人生全境的探索与追求,各门各科不过是由各种不同的方向与立场去研究全部的宇宙人生而已。政治学由政治活动方面去观察人类的全部生活,经济学由经济活动方面去观察人类的全部生活。但人生是整个的,支离破碎之后就不是真正的人生。为研究的便利,不妨分工;但我们若欲求得彻底的智慧,就必须旁通本门以外的知识。各种自然科学对于宇宙的分析,也只有方法与立场的不同,对象都是同一的大自然界。在自然科学的发展史上,凡是有划时代的贡献的人,没有一个是死抱一隅之见的人。如牛顿或达尔文,不只精通物理学或生物学,他们各对当时的一切学术都有兴趣,都有运用自如的理解力。他们虽无哲学家之名,却有哲学家之实。他们是专家,但又超过专家;他是通人。这一点总是为今日的一些专家或希望作专家的人所忽略。

假定某人为考据专家,对某科的某一部分都能详述原委,作一篇考证文字,脚注能超出正文两三倍;但对今日政治经济社会的局面完全隔阂,或只有幼稚的观感,对今日科学界的大概情形一概不知,对于历史文化的整个发展丝毫不感兴趣。这样一个人,只能称为考据匠,若恭维一句,也不过是“专家”而已。又如一个科学家,终日在实验室与仪器及实验品为伍,此外不知尚有世界。这样一个人,可被社会崇拜为大科学家,但实际并非一个全人,他的精神上之残废就与身体上之足跛耳聋没有多少分别。

再进一步。今日学术的专门化,并不限于科门之间,一科之内往往又分化为许多的细目,各有专家。例如一个普通所谓历史专家,必须为经济史专家,或汉史专家,甚或某一时代的经济史专家,或汉代某一小段的专家。太专之后,不只对史学以外的学问不感兴味,即对所专以外的史学部分也渐疏远,甚至不能了解。此种人或可称为历史专家,但不能算为历史学家。片段的研究无论如何重要,对历史若真欲明了,却非注意全局不可。

今日学术界所忘记的,就是一个人除做专家外,也要做“人”,并且必须做“人”。一个十足的人,在一般生活上讲,是“全人”,由学术的立场讲,是“通人”。我们时常见到喜欢说话的专家,会发出非常幼稚的议论。这就是因为他们只是专家,而不是通人,一离本门,立刻就要迷路。他们对于所专的科目在全部学术中所占的地位完全不知,所以除所专的范围外,若一发言,不是幼稚,就是隔膜。

学术界太专的趋势与高等教育制度有密切的关系。今日大学各系的课程,为求“专精”与“研究”的美名,舍本逐末,基本的课程不是根本不设,就是敷衍塞责,而外国大学研究院的大部课程在我们只有本科的大学内反倒都可以找到。学生对本门已感应接不暇,当然难以再求旁通。一般的学生,因根基的太狭太薄,真正的精通谈不到,广泛的博通无从求得;结果各大学每年只送出一批一批半生不熟的智识青年,既不能作深刻的专门研究,又不能正当地应付复杂的人生。近年来教育当局与大学教师,无论如何的善于自辩自解,对此实难辞咎。抗战其间,各部门都感到人才的缺乏。我们所缺乏的人才,主要的不在量,而在质。雕虫小技的人并不算少。但无论做学问,或是做事业,所需要的都是眼光远大的人才。

凡人年到三十,人格就已固定,难望再有彻底的变化,要做学问,二十岁前后是最重要的关键,这正是大学生的在校时期。品格、风趣、嗜好,大半要在此时来作最后的决定。此时若对学问兴趣立下广泛的基础,将来的工作无论如何专精,也不至于害精神偏枯病。若在大学期间,就造成一个眼光短浅的学究,将来若要再作由专而博的功夫,其难真是有如登天。今日各种的学术都过于复杂深奥,无人能再望作一个活的百科全书的亚里士多德。但对一门精通一切,对各门略知梗概,仍当是学者的最高理想。二十世纪为人类有史以来最复杂最有趣的时代,今日求知的机会也可谓空前;生今之世,而甘作井底之蛙,岂不冤枉可惜?因为人力之有限,每人或者不免要各据一井去活动,但我们不妨时常爬出井外,去领略一下全部天空的伟大!

(选自陈洪主编《大学语文》,高等教育出版社,2008 年)

赠与今年的大学毕业生

胡 适

这一两个星期里,各地的大学都有毕业的班次,都有很多的毕业生离开学校去开始他们的成人事业。

学生的生活是一种享有特殊优待的生活,不妨幼稚一点,不妨吵吵闹闹,社会都能纵容他们,不肯严格的要他们负行为的责任。现在他们要撑起自己的肩膀来挑他们自己的担子了。在这个困难最紧急的年头,他们的担子真不轻!我们祝他们的成功,同时也不忍不依据我们自己的经验,赠与他们几句送行的赠言,——虽未必是救命毫毛,也许作个防身的锦囊罢!

你们毕业之后,可走的路不出这几条:绝少数的人还可以在国内或国外的研究院继续作学术研究;少数的人可以寻着相当的职业;此外还有做官,办党,革命三条路;此外就是在家享福或者失业闲居了。第一条继续求学之路,我们可以不讨论。走其余几条路的人,都不能没有堕落的危险。人生的道路上满是陷阱,堕落的方式很多,总括起来,约有这两大类:

第一是容易抛弃学生时代的求知识的欲望。你们到了实际社会里,往往所用非所学,往往所学全无用处,往往可以完全用不着学问,而一样可以胡乱混饭吃,混官做。在这种环境里,即使向来抱有求知识学问的决心的人,也不免心灰意懒,把求知的欲望渐渐冷淡下去。况且学问是要有相当的设备的;书籍,试验室,师友的切磋指导,闲暇的工夫,都不是一个平常要糊口养家的人所能容易办到的。没有做学问的环境,有谁能怪我们抛弃学问呢?此段讲社会往往不能给我们做学问的环境。

第二是容易抛弃学生时代的理想的人生的追求。少年人初次与冷酷的社会接触,容易感觉理想与事实相去太远,容易发生悲观和失望。多年怀抱的人生理想,改造的热诚,奋斗的勇气,到此时候,好像全不是那么一回事。渺小的个人在那强烈的社会炉火里,往往经不起长时期的烤炼就熔化了,一点高尚的理想不久就幻灭了。抱着改造社会的梦想而来,往往是弃甲曳兵而走,或者做了恶势力的俘虏。你在那俘虏牢狱里,回想那少年气壮时代的种种理想主义,好像都成了自误误人的迷梦!从此以后,你就甘心放弃理想人生的追求,甘心做现成社会的顺民了。此段讲理想容易幻灭,人便甘心为现实奴役。

要防御这两方面的堕落,一面要保持我们求知识的欲望,一面要保持我们对于理想人生的追求。有什么好法子呢?依我个人的观察和经验,有三种防身的药方是值得一试的。

第一个方子只有一句话:“总得时时寻一两个值得研究的问题!”问题是知识学问的老祖宗;古今来一切知识的产生与积聚,都是因为要解答问题,其实也只是一种好奇心追求某种问题的解答,不过因为那种问题的性质不必是直接应用的,人们就觉得这是“无所为”的求知识了。我们出学校之后,离开了做学问的环境，如果没有一个两个值得解答的疑难问题在脑子里盘旋，就很难继续保持追求学问的热心。可惜当时青年人最大的问题是养家糊口，生存都是难题，遑论其他？可是，如果你有了一个真有趣的问题天天逗你去想他，天天引诱你去解决他，天天对你挑衅笑你无可奈何他，——这时候，你就会同恋爱一个女子发了疯一样，坐也坐不下，睡也睡不安，没工夫也得偷出工夫去陪她；没钱也得撙衣节食去巴结她。没有书，你自会变卖家私去买书；没有仪器，你自会典押衣服去置办仪器；没有师友，你自会不远千里去寻师访友。你只要能时时有疑难问题来逼你用脑子，你自然会保持发展你对学问的兴趣，即使在最贫乏的智识环境中，你也会慢慢地聚起一个小图书馆来，或者设置起一所小试验室来。所以我说：第一要寻问题。脑子里没有问题之日，就是你的智识生活寿终正寝之时！古人说，“待文王而兴者，凡民也。若夫豪杰之士，虽无文王犹兴。”试想葛理略（Galileo）和牛敦（Newton）有多少藏书？有多少仪器？他们不过是有问题而已。有了问题而后，他们自会造出仪器来解答他们的问题。没有问题的人们，关在图书馆里也不会用书，锁在试验室里也不会有什么发现。

第二个方子也只有一句话：“总得多发展一点非职业的兴趣。”

所从事的职业往往并不能满足个人的志向，如果这份职业既轻松又赚钱，那么胡适的建议倒也不错。但当时的情况是“毕业即失业”，职业尚无，哪里能有“非职业的兴趣”？离开学校之后，大家总得寻个吃饭的职业。可是你寻得的职业未必就是你所学的，或者未必是你所心喜的，或者是你所学而实在和你的性情不相近的。在这种状况之下，工作就往往成了苦工，就不感觉兴趣了。为糊口而做那种“非性之所近而力之所能勉”的工作，就很难保持求知的兴趣和生活的思想主义。

最好的救济方法只有多多发展职业以外的正当兴趣与活动。一个人应该有他的职业，又应该有他的非职业的玩意儿，可以叫做业余活动。凡一个人用他的闲暇来做的事业，都是他的业余活动。往往他的业余活动比他的职业还更重要，因为一个人的前程往往全靠他怎样用他的闲暇时间。他用他的闲暇来打麻将，他就成个赌徒；你用你的闲暇来做社会服务，你也许成个社会改革者；或者你用你的闲暇去研究历史，你也许成个史学家。你的闲暇往往定你的终身。

英国十九世纪的两个哲人，弥儿（J. S. Mill）终身做东印度公司的秘书，然而他的业余工作使他在哲学上、经济学上、政治思想史上都占一个很高的位置；斯宾塞是一个测量工程师，然而他的业余工作使他成为前世纪晚期世界思想界的一个重镇。

古来成大学问的人,几乎没有一个不是善用他的闲暇时间的。特别在这个组织不健全的中国社会,职业不容易适合我们性情,我们要想生活不苦痛或不堕落,只有多方发展业余的兴趣,使我们的精神有所寄托,使我们的剩余精力有所施展。有了这种心爱的玩意儿,你就做六个钟头的抹桌子工夫也不会感觉烦闷了,因为你知道,抹了六点钟的桌子之后,你可以回家去做你的化学研究,或画完你的大幅山水,或写你的小说戏曲,或继续你的历史考据,或做你的社会改革事业。你有了这种称心如意的活动,生活就不枯寂了,精神也就不会烦闷了。

第三个方子也只有一句话:"你总得有一点信心。"我们生当这个不幸的时代,眼中所见,耳中所闻,无非是叫我们悲观失望的。特别是在这个年头毕业的你们,眼见自己的国家民族沉沦到这步田地,眼看世界只是强权的世界,望及天边好像看不见一线的光明,——在这个年头不发狂自杀,已算是万幸了,怎么还能够希望保持一点内心的镇定和理想的信任呢?我要对你们说:这时候正是我们要培养我们的信心的时候!只要我们有信心,我们还有救。古人说:"信心(Faith)可以移山。"又说:"只要工夫深,生铁磨成绣花针。"

一个国家的强弱盛衰,都不是偶然的,都不能逃出因果的铁律的。我们今日所受的苦痛和耻辱,都只是过去种种恶因种下的恶果。我们要收将来的善果,必须努力种现在的新因。

一粒一粒的种,必有满仓满屋的收,这是我们今日应该有的信心。一分耕耘,一分收获,这是初涉人世的青年都有的想法,但现实往往是劳而无获,因此理想也就丧失,心灵也就麻木了。

我们要深信:今日的失败,都由于过去的不努力。

我们要深信:今日的努力,必定有将来的大收成。

佛典里有一句话:"福不唐捐。"唐捐就是白白地丢了。我们也应该说:"功不唐捐!"没有一点努力是会白白地丢了的。在我们看不见想不到的时候,在我们看不见想不到的方向,你瞧!你下的种子早已生根发叶开花结果了!

朋友们,在你最悲观最失望的时候,那正是你必须鼓起坚强的信心的时候。你要深信:天下没有白费的努力。成功不必在我,而功力必不唐捐。

(选自《胡适文存》第四集第四卷)

大学生职业准备八指标

袁　岳

至少实习三次或者兼职三次：可以在暑期实习，也可以在平时就找到兼职或者非坐班实习机会——有很多创意和设计类工作是不需要坐班的。建议实习与兼职不要集中在一类工作中，也不要仅限于与自己专业对口的岗位。

四年中至少认识150个可以联系的陌生人：建议大学生都印自己的名片。一般而言，你每给出100张名片可以收回30张左右名片，其中你可以大致与10%的人保持联系。大学四年，你至少要发出500张名片，大致回收150张，你可以和其中15人成为比较熟悉的朋友，发展4～5人成为你的良师益友。

组织与参与三个以上学生社团、学生社会实践活动或者学生社会公益发展项目：当你作为组织成员时的身份与你的个人是两个不一样的人格形象，不见得每个人都是团队活动能手，但是不要丧失与放弃发展自己组织人格的机会。

读240本课外书：我们要学会用快读法在大学里读完240本书，平均每学年读60本书，大致相当于每一周读一本书。其中最好的一种快读方法是一组朋友一起分工读书，然后用邮件分享读书要点。

考察至少三个从未去过的地方：认识各地风土人情是一种增长见识的方式，可以扩大跨文化的能力。地方距离越远越好。也可以把朋友关系发展起来，可以交换行住资源，降低旅行成本。

尝试与掌握十条人情世故：80后与90后普遍不掌握人情世故，在这方面的技能会让人们感到我们特别能设身处地，从而得到大家的认同。

每周尝试写一篇博客：把博客当成自我总结与反思，以及观察社会生活与周围人群的工具，博客的写作可以使我们拥有流利的笔头表达能力与思维分析能力。如果每周写一篇博文，四年就能写240篇，如果你能把这样的博文精选一些，编成一本成长日记，附在你的求职简历后面，我相信你会显得非常独特。

尝试一次创业：可以是在淘宝网上开个小店，也可以在自己有兴趣或者专长的领域尝试创办公司,也可以尝试创办一个致力于社会服务的学生公益团体。如果让我再给个具体的目标,你要在大学四年至少挣到过自己的5000块钱。

(选自《青年文摘》2008年12月)

新时期的"铁饭碗"

梅拉尼·德拉特

经济危机造就了变革,新兴职业快速发展,旧有职业"脱胎换骨",人们如何从变革中受益呢?

政治家、老板、研究人员、大学生,他们都在思考一件事:在后经济危机环境下——贷款额度降低,传统能源损耗殆尽,数以百万计的退休雇员以及深陷互联网和新科技"魔爪"的迷茫青年——下一步棋该怎么走?濒临破产的银行家应选择购买国债还是投资基金呢?国家公务员培训和考试还将是通往政府高官的黄金大道吗?仅仅在两年前,没有人会预料到,股票经纪人这一热门职业将会变得不值钱。专家们努力勾勒出今后数十年职业的主流走向,这种走向有助于帮助我们寻找未来的"铁饭碗"。

谁能在未来的就业市场上更有竞争力?学历越高竞争力就越强这一观点受到了质疑。人们将目光转向了通晓新兴科技和生态学的复合型人才。专家们预言:"教育的理想结果是把每个人都培养成掌握不同技能的'通才'。"外科医生懂得计算机编程;医院的院长同时也是个金融家;对于经理来说,他应该了解在他的经营模式下可持续发展的重要性并将企业与世界紧密相连。一个人应在掌握基本技能的基础上有能力更换工作,从事一个全新的职业。米歇尔·克洛斯就是其中的代表,他在成为著名厨师长的经纪人之前是比利时的一名律师。而安德烈·丹在成为人际关系讲师之前是一名物流领域的普通职员。

专家们为我们解读了未来职业的趋势,介绍了新兴的职业。同时,他们还想告诫当今的大学生,在社会流动性愈演愈烈的今天,那些将自己束缚在单一领域和一种思维定式下的人将在未来的社会中难有栖身之所。

职业:生态学家

定义:现代社会中的化学家,负责评估企业针对环境采取行动所带来的影响。

未来：鉴于企业对生物多样性有越来越浓厚的兴趣，这是一条值得化学家和药剂师们关注的就业出路。预计此行业起薪在1200欧元至2400欧元之间。

职业：城市鸟类学家

定义：研究在城市里"安家"的鸟类。

未来：前途无量的"小窝"。鸟类这一野生群体在城市的出现为一些鸟类爱好者提供了一展身手的机会。这一行业目前在荷兰等国家发展得很好，鸟类也因此被纳入城市发展的框架中。

职业：职业治疗师

定义：专业护理人员，帮助身体功能有缺陷的人重新在日常生活中独立。

未来：这一职业最初只针对工伤者和残疾人的陪护。未来的人口老龄化为这一职业带来了新的契机。

职业：老年人的"救星"

定义：为老年群体服务的个体创业者，借助科技创新或服务标准化为老年人提供各种服务。

未来：给老人们提供居家服务，将是创造未来财富的新领域。

职业：动作设计师

定义：动作设计师们将自己关在创意工作间里，为大品牌的游戏网站工作，帮助它们尽可能长久地留住固定用户。

未来：受益于蓬勃发展的网络游戏，此职业前途无量！

职业：人际交往培训师

定义：专业网络人员，向商人们讲解如何利用Facebook等网站的人际关系网并从中获益。

未来：这一职业前景光明。人际交往培训在美国获得了巨大成功。非政府组织通过人际网络争取到新的合作伙伴，政客们利用强大的人际关系网为竞选造势。

职业:厨师长经纪人

定义:像艺人的经纪人一样,帮助厨师长经营职业。

未来:一份对一小撮专业猎头有极强吸引力的工作,他们将因此找到他们的“铁饭碗”(作为厨师、设计师、时尚创意师、手球运动员等的经纪人)。

职业:碳化合物的交易者

定义:在银行或企业中的市场部任职,帮助企业购买或销售碳化合物的排放定额。

未来:一个发展中的职业。由于人类对环境问题和气候变化关注度的持续上升,非金融资产派生品(水、气候)的交易在银行业中所占比重越来越大。

职业:专业体育赌博员

定义:通过研究体育比赛的可能结果计算赔率。

未来:赔率的赢家。外国在线赌博公司雇用这些“法国佬”,预期在2010年1月打开法国体育赌博市场。

(选自《海外文摘》2009年9月上刁鹏宇译)

你能做哪些工作?

孙道荣

大学毕业后,累计求职失败2000次,被戏称为“职场阿甘”的美国青年丹尼尔·谢迪克,从去年8月份开始,实施一项不可思议的计划——“50周内走遍50个州,做50份不同工作”,以帮助那些和自己一样求职无门的年轻人,积累“职场经验”。半年过去了,丹尼尔已经走过全美30个州,获得了30份工作。他的看起来天方夜谭般的计划,正在一步步变为触手可及的现实。

在过去的30周,他都获得过哪些工作?

一家报社,详细罗列了他在30个州获得的30份工作。

第一份工作,犹他州的教堂服务人员。

第二份工作,科罗拉多州的水文地质研究员。

第三份工作，南达科他州的斗牛场广播员。

此后，他陆续获得的工作分别是：医药设备制造工、玉米协会农民、商店店长、伐木工人、考古研究员、气象预报员、园林设计师、马夫，还有边境巡查员、奶酪工人、锅炉工……岗位五花八门，白领的，蓝领的；脑力的，体力的；粗活，细活；城里的，乡下的。总之，只要是工作，只要有岗位，他都尽力争取，用心尝试。有的工作，我们甚至听都没听说过，比如婚礼调度人员。他自己最感兴趣的工作，是在佛蒙特州的卡博特枫山做制糖工人，那里是美国最大的枫树蜜产地。他做的第一件事情是清洗枫树蜜储存罐，罐子很大，于是，他跳进罐里去清洗。佛蒙特的夜晚一片漆黑，当他进入罐子时，却发现脚根本够不到底，他被卡在罐口了！事后他回忆说，那真是尴尬而奇妙的感受。而制糖厂的工作给他最大的惊喜是，那里的气味特别好闻，糖的气味让他上瘾、着迷。他说这些时，你看不到一点愁苦和哀怨，充满甜蜜的记忆。

难以想象，一个人可以在很短的时间内找到并做好这么多工作，要知道，这些工作多么截然不同：马夫和考古研究员，奶酪工和气象预报员，玉米协会的农民和边境巡查员，这之间的差距，该有多么巨大？而丹尼尔大学时学的专业是很专业的经济学，看起来与这些工作基本不怎么相干。

不过，这三十个完全不同类型的工种，却有一个相同的特点，那就是，它们都是岗位，都是工作，是别人正在做的，或者虚位等待着你的工作。丹尼尔的这项计划之所以能够如此成功地实施，很重要的一条是，他对工作从不挑剔、什么都愿意尝试。

我忽然好奇地想，丹尼尔已经做过的这30项工作，如果换作我，哪些是我可能做的，哪些是我愿意做的，哪些又是我做得了的？哪些是我放得下架子去做的，哪些是我吃得了那份苦的，哪些又是我想都不敢想、看都懒得看理都不想理的？

说实话，我愿意而且能够选择的，不多。那么，如果换作正在或者将要寻求工作的你呢？

计划实施过半的丹尼尔，已经得到了回报：10位“前老板”表示愿意录用他为正式员工。丹尼尔对那些正在试图寻找工作的同龄人说，“不要害怕承担责任和尝试新事物，胸怀越开阔，你会获得越多工作机会。”

在抱怨一职难求的时候，也许我们首先应该问一声自己：你能够做哪些工作？

（选自《读者》2009年第14期）

王永庆,卖米卖砖卖木材

“我幼时无力进学,长大时必须做工谋生,也没有机会接受正式教育,像我这样一个身无专长的人。永远感觉只有刻苦耐劳才能补其不足。直到今天,我还常常想到,由于生活中受过的煎熬,才产生了克服困难的精神和勇气,幼年生活的困苦,也许是上帝对我的赐福。”

——王永庆

年龄:逝于2008年,享年92岁

创业时间:1932年开了一家米店

2008年以来,经济不景气让中国台湾的企业家都紧绷了神经。10月,被视为经营之神的台塑集团董事长王永庆的逝世,更让人们倍感失落。虽然环境永远在变,王永庆却代表了某些永恒特质和精神:追根究底,脚踏实地,而这正是因应危机的暖心良策。

1916年生于台湾新店直潭的王永庆,出身贫寒,父亲体弱多病,大多仰赖母亲务农维持家计。王永庆每天来回要走三小时上学,上学前要把当天用的水挑好,回家还要帮忙养猪。王永庆兄弟姊妹8人在清寒岁月中度过了童年。

小学毕业后,为了改善贫穷的家境,15岁的王永庆离开故乡远赴嘉义工作,在一家米店做学徒小工。勤奋好学的王永庆,除了完成自己送米的本职工作以外,还处处留心老板的经营窍门。16岁时,王永庆靠着父亲四处张罗的200元资金开了自己的米店。面临众多竞争对手的压力,王永庆认为勤奋工作是自己能改变困境的法宝。隔壁的米店一般下午六点就打烊了,而他十点半才关门。

此外,王永庆也开始运用一些自己摸索出的技巧。比如卖米时,他会主动问对方家里有几个人,以估算出这个家庭大概在哪一天吃完米,在这一天快到来时主动送米上门。依靠这样的贴心服务,王永庆的米店受到很多老顾客的青睐,他又创立了碾米厂。

后来在日本占领期间,因为政策原因,王永庆的碾米厂不得不关门。他利用之前赚到的钱于1942年在嘉义乡下开设了一个砖厂,很快也因困境而关门。再度受挫的王永庆并未放弃。在朋友的资助下,他从1943年开始了木材生意，由于缺乏相关经验，不久后便血本无归，这段时间也是他创业以来最黯淡的时期。

后来朋友的再次出手帮忙，他才得以在木材行业立稳脚步。随着日本战败退出台湾，当地的各种基础建设需要大量木材，王永庆由此积累起了资本。1951 年，战后起步的世界石化行业开始在东亚兴盛，当时台湾经济部门负责人尹仲容号召有实力的民营企业家加入这个行业。在检视银行系统的账户后，相关部门发现从开米店起家的木材商王永庆竟然是存款最多的企业家之一，高达千万元。王永庆接受了尹的建议，进入塑料行业，1954 年成立了福懋塑料公司(即台塑集团的前身)。

(选自《创业邦》2009 年第 3 期)

在时运不济时也永不绝望

李·艾柯卡曾是美国福特汽车公司的总经理，后来又成为了克莱斯勒汽车公司的总经理。作为一个聪明人，他的座右铭是："奋力向前。即使时运不济，也永不绝望，哪怕天崩地裂。"他 1985 年发表的自传，成为非小说类书籍中有史以来最畅销的书，印数高达 150 万册。

艾柯卡不光有成功的欢乐，也有挫折的懊丧。他的一生，用他自己的话来说，叫做"苦乐参半。"1946 年 8 月，21 岁的艾柯卡到福特汽车公司当了一名见习工程师。但他对和机器做伴、做技术工作不感兴趣。他喜欢和人打交道，想搞经销。

艾柯卡靠自己的奋斗，由一名普通的推销员，终于当上了福特公司的总经理。但是，1978 年 7 月 13 日，他被妒火中烧的大老板亨利·福特开除了。当了八年的总经理、在福特工作已 32 年、一帆风顺、从来没有在别的地方工作过的艾柯卡，突然间失业了。昨天他还是英雄，今天却好像成了麻风病患者，人人都远远避开他，过去公司里的所有朋友都抛弃了他，这是他生命中最大的打击。"艰苦的日子一旦来临，除了做个深呼吸，咬紧牙关尽其所能外，实在也别无选择。"艾柯卡是这么说的，最后也是这么做的。他没有倒下去。他接受了一个新的挑战：应聘到濒临破产的克莱斯勒汽车公司出任总经理。

艾柯卡，这位在世界第二大汽车公司当了 8 年总经理的事业上的强者，凭他的智慧、胆识和魄力，大刀阔斧地对企业进行了整顿、改革，并向政府求援,舌战国会议员,取得了巨额贷款,重振企业雄风。1983 年 8 月 15 日,艾柯卡把面额高达 8 亿 1348 万多美元的支票,交给银行代表手里。至此,克莱斯勒还清了所有债务。而恰恰是 5 年前的这一天,亨利·福特开除了他。

如果艾柯卡不是一个坚忍的人,不敢勇于接受新的挑战,在巨大的打击面前一蹶不振、偃旗息鼓,那么他和一个普通的下岗职工就没有什么区别了。正是不屈服挫折和命运的挑战精神,使艾柯卡成为了一个世人所敬仰的英雄。一个人不可能总是一帆风顺的。在时运不济时永不绝望的人就有希望。

(选自柯钧编著《人生哲理枕边书》,九州出版社,2004 年)

不走寻常路:成功女性赵万里的创业之道

有这么一个人,自杭州商学院企业管理专业毕业后进入一家国营医药公司工作,面对每天朝九晚五,看报纸、喝茶的平淡生活,她觉得生命缺少波澜。一年后,她毅然辞去了这份让大多数人羡慕不已的优差,走上了创业这条艰辛的路。这种“不走寻常路”的做法,不能不让人对她产生许多的好奇和疑问。

创业:世上从来就没有一帆风顺的事

“企业创办初期,每天都很累很辛苦。总是有处理不完的麻烦事冒出来。”回忆起创业的艰辛,赵万里打开了话匣子:“那时我们还是在租来的厂房里工作,房东忽然要求退房,这边客户的订单还来不及做,那边新厂房还没有建好……”在那段最困难的时间,赵万里和厂里的工人总是不断在萧山城区和新盖厂房所在的坎山镇来回奔波,赶订单、收拾新厂房。

几分耕耘几分收获,十六年后的今天,赵万里一手创办的萧山瑞丰汉艺纺织品有限公司,已成为当地收益最好的企业之一。企业还获得了“社会责任建设先进企业”、“萧山区巾帼就业再就业基地”、“2008 年度杭州市外贸创新型百佳企业”等多项荣誉称号。赵万里本人也当上了“萧山区第十四届人大代表”,“浙江省区域经济合作促进会第十一分会副会长”,还先后荣获“中国百杰女企业家”、“浙江省杰出民营企业家”、“浙江省巾帼创业带头人”、“浙商女杰 30 强”、“浙江省大学生自主创业典型”等称号。

从一个平凡的公司员工变成一个大学生创业的典型代表，其中的艰难是外人所无法想象的。然而，正是因为她在面对这些困难时所表现出来的勇敢、努力与勤恳，才最终成就了自己的梦想。

当记者和她谈起时下的大学生，尤其是女大学生就业难创业难问题时，赵万里不无感慨地说："创业之初，的确最容易遇到很多困难，在这个时候尤其要下定决心，坚持到底，不能半途而废。世上本来就没有一帆风顺的事，有的时候，坚持，就是一种胜利。"

她建议创业者们"要尝试着拥有大胆的思想，并将这种被认为是异想天开的思想付诸行动，努力去实践、细心去守护自己的梦想。"她也以一个过来人的身份提点年轻的创业者们："创业不是盲目的一时冲动，在满怀勇气的同时也要做好严密的市场调研，要结合自己的兴趣，发挥自己的优势，这样工作起来才会更有效率，更有成果。"

成功：不同的定义　同样的幸福

随着全球经济的复苏，在中国这片热土上，不停地涌现出大批女性，以自身的坚韧和女性特质及强大的影响力创造一个个行业奇迹，成为推动中国经济前进和社会进步的"半边天"。

赵万里就是这样一个典型的人物。也因此，越来越多的人在交谈中给赵万里冠以"成功女性"的称呼。"其实我觉得成功是有很多种类的，不是只有事业成功才叫成功，经营出一个美满的家庭，照顾好家人，也是一种难能可贵的成功；做人开心很重要，如果能始终保持一种快乐的心态，也是一种成功；以诚信的态度做人处事，能够这么坚持下去，也是一种成功。资产并不是衡量成功与否的标尺，虽然现实中的确是有一部分人热衷于一些数字的攀比，但是我始终觉得，如何定义成功，自己的心态很重要。"她这样阐述自己对成功的理解。

赵万里还特别通过网络想告诉所有女性朋友："花木兰说：谁说女子不如男。我们女性，唯有自尊、自爱、自强、自立，才能获得社会的尊重与认同。姐妹们，抛开依赖的思想，拥有自己的天地，活得独立与自信，才能活得更精彩。"

（选自 http://shop.soufun.com/2010-3-15 杭州网）

你是人才还是人力?

张曼娟

有个律师朋友也在学校里兼课,他常会找一些学生来做研究助理。

有几个年轻助理,跟着他两三年,我们也就认识了。其中有个叫做阿雅的女孩,我头一次见到她,她捧着好多档案匣,像表演特技似的,从楼梯上下来。一脸都是笑,嘴又甜,律师朋友对我说:"阿雅人很乖的。"

我一直以为他对阿雅很满意,也以为阿雅毕业后会留在事务所,没想到,我有一天竟在计算机展览会的叫卖摊位上,看见了吆喝着"最后机会,割喉价!不买你会后悔"的阿雅。

"什么时候离开事务所的?"我在拥挤的人潮中,扯着嗓子问阿雅。

她的眼圈忽然有些红:"离开三个月了。老师说我不是干这一行的,我只好走了……"

我听了觉得心酸,也不知道怎么安慰她,扯开嗓门问:"在这里还好吗?"

"反正就是工作嘛。没差!"她努力地笑着,给自己打气。

过了一段时间,我遇见律师朋友,他身边的助理变少了,也没有那种像阿雅一样笑脸迎人的类型。

"缩编啦?"我笑着问,"都看不见甜美的笑脸了。"

朋友微笑地说:"阿雅啊,我让她离开了。她不适合做这个工作。"

"是吗?我倒觉得她挺卖力的。"

"卖力有什么用?我需要的是人才,不是人力。"

我有点震撼。

关于人才与人力,确实是我以前没想过的问题,我一直以为只要够投入,就能把事情做好,却忽略了专业性与准确性,人才才是最重要的。

如果方法不对,就只是白费力气;如果不能让自己更专业,就无法成为人才,只能沦为人力。人力随处可得,人才却需要发现,需要培养。

"你可以培养她,让她变成人才啊。"我还在挣扎。

朋友疲倦地看了我一眼:"有些人已经设定了自己是人才,有些人无所谓,要怎么培养啊?他自己都无所谓了。"

我忽然想到阿雅在卖场说的那句话:"反正就是工作嘛。没差!"

也许就是因为都没差,才失去了竞争力吧。

我终于沉默了。

您认为，你是人才还是人力呢？

（选自《读者》2009年第8期）

✻ 名言荟萃

1. 谦受益，满招损。（《尚书》）
2. 居上位而不骄，在下位而不忧。（《周易》）
3. 生于忧患，死于安乐。（《孟子》）
4. 尺有所短；寸有所长。物有所不足；智有所不明。（屈原）
5. 君子不自大其事，不自尚其功。（《礼记》）
6. 临渊羡鱼，不如退而结网。（班固）
7. 不傲才以骄人，不以宠而作威。（诸葛亮）
8. 勿以身贵而贱人，勿以独见而违众。（诸葛亮）
9. 先天下之忧而忧，后天下之乐而乐。（范仲淹）
10. 故立志者，为学之心也；为学者，立志之事也。（王阳明）
11. 凡事都要脚踏实地去做，不弛于空想，不骛于虚声，而唯以求真的态度作踏实的功夫。以此态度求学，则真理可明，以此态度做事，则功业可就。（李大钊）
12. 人生在世，事业为重。一息尚存，绝不松劲。东风得势，时代更新，趁此机会，奋勇前进。（吴玉章）
13. 神圣的工作在每个人的日常事务里，理想的前途在于一点一滴做起。（谢觉哉）
14. 应该记住，我们的事业需要的是手，而不是嘴。（童第周）
15. 一个不注意小事情的人，永远不会成功大事业。（〔美〕卡耐基）
16. 人只有献身社会，才能找出那实际上是短暂而有风险的生命的意义。

(〔美〕爱因斯坦)

17. 对一个人来说,所期望的不是别的,而仅仅是他能全力以赴和献身于一种美好事业。(〔美〕爱因斯坦)

18. 最光荣的职业是为公众服务,并对大多数人有益。(〔法〕蒙田)

19. 为人类的幸福而劳动,这是多么壮丽的事业,这个目的有多么伟大!(〔法〕圣西门)

20. 伟大的事业是根源于坚韧不断的工作,以全副的精神去从事,不避艰苦。(〔英〕罗素)

21. 哗啦哗啦把自己的事业讲给大家听的人,他的价值一定是毫不足道的。切实苦干的人往往不是高谈阔论的,他们惊天动地的事业显示了他们的伟大,可是在筹划重大事业的时候,他们是默不作声的。(〔德〕黑格尔)

22. 一个没有受到献身的热情所鼓舞的人,永远不会做出什么伟大的事情来。(〔俄〕车尔尼雪夫斯基)

23. 没有顽强的细心的劳动,即使是有才华的人也会变成绣花枕头似的无用的玩物。(〔俄〕斯坦尼斯拉夫斯基)

24. 等待的方法有两种:一种是什么事也不做空等,一种是一边等一边把事业向前推动。(〔俄〕屠格涅夫)

25. 不停留在已得的成绩上,而是英勇地劳动着,努力要把劳动的锦标长久握在自己手里。(〔苏联〕奥斯特洛夫斯基)

26. 天才是由于对事业的热爱而发展起来的,简直可以说天才,就其本质来论只不过是对事业、对工作过程的热爱而已。(〔苏联〕高尔基)

27. 有很多人是用青春的幸福作成功代价的。(〔奥地利〕莫扎特)

28. 事业常成于坚忍,毁于急躁。(〔伊朗〕萨迪)

29. 坚强的信心,能使平凡的人做出惊人的事业。(〔新西兰〕马尔顿)

30. 人类也需要梦想者,这种人醉心于一种事业的大公无私的发展,因而不

能注意自身的物质利益。(〔波兰〕居里夫人)

第三部分　实践体验

一、时事调查

“现在的毕业生最欠缺什么素质？企业重视新进员工什么素质？外语流利、专业知识扎实还是计算机应用熟练?”这些问题应该由人才市场上的买方——企业来回答,会更具有说服力。

近年来,为了解用人单位对毕业生的要求,中国人民大学“中国大学生就业问题研究”课题组向北京、广州、上海600家用人单位发放了调查问卷。调查发现,“敬业精神”在用人单位最看重的指标中列第二位,在用人单位认为大学生最欠缺的指标中高居第一。

上海东华大学对江、浙、沪的152家企事业单位进行调查,发现79%的用人单位将敬业精神作为最希望大学生具有的素养,近80%的用人单位希望大学生具备诚信的职业道德。

同样,广东省也作了类似调查。广东省教育厅高校毕业生就业指导中心在去年底和今年初的多场高校招聘会上,向2200家用人单位发放了《2006毕业生选聘现状调查问卷》,这是广东首份从用人单位视角来评判大学毕业生的调查报告,共回收问卷428份,其中有效问卷403份,无效问卷25份。调查内容涉及“选聘条件”、“素质要求”、“人才待遇”等六个方面。结果显示,在“大学生最需要加强何种素质建设”的问题中,超过四成的用人单位选择了“职业道德素质”,所占比例远远高出其他几个选项;受访单位中,近三成认为近年所招收的大学生最缺乏实干精神和职业道德。

可见,刻不容缓,是提升学生就业竞争力的重要内容之一。

思考题:谈谈大学毕业生应具备怎样的素质才会受到用人单位的欢迎?

二、创业能力测试

下列题目中,每题均有三个备选答案,根据你的实际情况,选择一个适合你的答案。

1. 对于团体的工作,你抱着:

   A. 热心参加的态度

B. 漠不关心的态度

C. 十分厌烦

2. 你对工作的态度是:

A. 宁肯做待遇低些但价值高的工作

B. 认为工作只不过是为了解决生活

C. 一心一意只做报酬高的工作,不理会工作有没有意义

3. 当自己逐渐变老时,你同时会:

A. 积累更多的知识或者技能

B. 内心感到恐惧与不安

C. 毫无感觉,不予理会

4. 对于交朋友,你会感觉到:

A. 十分重要,因此在平时你就喜欢与人交往,注意礼貌,争取友谊

B. 以为友谊很平常,不必重视

C. 友谊无价值,不如孤独自处

5. 对于报章刊物的看法:

A. 认为有注意的必要,因此常选择性阅读,以了解世界大事,学习新的知识

B. 当作是茶余饭后的消遣,可有可无

C. 不予注意,认为与其看报章,不如去看戏

6. 对于服装,你的态度是:

A. 要求端正、整齐,不必奢华

B. 只要能保暖适体,不必讲究

C. “先敬罗衣后敬人”,对服装十分讲究

7. 当你孤独寂寞时,你就会:

A. 去找朋友,或去找些事情来做

B. 独自去散散步,或者去看看戏

C. 闭门胡思乱想来打发时间

8. 当自己有缺点的时候,你就:

A. 承认自己的缺点,竭力设法改正

B. 如果没有人发觉,就不予理会,也不自我检讨

C. 即或有人指点,也极力否认

9. 对于生活开支,你:

A. 精打细算,量入为出,养成储蓄的习惯

B. 认为只要不欠债就行

C. 今朝有酒今朝醉,不必有什么计划

10. 当遇到困难时,你就:

A. 找出产生困难的原因,并且把遇到挫折当作是一次经验和教训

B. 内心不安,设法找人来帮忙

C. 独自悲哀,感到消极,对前途无望

11. 当别人批评你时,你就:

A. 冷静地考虑别人的意见,如果是对的,就予以接受;不当的也不随便发怒,只找机会辩白一下

B. 不理会别人的批评,不作任何反应

C. 对别人的批评,一概表示不满,并且与人争吵

12. 对男女关系的看法,你认为:

A. 男女地位是平等的,彼此是合作的关系,任何一方均不应抱利用对方的心理。和异性朋友来往,不可存有邪念

B. 男女之间应保持相当距离

C. 男女关系很平常,可以很随便

13. 当别人遇到困难时,你就:

A. 首先判断对方遇到的是什么困难,如果有援助的必要,就立即去帮助对方

B. 不问理由,尽力去助人

C. 认为这是别人的事,采取袖手旁观的态度

14. 对事物的“新”或“旧”的看法:

A. 认为事物不必分新旧,好不好要看价值如何

B. 一视同仁

C. 只接受新的事物,旧的一概不要

15. 你对生活的安排是采取:

A. 拟定一年的计划,在一年之中又按月拟定具体的工作和学习目标

B. 请他人为自己安排,或者仿照他人的生活计划

C. 认为过一天算一天,不必做什么安排

评分标准

每题A记5分,B记2分,C记0分。各题得分相加,统计总分。

诊断结果

60分以上:优等。你对生活和事业抱有崇高理想,能面对现实,遇见困

难挫折能设法克服,能与人合作,创造事业。

40～59 分:中等。你对生活和事业有一定想法,基本上能正视现实,对大部分困难和挫折能想方设法克服,但有时也会产生悲观消极的念头。

39 分以下:说明你对各种问题的认识尚不清楚,或抱有错误观念,对克服困难缺乏信心。你必须加紧练习,锻炼自已,多多交友,才能创造美好的前途。

三、掌握求职、面试的技巧并进行进行模拟训练

四、寻找一家实习公司,进行面试的实战演习

第十一单元 奋斗人生

第一部分 主题解读

"梅花香自苦寒来，宝剑锋从磨砺出"。人的一生与艰苦奋斗有着不解之缘。司马迁忍辱负重，集十三年心血而作《史记》；李时珍为解民间疾苦，集十七年之功写成《本草纲目》；马克思艰苦奋斗，用四十年完成了《资本论》。艰苦奋斗是走向成功的必由之路。作为新世纪的高职学生，我们需要继承传统美德，培养艰苦奋斗的精神，养成吃苦耐劳的品德，努力实现人生价值，争做时代好青年。

一、人生的含义

马克思主义认为，人生就是人的生命历程，是人们认识和改造自然、社会及自身的过程。有些教科书将人生表述为"人为了梦想和兴趣而展开的表演"。无论是生存还是表演，人生都包含了一个人从生到死的全部生活经历。不同的生活经历造就了不同的人生，但只有有价值的人生才是值得我们为之奋斗的。

那么，什么是有价值的人生呢？

通常来说，一个人的思想和行为能够满足他人和社会的需要，就是有价值的人生。这种价值既包括人们创造出来的，对经济发展、社会进步有意义的物质财富和精神财富，即外在价值。还包括人们潜在的知识、能力和德性，即潜在价值。

那么，如何评判人生的价值呢？

首先，评价人生价值的标准是个人对社会的责任和贡献。社会中的每一个人，都要承担一定的社会责任，履行确定的社会义务，通过劳动创造更多财富。如果一个人的存在，只向社会或他人索取，不履行义务，不承担责任,不做贡献,那就毫无价值可言。所以,责任与贡献是评价人生价值不可分割的两方面。

其次,金钱、地位和权力不应成为衡量人生价值的标准。有的人认为金钱越多,权力越大,地位越高,其人生价值就越大。这种观点是片面的。历史上帝王将相、大官、大地主、大资本家,哪个不是倾国之富,难道他们的人生价值就是最大的?不见得。在今天,一些无视国家和人民利益,违犯党纪国法,以权谋私,为所欲为的人,终究逃不脱法律的惩罚,他们不仅没有人生价值,而且是负价值。当然,价值与权力、地位、金钱有一定的联系。但金钱、权力和地位只是其价值的一种表现而绝不能独立地代表价值。衡量人生价值的标准只能是谁在自己从事的岗位上为人类社会贡献多,谁的价值就大。

人生的价值在于贡献,贡献的源泉来自创造,而创造必须经历奋斗。由此可见,奋斗是人生价值的解释、实践和体现。因此,一个人的人生价值的实现总是与勤奋、毅力、恒心、学习、思索这些词是紧密联系在一起的。如果,一个人的人生词典里没有这些词,他的人生价值终会变成泡影,变成空想。当然,这种奋斗不能只是为了个人,还要为社会、国家或集体的利益。

二、高职学生与奋斗人生

(一) 奋斗是高职学生走向成功的必经之路

首先,随着高校的扩招,大学生的数量日益增多,就业压力大为增加。另外,由于社会对高职院校的培养目标缺乏认识,认为高职学生的理论水平较差,导致某些用人单位在录用员工时盲目地抬高学历,使高职学生就业难上加难。在这种情况下,高职学生的努力奋斗显得尤为重要。

其次,随着社会的进步和科技的发展,职业环境也在迅速变化,分工越来越细,内容不断更新,职业结构调整,职业类型增加,高素质复合型的人才越来越受欢迎……变化一个接一个,令人应接不暇。变化速度的加快,要求人们不断学习,终生学习,从某种意义上说,一辈子从事一种职业的时代已一去不复返了。在这种形势下,高职学生需要立足整个人生、规划自己的发展轨迹,努力将自己培养成有发展潜力和核心竞争力的人,争取为职业生涯开拓出宽广而通畅的发展道路。

另外,现在用人单位考核人才,不仅要考核专业知识和职业技能,还要考核综合运用能力、环境适应能力、实际操作能力等,由此可见,学习不但是终身的事,而且其含义十分丰富,只有不断奋斗,才能创造更好的平台,赢得更好的机会。

由此可见,高职学生唯有不断奋斗,才能不断适应时代发展的脚步,走向成功之路。

(二) 高职学生如何实现奋斗目标

高职学生需要实现的奋斗目标有很多。但从高职学生所处的人生阶段来看,职业目标凝聚了高职学生所有奋斗目标的主要内容,是高职学生最需实现的奋斗目标。要想实现这一目标,并非易事,高职学生必须根据自身及其专业特点,从入学伊始,就深入了解所学专业特点,制订长期、合理的职业生涯规划。

首先,寻找兴趣特长点。有效的职业生涯设计,建立在正确认识自身条件与相关环境的基础上,再弄清楚自己希望的就业方向和人生目标。有一句西方谚语说:如果你不知道你要到哪儿去,通常你哪儿也去不了。所以,职业生涯设计要从了解自己、选择专业开始,了解自己的兴趣,考察自己的能力。

兴趣是最好的老师,是成功之母。但是,有兴趣的事并不代表有能力做好,如宇航员杨利伟、导演张艺谋,著名主持白岩松、一代球星姚明等人的职业是众多年轻人的兴趣和梦想,但兴趣和梦想不等于具备必须的个性和能力。所以,在有兴趣之外,清楚自己适合于什么是职业成功的基本条件。如湖南卫视著名主持人李湘,儿时因爱接话茬,说话太多而受到家长的批评,但有这一特点,加上不懈的追求,终于成为优秀的娱乐节目主持人。事实上,每个人都有能力优势和个性特征,除了语言能力外,如具备突出的动手能力、交际能力、写作能力等,就相应地较易成为机械师、市场营销人员或记者。在充分认识自己,是恰当选择好专业方向的前提。

其次,个人的兴趣和能力还应当符合社会的需求和未来发展前景,这是实现职业目标的基本保证。有些职业既有趣又符合自己的能力要求,但社会没有需求或需求极少,未来的就业机会仍很渺茫,这样的职业生涯规划从起步就是失败的。因为社会需求、劳动力市场变化往往是不确定的,要把握好也不是简单的事,因此在做职业规划时,应综合权衡、统筹考虑,多和周围的朋友、家人沟通,分析辨别好专业的冷与热、就业市场需求的大与小,力争使你的选择既符合自己的特点,也能满足社会的需要,有一个双赢的结果。因此,高职学生应当持有正确的求职观念。

正确的求职观念就是做自己能做的事,需要高职学生发挥艰苦奋斗的作风和求真务实的精神,根据实际情况,进行合理定位,而不是眼高手低,忽略自身能力特点和专业发展方向,带着较高的期望值,片面地追求高职位和高薪水,急功近利,追求一步登天。据用人单位反映,现在的学生聪明、知识面宽、思维活跃,但他们个性强、献身精神较差,不太能够吃苦耐劳。而就实际情况而言,高职学生毕业后的第一岗位往往在生产第一线,从事操作工或技术员的工作。对于独生子女们来说,这确实是一个挑战。很多学生抱怨工作辛苦,工资低,总是盘算着跳槽,而不愿意在岗位上锻炼自己、提高自己。其实,基层是人才成长的摇篮,艰苦岗位往往是人才紧缺的地方,很多出类拔萃的人才正是由此成长起来的。我们提倡学生抱着积极而又务实的心态,学会从底层做起,从小事做起,只要有利于个人能力的培养,有利于职业目标的实现,都可以选择为最初的职业岗位。其实做事没有大事和小事之分,但最后的结果完全不同,是因为有的人做每一件小事都与预定的目标密切相关,一千件小事的完成便意味着目标的达成;而有的人做的一千件小事之间是没有关联的,即使做完了几千件小事,最终也一事无成。职业生涯规划就是这样一份由做无数小事为桥梁,最后通向大事的规划。只有立足于小事,才能成就大事。否则的话,带着错误的观念择业,只会导致就业困难,欲速则不达;进而造成"有事没人做,有人没事做"的社会现象,对个人、对社会都是不利的。

另外,要想实现职业目标,还要懂得木桶短板原理。从入学开始,我们就要不断对自己进行客观的审视,随时根据自身实际和市场需要,有针对性地包装自己,对自己的弱项进行弥补,对自己的长项进行加固,努力实现全面发展,弥补自己的短板,赢得更多、更好用人单位的肯定和青睐,顺利实现职业目标。

伟大的思想家孟子在2300多年前说过:"天将降大任于斯人也,必先苦其心志,劳其筋骨,饿其体肤,空乏其身,行弗乱其所为,所以动心忍性,增益其所不能。"这是成就一个有价值的人所必经的道路,舍此没有捷径。不经历风雨,怎么见彩虹,创造和成功总是青睐那些奋斗有为的人。因此,作为高职学生,我们也要坚定奋斗的信念,相信充分的准备,不懈的努力,定能为自己赢得更高的起点。

三、高职学生与成功人生

走向成功,实现成功人生是我们每个人的愿望。作为高职学生,我们的成功又在哪里，我们的成功人生又是怎样？对于这个问题，也许没有人能说得清楚。正如一百个读者就有一百个哈姆雷特一样，由于每个人选择视角、判断标准的差异，必然会产生不同的理解。但这绝不会影响我们坚持奋斗，向着成功人生而迈进，因为我们对于成功人生有着某种共识。

（一）成功人生从确立有价值的目标开始

确立有价值的目标是走向成功的第一步。只有制定了奋斗目标，才能量化何谓成功。成功人生就是实现这些有价值的目标，享有目标实现带来的荣誉。作为高职学生，要想实现成功人生，也需要从确立有价值的目标开始。相对于高等教育阶段的我们，制订合理的职业生涯规划，提高自身人文素质，增强自身专业技能，为实现人生价值创造更高的起点、更宽的平台正是现阶段成功的体现。由此，我们相信，只要持之以恒，毕业的那天，定会是我们开始成功人生，展翅翱翔的那天。

（二）坚持不懈的奋斗是成功人生的前提

成功人生从确立有价值的目标开始，但绝不会因为某个奋斗目标的实现而停止。成功人生是动态的，是不断挑战自我，不断实现人生目标的连续性过程。因为，只有奋斗目标的积累才能体现成功人生的与众不同，才能体现成功人生的至高无上。今天，我们作为高职学生，可能也会因为某个目标的实现而喜悦，但是我们要清醒地认识到，我们获得的仅仅是短暂的成功，我们离成功人生还很远。只有坚持奋斗，不断突破，我们才能实现一个个奋斗目标，逐渐接近成功。

（三）判断成功人生的标准是价值

成功人生是对奋斗人生的最终肯定。可是怎样的奋斗人生才能称为成功人生？周国平在《成功的真谛》中说到，“在通常意义上，成功指一个人凭自己的能力做出了一番成就，并且这成就获得了社会的承认”，“说穿了，无非是名声、地位和金钱。这个意义上的成功当然也是好东西。世上有人淡泊于名利，但没有人会愿意自己彻底穷困潦倒，成为实际生活中的失败者。”

但是，还有比成功更重要的，那就是“一个人要拥有内在的丰富，有自己的真性情和真兴趣，有自己真正喜欢做的事”，“把自己真正喜欢做的事做好，尽量做得完美，让自己满意，这才是成功的真谛，如此感到的喜悦才是不掺杂功利考虑的纯粹的成功之喜悦”。从周国平的这段论述中，我们也许就可以模糊地感觉到什么是真正的成功人生。

成功人生是复杂的，判断成功人生的标准也是多样的。但由于众多的共识，有的时候，判断人生是否成功仿佛又是那么的简单。也许正如福克纳所说,人生的意义“不是‘多久’的问题,也不是‘多少’的问题,而仅仅是‘什么’的问题”,作为高职学生,我们只要坚持有价值的奋斗目标,持之以恒,其实就已经走在通向成功人生的幸福道路上,也许唯一的区别就是我们想走多远和我们能走多远的问题了。

第二部分 扩展阅读

奋斗的意义

肖 峰 侯威生

几乎所有的心理疾病和人格缺陷都缘于不自信。缺乏自信的人会产生一系列的问题,偏激、怯懦、多疑、狭隘、冷漠等等。

那么,人怎样才能拥有自信呢?实际上,自信不仅仅是一种自我激励的口号,也不仅仅是一种良好的自我感觉,还应该是一种可以操作的能力。这种能力的范畴很广,包括处世能力、语言能力、学习能力、动手能力等等。

自卑者在许多能力的表现上是有欠缺的。他们往往由于能力不强,就惧怕困难、担心失败、消极逃避、自卑畏缩,乃至产生了种种心理障碍。因此自卑者应该通过努力和奋斗,有意识地锻炼和提高自己的各种能力。奋斗是自卑转化为自信的最重要的途径。然而在现实中,自卑者却常常很难进入奋斗过程中,因此建立自信也就无从谈起。有的人怕进入奋斗过程遭遇失败,有的人缺乏奋斗的动力,有的人缺乏奋斗的耐力,更有的人存在着对奋斗认识的观念误区。

有位非常自卑的年轻人向我提了一个疑问:人们老说要奋发、努力,要每天比别人多做一点事情。但是,我却怀疑奋斗到底有没有意义。比如,我的好友考上了清华大学,我就觉得我的人生没希望,活得没有意义了。因为从小我和她是一样的,可她现在那么好了,而我呢……你一定会说,你也可以考呀,只要你比别人努力一百倍、一千倍,你也肯定可以考上的。但是,你不觉得我的命是这么苦吗?为什么我就要比别人多努力一百倍、一千倍才能得到别人正常努力就得到的东西呢?我的朋友,她其实并不是很努力的呀。她以前读高中时,晚上看书看到9点就睡了。

“我从小受的教育就是‘学海无涯苦作舟,书山有路勤为径’。但是我又得到什么了呢？我有时真为自己觉得不值。就因为我没有本科文凭，我就要比他们努力一百倍、一千倍吗？就因为我没有生在富贵人家，我就要比他们努力一百倍、一千倍吗？就算我努力了，又会怎样？别人难道就不努力了吗？”

关于这类奋斗的疑惑，我常常遇到。现概括出以下几点“奋斗无用论”：“我以前奋斗过，但没有用；社会上都凭关系背景，我奋斗又有什么用；我和别人已差得太远了，再怎么奋斗也没用了；我自己一无是处，光凭奋斗根本不行……”

那么，我们应该怎样看待关于奋斗意义的困惑呢？

首先，奋斗不仅是取得幸福的手段，而且是一种幸福的姿势。通常来讲，对奋斗的意义有疑惑的年轻人对于奋斗的真正含义存在着理解上的偏差，他们普遍认为奋斗是痛苦的，是在受折磨。比如前文中自卑的年轻人提到了她考上清华的朋友，并不是很努力。我想，她可能只是看到这个同学不是很痛苦地学习，反而轻松愉快地考上了大学，因此，她觉得她的同学没有奋斗。

其实，“奋斗”不是为了成全某种功利的目的，它本身就意味着激情、快乐与自豪，意味着收获与赠予。这样的“奋斗”，方能吸引人始终含辛茹苦地奋斗着。

其次，人的心理常常容易受到伤害的原因之一，就是要求事事都合理公平。所以才会有不少人产生“社会上都凭关系背景，我奋斗又有什么用”的观点。其实，把公平作为人类的理想而为之奋斗是应当的，但若把公平当成现实的，则很幼稚。因为在现实世界里，不存在绝对的公平。不少年轻人遇到不公平的事，往往爱发牢骚、抱怨，甚至有的人还将“不公平”作为自己消极无为、逃避现实的托词而不努力，结果丧失了许多转变命运的机会。

第三，有的人总是想证明自己。他们把目光盯在别人身上，这类人以是否战胜了别人来定自己的荣辱。别人一有成就，他就觉得自己被远远地拉下了，奋斗也觉得没什么意义了。这样的人，只把丰富的人生定为一个目的，那便是要比别人强，比别人更成功。

实际上，人生最重要的目的，是要通过努力和奋斗来发展自己。发展自己的人往往立足于自己的事业，建立适合自己的目标。他们在充实和提高自己的同时，享受自己奋斗的乐趣，而不是以外界的好恶来评定自己的成绩。他们在发展自己的过程中，考虑的是所做的事是否适合自己，是否感兴趣，是否有价值。自然，他们因为有不同于他人的、适合于自己的人生目标，也就没有“落后他人、赶不上他人”的烦恼和自卑感。

在现实生活中,很多自卑的人,往往沿着这样的思路考虑问题:“因为我不行→所以我不去做→我真的不行!”。如果能换为:“因为我不行→所以我要加倍努力→行动起来→我变得越来越行!”,我坚信他一定可以走出自卑的泥潭,在漫长的人生的道路上,留下坚实的足迹。

人的命运蕴藏于他的灵魂和行动之中。所以,消除自卑的关键在于承认自卑,承认自己的能力不足,但不甘于自卑。靠自己的行动建立起自己独特的人生价值。活着,就必须不懈奋斗,不然,人生便难以超越和升华。

换一种思路,必然会海阔天空!

(选自《健康文摘》2008 年第 3 期)

烧开一壶水

一位青年满怀烦恼地去找一位智者,他大学毕业后,曾豪情万丈地为自己树立了许多目标,可是几年下来,依然一事无成。

他找到智者时,智者正在河边小屋里读书。智者微笑着听完青年的倾诉,对他说:“来,你先帮我烧壶开水!”

青年看见墙角放着一把极大的水壶,旁边是一个小火灶,可是没发现柴火,于是出去找。

他在外面拾了一些枯枝回来,壶里装满水后放在灶台上,在灶内放了一些柴便烧了起来。可是,由于壶太大,那捆柴烧尽了,水也没有开。于是他跑出去继续找柴,回来的时候那壶水已经凉得差不多了。这回他学聪明了,没有急于点火,而是再次出去找了些柴,由于柴准备充足,水不一会就烧开了。

智者忽然问他:“如果没有足够的柴,你该怎样把水烧开呢?”

青年想了一会,摇了摇头。

智者说:“如果那样,就把水壶里的水倒掉一些!”

青年若有所思地点了点头。

智者接着说:“你一开始踌躇满志,树立了太多的目标,就像这个大水壶装了太多水一样,而你又没有足够的柴,所以不能把水烧开,要想把水烧开,你或者倒出一些水,或者先去准备柴!”

青年恍然大悟。回去后,他把计划中所列的目标去掉了许多,只留下最近的几个,同时利用业余时间学习各种专业知识。几年后,他的目标基本上都实现了。

只有删繁就简，从最近的目标开始，才会一步步走向成功。万事挂怀，只会半途而废。另外，我们只有不断地捡拾“柴”，才能使人生不断加温，最终让生命沸腾起来。

（选自《羊城晚报》2010 年 3 月 18 日）

苦难禁锢不了梦想的翅膀

田豆豆

25 岁的土家族大学生谭之平经历着与同龄女孩完全不同的家庭变故和生活苦难：初中毕业承受丧母之痛，辍学务农，从打工妹打拼到小店主，再带着重病的继母和父亲重返校园刻苦读书。在人生的变故面前，这位湖北职业技术学院的 80 后大学生却乐观豁达，孝亲感恩，用自己一颗历经苦难的爱心去温暖他人。在她的带动下，湖北职业技术学院 5000 多名学生加入义工社，深入孝感福利院和社区、街道，帮助那里的老人、病人。

“苦难是挂在脖子上的一把钥匙”

谭之平出生在湖北长阳县峡口村。两岁时，母亲患上精神分裂症，家境日益窘迫。1999 年，镇重点中学给她发来了录取通知书。想起中考前几天刚刚坍塌的房子，想起母亲，想起常年到煤矿拉煤的父亲……谭之平流着泪，默默藏起通知书，扛起锄头下地去。

平静的生活很快被打破。2000 年 9 月 9 日，病情发作的母亲走了。那些日子，谭之平只敢在夜深时咬着被子偷偷啜泣，“我垮了，这个家就完了。”谭之平顽强地撑起这个家。

“光从土里刨食没出路，必须走出大山。”谭之平说。2001 年，谭之平带着 50 元路费只身“闯荡”到长阳县一个百货店打工。2002 年，19 岁的谭之平在汉口开了家小超市，从“打工妹”变成了“老板”。3 年下来，谭之平挣下了 10 多万元。

“我是远山深处的一只小鸟，苦难是挂在脖子上的一把钥匙。”这是谭之平写给自己的诗句。

“坚持信念的航船，一定不会走错”

“坚持信念的航船，一定不会走错。”谭之平写道。

她的“信念”很简单，就是读书、学医，用知识改变命运，并救助更多像父母那样被病痛折磨的人。

对知识的渴求，就像深埋心底的种子，破土而出了。谭之平一边在工作间隙温习英语，一边四处打探求学信息。2005年9月1日，谭之平走进了湖北职业技术学院，成为医学分院助产二班的一名年龄最大的中专生。谭之平潜心学习，她一直保持每科90分以上的好成绩。两年后，中专毕业，要不要升大专？积蓄已花了大半，父亲又年迈体弱。但想起10年来的读书梦，她无法放弃。谭之平终以全班总分第一的成绩考上湖北职业技术学院医学院临床医学专业。

梦再次延伸。谭之平学习的劲头更足了。不满足于课本知识，她一到周末、寒暑假就争取机会去医院见习。现在，她最高兴的是，靠自己亲手开的药方，父亲的老风湿病去年已治好。

“现在我最想做的就是回报社会”

9月18日，孝感市福利院的老爷爷老奶奶像过节一样高兴，他们的“好孙女”谭之平又来看他们了。谭之平每月都会到福利院服务几天。因为她是湖北职业技术学院“义工社”的创建者和社长。“我走到今天，离不开许许多多人的帮助，所以，现在我最想做的就是回报社会。”

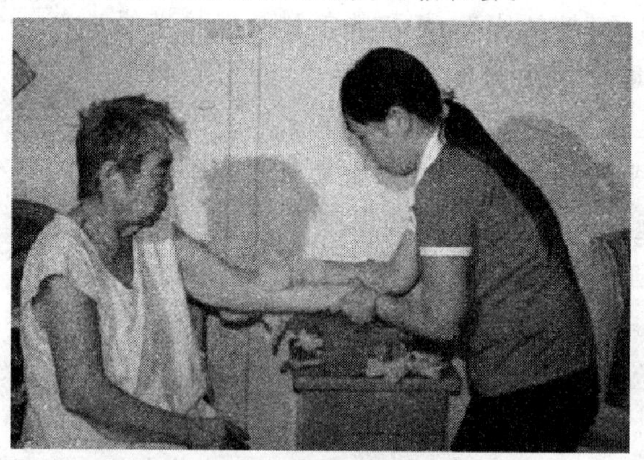

谭之平精心护理结对赡养的老人

她捐资3000元发起成立湖北职院“感恩文化基金”。今年9月，“感恩文化基金”的受益者——1岁多的孤儿小惠，将免费接受唇腭裂手术。谭之平说，她和同学们会一直资助小惠直到她18岁。

谭之平把5000多人的义工大军分成10多个小组，定期活动。四川汶川大地震后，义工们又捡垃圾、义卖报纸为灾区捐款，还组织义工奔赴地震灾区服务。

2008年5月，谭之平被授予"湖北省五四青年奖章"金奖。8月，教育部授予谭之平"全国自强不息优秀大学生"称号。

（选自《人民日报》2008年9月20日）

在逆境中的成功是真正的成功

罗曼·V·皮尔

积极的人绝不会坐失对自己有用的手段或机会。他会最大限度地利用每天以及一切条件。他会在看起来什么也没有的地方发现机会，完成某种显赫的事业。我认为没有一开始就获得称心如意的工作也许是一种幸运。如果从事一项已有相当基础的工作，就要求你必须维持且进一步提高工作水平。但如果是一项正处于低谷的工作，其实更容易做出成绩，使你获得成功的喜悦。我作为牧师在这一生中主持过四个教会，每一处开始时都濒临倒闭状态。可是经过一番努力，每一所教会都获得了转机，变得状态良好。这些经验在我的职业生涯中，实属幸运。事实上，我很想向每个人建议，与其选择顺利的工作，还不如选择不顺利的工作。使不顺利的工作成功，就能使自己成为成功者。总之，我就是这样幸运，每次遇到条件不佳的工作，都转变成在我面前出现的最佳机会。

"积极思考"的人，面对困难的状况时能获得很大成就，这是为什么呢？

想到这件事，我就会想起从中西部的都市教育委员会选出的教育长拉嘉·乔普拉博士。

CBS电视台的报道节目《六十分钟》报道说："该市有22所小学、5所中学和2所高中，但教育成果却不理想，学生的学力在该州是最低的。"乔普拉博士在知道这个事实之后，为了了解这个工作是否能成为测验自己能力的努力目标，亲自去察看。他能积极思考，喜欢面对困难的工作。

等待他的是相当不利的环境状况。在饭店办住宿手续时，柜台的服务生知道他的名字，挖苦地说："祝你好运，您必须要求神的帮助。"

据他说失去斗志的老师接二连三地请求调职。博士在市内和许多人谈话后,感觉出他们都对这个城市失去了信心,对自己所住的城市没有好印象,这和电视报道可能也有关系。几乎没有人对该地区的学校抱有好感,甚至有人劝他不要担任教育长的工作。他们警告说:“这只会使你受到伤害。”

然后,乔普拉博士见到了一个人,使他决心要辞退这项工作。那人正坐在自家门前喝罐装啤酒,邻近就是小学。博士问那人对自己这一区的学校有何感想?那人盯着博士看了一阵,放下啤酒罐,面对着学校毫无感情地说:

“如果那所学校失火了,我也不会去浇一桶水的。”这句话发生了决定性的作用,博士带着坚决辞职的意念回到了家。

博士在晚餐时把这件事告诉了家人,说明这地区的学校教育完全没有希望,大家听后沉默了一阵,半晌,他的儿子迪克说:

“不过,爸爸的信念会变成什么样呢?不是经常对我们说要把困难当成机会吗?”

博士觉得儿子的话是对的。他于是改变了决定,答应接下那个任务。博士对这一次的经验有过以下的谈话:

“我到学校以后,首先跟学生和老师交谈。有一天早晨在学校的走廊和一位教师擦肩而过,便与她寒暄说:‘你好,琼斯老师。’她回答说:‘你说好,但能有什么好呀!’‘因为能看到你美丽的脸,所以觉得很好。’我这样说,她好像有点惊讶。我不顾她的反应继续说下去:‘琼斯老师,我说好是因为我们两人准备今天和孩子们一起快乐学习的缘故。想到我们能使孩子今天变得更好,不是很快乐吗?’她半信半疑地看着我。

‘所以,你不认为是很美好的早晨吗?’我问道,她笑着说:‘噢,确实如此。’”

(选自〔美〕诺曼·文森特·皮尔(Norman Vincent Peale)著,夏芒译《态度决定一切——如何开创幸福、富有、健康的人生》,文化艺术出版社,2006年)

我奋斗了十八年才能和你一起喝咖啡

麦　子

我的白领朋友们,一些在你看来唾手可得的东西,我付出了巨大的努力。

从我出生的一刻起,我的身份就与你有了天壤之别,因为我只能报农村户口，而你是城市户口。如果我长大以后一直保持农村户口，那么我就无法在城市中找到一份正式工作，无法享受养老保险、医疗保险。于是我要进城，要通过自己的奋斗获得你生下来就拥有的大城市户口。

考上大学是我跳出农门的唯一机会。在独木桥上奋勇搏杀，眼看着周围的同学一批批落马，前面的道路越来越窄，我这个佼佼者心里不知是喜是忧。

而你的升学压力要小得多，竞争不是那么激烈，功课也不是很沉重。如果你不想那么辛苦去参加高考，只要成绩不是太差，你可以在高三时有机会获得保送名额，哪怕成绩忒差，也会被“扫”进一所本地三流大学，而那所三流大学我可能也要考到很高的分数才能进去，因为按地区分配的名额中留给上海本地的名额太多了。

我们的考卷一样我们的分数线却不一样，但是当我们都获得录取通知书的时候，所交的学费是一样的。我属于比较幸运的，东拼西凑加上助学贷款终于交齐了第一年的学费，看着那些握着录取通知书愁苦不堪全家几近绝望的同学，我的心中真的不是滋味。教育产业化时代的大学招收的不仅是成绩优秀的同学，而且还要有富裕的家长。

来到上海这个大都市，我发现与我的同学相比我真是土得掉渣。我不会作画，不会演奏乐器，没看过武侠小说，不认得 MP3，为了弄明白营销管理课上讲的“仓储式超市”的概念，我在“麦德隆”好奇地看了一天，我从来没见过如此丰富的商品。

我没摸过计算机，为此我花了半年时间泡在学校机房里学习你在中学里就学会的基础知识和操作技能。我的英语发音中国人和外国人都听不懂，我只能再花一年时间矫正我的发音。

我可以忍受城市同学的嘲笑，可以几个星期不吃一份荤菜，可以周六周日全天泡在图书馆和自习室，可以在寂寞无聊的深夜在操场上一圈圈地奔跑。我想有一天我毕业的时候，我能在这个大都市挣一份工资的时候，我会和你这个生长在都市里的同龄人一样——做一个上海公民，而我的父母也会为我骄傲，因为他们的孩子在大上海工作！

终于毕业了，每月 2000 元左右的工资水平，也许你认为这点钱应该够你零花的了，可是对我来说，我还要租房，还要交水电煤电话费还要还助学贷款，还想给家里寄点钱让弟妹继续读书，剩下的钱只够我每顿吃盖浇饭，我还是不能与你坐在“星巴克”一起喝咖啡！

如今的我在上海读完了硕士，现在有一份年薪七八万的工作。我奋斗了十八年,现在终于可以与你坐在一起喝咖啡。我已经融入到这个国际化大都市中了,与周围的白领朋友没有什么差别。可是我无法忘记奋斗历程中那些艰苦的岁月,无法忘记那些曾经的同学和他们永远无法实现的夙愿。每每看到正在同命运抗争的学子,我的心里总是会有一种沉重的责任感。

我在上海读硕士的时候,曾经讨论过一个维达纸业的营销案例,我的一位当时已有三年工作经验、现任一家中外合资公司人事行政经理的同学,提出一个方案:应该让维达纸业开发高档面巾纸产品推向9亿农民市场。我惊讶于她提出这个方案的勇气,当时我问她是否知道农民兄弟吃过饭后如何处理面部油腻,她疑惑地看着我,我用手背在两侧嘴角抹了两下,对如此不雅的动作她投以鄙夷神色。

在一次宏观经济学课上,我的另一同学大肆批判下岗工人和辍学务工务农的少年:"80%是由于他们自己不努力,年轻的时候不学会一门专长,所以现在下岗活该!那些学生可以一边读书一边打工嘛,据说有很多学生一个暑假就能赚几千元,学费还用愁吗?"我的这位同学太不了解贫困地区的农村了。

我是上世纪七十年代中期出生的人,我的同龄人正在逐渐成为社会的中流砥柱,我们的行为将影响社会和经济的发展。这个世界上公平是相对的,这并不可怕,但是在优越环境中成长起来的年轻人和很久以前曾经吃过苦现在已经淡忘的人对不公平视而不见是非常可怕的。

我花了十八年时间才能和你坐在一起喝咖啡。

(选自《杂文选刊》2005年第5期)

一个普通人的成功要素

王　石

很多人尤其是青年学子来问我,你是怎样成功的?

我想说,实际我不像你们想象的那样很成功,尽管你发现我很自信,但实际上我是一个普通人,只是做了不普通的事。这就意味着,如果你们觉得你们也是普通人,我身上很多做法是值得借鉴的;如果你们觉得你们是不普通的人,在我身上是借鉴不到什么的,因为我是普通人。

美国有一本《光荣与梦想》,描述了20年代到70年代美国社会变迁的过程。光荣与梦想首先给人什么感觉?一是荣誉感,二是责任感。尽管我们普通人的荣誉和责任仅限于怎么做人，怎么做企业，但我们必须坚持。做人要有底线，坚持下去，成功就不是梦想。

普通人如何坚持做不普通的事呢？

第一，要有一个可触摸到的愿景，或者目标。就登山来讲，我登上了珠峰，但是在2001年之前我从来没有想过要登珠峰，我1999年登的第一座山是6000米，第二座雪山是5200米，登了这两座雪山后我想是不是应该登7000米，登了7000米后问国家标准是什么，然后按照国家标准训练。2001年登上了慕士塔格峰，这时候想，珠峰咱也可以试一试。目标不能好高骛远，要可以触及，这是第一点。

第二，锁定目标，一步一个脚印，一个阶段一个阶段地去实现。对于我们登山队员来讲是这样，对农民子弟、城市子弟、大学生也是这样。许多人毕业以后恨不得马上有房有车，当然这没关系，但一定要脚踏实地。

第三，要有承受失败的心理能力，因为事业当中不会一帆风顺。说句老实话，我也失败过，曾经想自杀，但最后没自杀，因为第二天太阳照常升起，一切都会好的。世界上有很多很糟糕的时候，你要有承受的勇气。

第四，运气。对我而言，努力之后，还不成功我不会后悔，在努力之前你永远不知道你能否成功，努力之后，还是失败，你只能怪你没有这个能力，有这个能力但没这个运气。2003年登珠峰的时候，大家都劝我不要登顶，我一咬牙，就登了上去。你要安全下来才算是成功。那时候氧气也用得差不多了。幸好下撤途中，向导捡了人们用剩的氧气瓶，我才安全下来。这也是运气。

第五，对毕业生来讲，少点浮躁，根据我个人的经验，不要太在乎第一份工作，因为同学们毕业的时候往往是很兴奋，很彷徨，兴奋的是学的知识要到社会上一显身手，要到社会上解决自立，彷徨就是就业压力非常大，我建议不要太在意找到的第一份工作。这就像谈恋爱一样，初恋结婚不多，实际上找职业也是这样。学生物研究的，可不可以去做买卖？学机械工程的可不可以去创业？第一份工作不是很重要，它是踏入社会，了解社会的第一步。我创业是33岁以后的事，之前我当过兵，当过工人，当过工人后去上大学，毕业之后搞过专业工程技术，两年后又跳槽做翻译，这是我到深圳之前的第五份工作，到了深圳之后才开始创业，所以不要太在意第一份工作，当然跳槽不能太频繁，太频繁会影响一个人的心态。

最后，我把成功写成一个公式，供参考：

成功100%=运气90%+理想主义5%+激情2%+坚韧意志2%+控制力2%+自省力2%+平常心2%-浮躁1%-懒惰1%-贪婪1%-依赖1%-没有同情心1%。

(选自《意林》2008年第13期)

成功的沉默法则

一群人到山上去打猎,其中一个猎人不小心掉进了很深的坑洞里,他的右手和双脚都摔断了,只剩下一只健全的左手。

坑洞很深,又很陡峭,地面上的人束手无策。

幸好坑洞的壁上长了一些草,那个猎人就用左手撑住洞壁,以嘴巴咬草,慢慢往上攀登。

地面上的人就着微光,看不清洞里的情况,只能大声为他加油。

等到看清他身处险境、嘴巴咬草攀登时,大家便忍不住议论起来:

"哎呀!像他这样一定爬不上来了!"

"情况真糟,他的手脚都断了呢!"

"对呀!那些小草根本不可能撑得住他的身体。"

"真可惜,如果他掉下去摔死了,留下那么多家产就无缘享用了。"

"他的母亲和妻子可怎么办才好!"

落入坑洞的猎人实在忍无可忍了,他张开嘴大叫:"你们都给我闭嘴!"

在那一刹那,他再度落入坑洞。当他摔到洞底即将死去之时,他听到洞口异口同声地说:"我就说嘛!用嘴爬坑洞,是绝对不可能成功的!"

猎人摔下去了,他能怪谁?只能怪他自己。为脱离困境而往上爬的是他自己,他不能堵住别人的嘴,但是可以决定自己对待别人议论的态度。

(选自《辽沈晚报》2010年4月14日)

你奋斗过了,上帝不会抛弃

祁文斌

1985年2月5日,一个孩子意外的降生了。对于一个已有3个孩子的贫困家庭而言,他是不期而至的,如同累赘。他的母亲身体欠佳,经常生病;

他的父亲在一家足球俱乐部做花匠,是这个家庭唯一的支柱。

花匠父亲不懂足球,但在俱乐部耳濡目染,居然对足球产生了兴趣。这也影响了年幼的他,他一直梦想能有一只属于自己的足球。终于,在他10岁生日那天,他得到了梦寐以求的礼物——一只磨的起了毛的旧足球。那是俱乐部球员送给花匠父亲的,他们熟悉花匠的球迷儿子。球员们打趣地说:"告诉你儿子,这是上帝的礼物。"

那个旧足球让他爱不释手,渐渐地,他开始学会变着花样的带球过人。

他的表现引起了当地国民俱乐部的注意,国民俱乐部接受了这个有些特别的孩子。当时的球队教练门东卡回忆说:"他是我见过的最出色的年轻球员,我甚至无法相信他的球技。那时候我们经常能赢对手9个或10个球,而他竟能包揽一半的入球。"1998年,葡萄牙劲旅里斯本竞技也为其球技所折服,以1500英镑的价格引进了年仅13岁的他。

在加盟里斯本竞技少年队的最初的几个月,他的乡下口音成为同伴们的笑柄,更糟糕的是,由于个子长得太快,动作"花哨",他险些被踢出球队。

但上帝终究垂青强者。凭借那份不服输的劲头和斗志,他前后数次选入国家队。2003年8月,他以1224万英镑的身价从里斯本竞技转会英超曼联。几年征战绿茵,他为所效力的曼联队摘取过足总联赛冠军、英超联赛冠军、欧洲冠军杯冠军、世界杯冠军。而他个人则荣获了一个球员所能获得的几乎所有荣誉:英超联赛最佳射手、欧洲冠军联赛最佳射手、欧洲金靴奖、欧洲金球奖……

他就是——克里斯蒂亚诺·罗纳尔多,人们习惯叫他"小小罗",2009年1月12日,在瑞士苏黎世歌剧院举行的第18届国际足联颁奖大典中,克里斯蒂亚诺·罗纳尔多从贝利手中捧起了"2008年度世界足球先生"的奖杯,从而实现了个人年度奖项大满贯。

多年来,他顶住了许多的非议和打击。"除了出色的球技外,他还有一颗勇敢的心,这正是伟大球员的标志。"曼联主教练弗格森如此评价。获奖后的克里斯蒂亚诺·罗纳尔多给家里打电话报告这个喜讯时,他的父亲却竭力平静地说:"孩子,你得到了你想要的一切,这是上帝的礼物!你奋斗过了,上帝不会抛弃。"

(选自《读者》2009年11月)

成功的真谛

周国平

在通常意义上,成功指一个人凭自己的能力做出了一番成就,并且这成就获得了社会的承认。成功的标志,说穿了,无非是名声、地位和金钱。这个意义上的成功当然也是好东西。世上有人淡泊于名利,但没有人会愿意自己彻底穷困潦倒,成为实际生活中的失败者。歌德曾说:"勋章和头衔能使人在倾轧中免遭挨打。"

据我的体会,一个人即使相当超脱,某种程度的成功也仍然是好事,对于超脱不但无害反而有所助益。当你在广泛的范围里得到了社会的承认,你就更不必在乎在你所隶属的小环境里的遭遇了。众所周知,小环境里往往充满短兵相接的琐屑的利益之争,而你因为你的成功便仿佛站在了天地比较开阔的高处,可以俯视从而以此方式摆脱这类渺小的斗争。

但是,这样的俯视毕竟还是站得比较低的,只不过是恃大利而弃小利罢了,仍未摆脱利益的计算。真正站得高的人应该能够站到世间一切成功的上方俯视成功本身。一个人能否做出被社会承认的成就,并不完全取决于才能,起作用的还有环境和机遇等外部因素,有时候这些外部因素甚至起决定性作用。单凭这一点,就有理由不以成败论英雄。我曾经在边远省份的一个小县生活了将近十年,如果不是大环境发生变化,也许会在那里"埋没"终生。我尝自问,倘真如此,我便比现在的我差许多吗?我不相信。当然,我肯定不会有现在的所谓成就和名声,但只要我精神上足够富有,我就一定会以另一种方式收获自己的果实。成功是一个社会概念,一个直接面对上帝和自己的人是不会太看重它的。

我的意思是说,成功不是衡量人生价值的最高标准,比成功更重要的是,一个人要拥有内在的丰富,有自己的真性情和真兴趣,有自己真正喜欢做的事。只要你有自己真正喜欢做的事,你就在任何情况下都会感到充实和踏实。那些仅仅追求外在成功的人实际上是没有自己真正喜欢做的事的,他们真正喜欢的只是名利,一旦在名利场上受挫,内在的空虚就暴露无遗。照我的理解,把自己真正喜欢做的事做好,尽量做得完美,让自己满意,这才是成功的真谛,如此感到的喜悦才是不掺杂功利考虑的纯粹的成功之喜悦。当一个母亲生育了一个可爱的小生命,一个诗人写出了一首美妙的诗,所感觉到的就是这种纯粹的喜悦。当然,这个意义上的成功已经超越于社会的评价,而人生最珍贵的价值和最美好的享受恰恰就寓于这样的成功之中。

(节选自《周国平自选集》,海南出版社,2008年)

✻ 名言荟萃

1. 吾善养吾浩然之气。(《孟子》)
2. 富贵不能淫,贫贱不能移,威武不能屈。(《孟子》)
3. 故不积跬步,无以至千里;不积小流,无以成江海。(《荀子》)
4. 少壮不努力,老大徒伤悲。(汉乐府《长歌行》)
5. 精诚所至,金石为开。(范晔)
6. 志行万里者,不中道而辍足。(陈寿)
7. 长风破浪会有时,直挂云帆济沧海。(李白)
8. 人之立身,所贵者惟在德行,何必要论富贵?(吴兢)
9. 古之立大事者,不惟有超世之才,亦必有坚忍不拔之志。(苏轼)
10. 将相本无种,男儿当自强。(《神童诗》)
11. 位卑未敢忘忧国。(陆游)
12. 人生自古谁无死,留取丹心照汗青。(文天祥)
13. 世上无难事,只怕有心人。(吴承恩)
14. 千磨万击还坚劲,任尔东西南北风。(郑板桥)
15. 凡事皆有极困极难之时,打得通的便是好汉。(曾国藩)
16. 有志者,事竟成,破釜沉舟,百二秦关终属楚。苦心人,天不负,卧薪尝胆,三千越甲可吞吴。(蒲松龄)
17. 世界是你们的,也是我们的,但是归根结底是你们的。你们青年人朝气蓬勃,正在兴旺时期,好像早晨八九点钟的太阳。希望寄托在你们身

上。(毛泽东)

18. 上人生的旅途罢。前途很远,也很暗。然而不要怕。不怕的人的面前才有路。(鲁迅)

19. 春蚕到死丝方尽,人至期颐亦不休。一息尚存须努力,留作青年好范畴。(吴玉章)

20. 我们要深信:今日的失败,都由于过去的不努力;我们要深信:今日的努力,必定有将来的大收成。(胡适)

21. 我们活着不能与草木同腐,不能醉生梦死,枉度人生,要有所作为!(方志敏)

22. 我是炎黄的子孙,理所当然地要把所学到的知识,全部献给我亲爱的祖国。(李四光)

23. 真正的青春,只属于这些永远力争上游的人,永远忘我劳动的人,永远谦虚的人!(雷锋)

24. 能使愚蠢的人学会一点东西的,并不是言辞,而是厄运。(〔古希腊〕德谟克利特)

25. 怜悯是一个人遭受厄运而引起的,恐惧是这个遭受厄运的人与我们相似而引起的。(〔古希腊〕亚里士多德)

26. 真正的人生,只有在经过艰苦卓绝的斗争之后才能实现。(〔古罗马〕塞涅卡)

27. 在命运的颠沛中,最容易看出一个人的气节。(〔英〕莎士比亚)

28. 顺境使我们的精力闲散无用,使我们感觉不到自己的力量,但是障碍却唤醒这种力量而加以运用。(〔英〕休谟)

29. 卓越的人的一大优点是:在不利和艰难的遭遇里百折不挠。(〔德〕贝多芬)

30. 人最宝贵的东西是生命,生命对于每个人只有一次。人的一生应该是这样度过的:当他回首往事的时候,他不会因为虚度年华而悔恨,也不会因为碌碌无为而羞愧。这样,在临死的时候,他就能够说:“我的整个

生命和全部的精力，都献给世界上最壮丽的事业为人类的解放而斗争。"(〔苏联〕奥斯特洛夫斯基)

第三部分　实践体验

1. 策划主题团日活动：规划与实现成功人生

(1) 自我评估：

对未来，你的目标明确吗？对人生，你有过认真的思考吗？请思考以上问题，用笔记下闪过你脑海的最初念头。

(2) 人生规划：

根据第一题的答案，请为自己起草一份《职业生涯规划》。从今天起，为实现理想制订短期规划、中期规划、长期规划各一份(越详细越好)。

(3) 自我实现：

"梅花香自苦寒来，宝剑锋从磨砺出"。人生自古多磨难，不经历风雨怎么见彩虹？

请根据扩展阅读中的典型事迹，谈谈你对奋斗的理解。

2. 案例分析

孙某总觉得自己赚钱少。2005 年的一天，孙某在大街上偶遇一名算命先生，说他在 30 岁之前一定能成为百万富翁。从那时起，孙某便不再把心思放在工作上，而是开始琢磨如何才能暴富。2006 年 3 月，孙某来到沈阳开始接触彩票，"中 500 万大奖"成了他的梦想。

工作之余的孙某总会研究各种彩票的走势。2006 年 5 月，他做梦梦到一组数字，次日用这组数字购买彩票，竟然中了 2000 元，这次中奖，使孙某确信自己可以通过购买彩票一夜暴富，对彩票的痴迷就像吸食毒品一样不能自拔。

在沈阳皇姑区三洞桥附近，有十几家彩票投注站。每个彩票投注站都对孙某十分熟悉。其中一家彩票投注站的老板说，孙某几乎每天都来买彩票，后来没钱了，他就一注一注地买。

孙某疯狂地痴迷于彩票，将自己每月的工资都变成了彩票。为了买彩票，在花光了随身携带的钱财后，他又从家里以看病的名义骗到 5000 元，继续买彩。膨胀的欲望,让孙某欺骗亲人后,又动起了“歪脑筋”,想方设法弄钱实现大奖之梦。2006年11月10日凌晨2时许,孙某携带尖刀,窜至皇姑区一家昼夜开业的食杂店,以买烟为名进入食杂店,将老板刺死后抢走73元,后逃到居住的小旅店,换下血衣后潜逃。皇姑区三洞桥派出所民警接到报案赶到食杂店展开调查,很快查到孙某住的小旅店,将准备外逃的孙某抓获。

根据以上案例,请思考:

(1) 致富是许多人的梦想,但“致富”等同于“一夜暴富”吗?

(2) 当别人对你说,他能让你“一夜暴富”时,你信吗?你应该怎么做?

3. 对高校钟点工的思索

钟点工在广州、长沙、杭州等各大高校开始流行起来,特别是每到新学期注册报到时,面对寝室里的脏乱局面,很多大学生宁愿躺在床上听音乐、玩电脑游戏都不愿“自己动手”做清洁,而是合伙凑钱,每人出资少则三五元多则八九元请钟点工来打扫。据报道,有的钟点工收费还很贵,但一些手头阔绰的大学生几乎不会讨价还价。为了保持寝室的清洁,有的寝室还一周一次做一次清洁,有些是一周做几次,甚至会选择包月的方式雇钟点工搞卫生。请讨论:

(1) 古人讲,一屋不扫何以扫天下。现代社会发展了,大学生们有较好的经济条件了,不只是“扫屋”,只要能让别人代劳的,自己都可以不用动手了。

(2) 大学生是天之骄子,生来是做“大事”的,“小事”用不着自己动手,让别人做就是了。

(3) 平凡人只能做平凡事,要想成功就不能做平凡事。

4. 成功需要不择手段吗?

“为了成功不择手段”这句已经成为流行极广的时髦话,有的人认为,手段也就是方法,它本来就是“不择”,只要能让你成功,什么方法都是可取的。也有的人认为,选择什么样的方法要三思而后行,因为如果不择手段,即便成功了,却失去了朋友、亲人、家庭,成功的喜悦都没人跟你分享,那成功又有何意义?假如不择手段,并没有成功,一切失去了,那你岂不是更惨?

为了成功,你“不择手段”吗?做任何事情,你有没有起码的道德底线?

5. 测测你的幸福指数！

说到“成功”二字，一般就会联想到金钱、财富、名利、地位等。是的，有了名利、地位，家中常常高朋满座。有了家财万贯，可以住豪宅别墅、开高级轿车……但是，这都是成功的外在表现！国内外的研究显示，成功更是一个人的内在心理体验，即能否有强烈的幸福感。请你平心静气地开始回答下面的四个问题：

(1) 你是否充满活力，以灵活和开放的心态面对变化？

(2) 你是否以积极的心态面对未来，可以快速地从挫折中恢复过来，重新感到自己有力量掌控生活？

(3) 生活中基本的需要你是否实现了呢？——例如：健康的身心、不错的财务状况、个人安全感、选择的自由。

(4) 是否有亲密的朋友在需要的时候，被你有力的支持呢？无论做什么，你都可以沉浸其中，而不受其他事情的干扰？你能否达到自己期望的水平，而且鼓励自己义无反顾地去达到目标呢？

心理学家卡尔和皮特设计了上面四个问题，在访问了1000多人之后，心理学家得出了结论。他们认为，只有爱情、大笔财富或者一份好工作并不能带来真正的幸福。真正的幸福可以用一个方程式来概括：

幸福＝P＋5E＋3H

在这里，P代表个性，比如你的世界观、适应能力和应变能力。E代表生存，包括健康状况、财务状况和交友的情况。H代表更高层次的需要，比如自我评价、期望、雄心和幽默感。

上面第一、第二个问题对应的是P即个性，你的个性对幸福的影响不言而喻；第三个问题对应的是E即生存；第四个问题对应的是H即更高层次的需要。假设每题满分为10分，总分为100分的话，如果你的第一题和第二题的感觉分别为7分、7分，那么P＝7＋7＝14，如果第三题的得分为6，第四题的得分为7，那么E＝6，H＝7。你的幸福指数＝14＋5×6＋3×7＝65。有兴趣的话你也可以回答上面的问题，测试一下自己的幸福指数。

（选自邢占军《测量幸福——主观幸福感测量研究》，人民出版社，2005年）

后 记

《大学生人文与科学素质教育读本》在重庆市高教学会、重庆市高职教育研究会的关心、支持、帮助下，在西南大学文学院的专家团队的参与下，由部分高职院校有关专家和一线思想政治教育工作者共同合作完成，用于高职高专人才培养中素质教育工作的学习和指导用书。该书既集中了专家智慧，又针对高职高专学生群体素质教育的实际，把理论知识和学生自学、班团组织活动有机结合。本书编者希望通过读本设计的课堂教学、理论学习，实践修行，达到普遍提高高职高专学生综合素质水平的目的。当然，在编写过程中存在的不足之处，希望大家提出意见建议。

本读本的编写，第一单元由吴海峰、张明勇完成，第二单元由刘波、钟艳红完成，第三单元由王官成、苟建明完成，第四单元由任波、何静完成，第五单元由李志丽、辛晓亚完成，第六单元由季世平、谢怀建完成，第七单元由张艳、周雅莉完成，第八单元由李国渝、张兵完成，第九单元由孙卫平、周鑫完成，第十单元由邹渝、张承凤完成，第十一单元由幸大学、粟俊江完成。在编写过程中，由西南大学文学院刘明华院长带领的专家团队黄大宏、杨理论、梅胜利、吴文杰、赵天一等，对整个读本进行了统稿和文字等方面的审定，同时高教学会张宗荫会长全程给予指导，对以上同志的辛勤工作，深表谢意。

编委会
2010 年 8 月

图书在版编目(CIP)数据

大学生人文与科学素质教育读本(高职高专版)/邹渝,刘明华主编.
—上海:复旦大学出版社,2010.11
ISBN 978-7-309-07554-0

Ⅰ.高… Ⅱ.①邹…②刘… Ⅲ.人文科学-素质教育-高等学校:
技术学校-教材 Ⅳ.C43

中国版本图书馆 CIP 数据核字(2010)第 166482 号

大学生人文与科学素质教育读本(高职高专版)
邹 渝 刘明华 主编
责任编辑/陈麦青

复旦大学出版社有限公司出版发行
上海市国权路 579 号 邮编:200433
网址:fupnet@fudanpress.com http://www.fudanpress.com
门市零售:86-21-65642857 团体订购:86-21-65118853
外埠邮购:86-21-65109143
浙江省临安市曙光印务有限公司

开本 787×960 1/16 印张 19.5 字数 323 千
2011 年 7 月第 1 版第 3 次印刷
印数 36 001—67 000

ISBN 978-7-309-07554-0/C · 160
定价: 29.80 元